Augustinus
Ein Lehrer des Abendlandes

Einführung und Dokumente

Herausgegeben von
Constance Dittrich, Norbert Fischer
und Erich Naab

2009
Harrassowitz Verlag · Wiesbaden

Bibliografische Information der Deutschen Nationalbibliothek
Die Deutsche Nationalbibliothek verzeichnet diese Publikation in der Deutschen Nationalbibliografie; detaillierte bibliografische Daten sind im Internet über http://dnb.d-nb.de abrufbar.

Bibliographic information published by the Deutsche Nationalbibliothek
The Deutsche Nationalbibliothek lists this publication in the Deutsche Nationalbibliografie; detailed bibliographic data are available in the internet at http://dnb.d-nb.de.

Informationen zum Verlagsprogramm finden Sie unter
http://www.harrassowitz-verlag.de

Gedruckt auf alterungsbeständigem Papier.
Satz und Layout: Ute Terletzki
Umschlaggestaltung: Oliver Motz
Druck und Verarbeitung: Memminger MedienCentrum AG
Printed in Germany

ISBN 978-3-447-05923-7

Inhalt

Vorwort

Augustinus hat viel und viel Beachtetes gesagt, das über viele Jahrhunderte bis auf den heutigen Tag gelesen und aufgenommen wird. Sein Werk hat sogar zunehmend Potential erwiesen, originäres Denken zu initiieren und zu befruchten. Verfehlt sind Versuche, diesem Autor für die unterschiedlichen (förderlichen) Ergebnisse dieser Anverwandlungen entweder das Verdienst zusprechen oder ihn für die (schädlichen) Wirkungen als Schuldigen haftbar machen zu wollen. Rezipienten sind mitverantwortlich für das, was sie rezipieren. Zwar mag das *Corpus Augustinianum* für das Mittelalter zunächst als Bildungsgut gewirkt haben. Ein Lehrer des Abendlandes wurde Augustinus aber vermutlich erst durch die Echtheit und die Ruhelosigkeit seiner Suche, die auch seine Leser zu originärem Denken antrieb, das diese jedoch selbst zu vertreten haben.

Der hier vorliegende Band versteht sich als Ergänzung zu dem Eichstätter Projekt zur Wirkungsgeschichte Augustins. Dieses begann mit einem Symposion unter dem Titel: *Augustinus – ein Lehrer des Abendlandes. Spuren und Spiegelungen seines Denkens vom Beginn seiner literarischen Wirksamkeit bis in die Gegenwart*, das vom Lehrstuhl für Philosophische Grundfragen der Theologie an der Katholischen Universität Eichstätt-Ingolstadt initiiert, geplant und in Kooperation mit der Akademie des Bistums Mainz vom 18.–20. Januar 2008 in Mainz durchgeführt wurde. Das Ergebnis dieses Symposions liegt inzwischen in zwei, von Norbert Fischer herausgegebenen Bänden vor (*Augustinus. Spuren und Spiegelungen seines Denkens.* Band I: *Von den Anfängen bis zur Reformation*; Band II: *Von Descartes bis in die Gegenwart.* Hamburg: Meiner 2009).

Angeregt von den Bibliotheksbeständen der Eichstätter Universitätsbibliothek und von der Möglichkeit, einschlägige Exponate als Leihgabe nach Eichstätt holen zu können, fassten die Herausgeber dieses Bandes den Plan, zur Präsentation der genannten Bücher eine Ausstellung zum Thema zu eröffnen und dazu einen Supplementband zu konzipieren, der ein eigenes Gewicht haben sollte. Dazu wurden Beiträge von Karla Pollmann, der Initiatorin und Leiterin des internationalen Projekts *After Augustine* und des *Oxford Guide to the Historical Reception of Augustine*, und Cornelius Mayer OSA, dem Herausgeber und *spiritus rector* sowohl des *Augustinus-Lexikons* als auch des *Corpus Augustinianum Gissense*, erbeten, die Einblicke in die Rezeptionsgeschichte sowie in die heutige Augustinusforschung geben. Norbert Fischer, der Initiator des Eichstätter Projekts, liefert einen Beitrag zum heutigen Streit um Augustinus, dessen Werk als Schatz, als Bürde und als Herausforderung des Denkens verstanden werden kann.

Erich Naab und Klaus Walter Littger untersuchen die augustinische Präsenz in den Eichstätter Beständen, wobei auch die wechselvolle Geschichte der Eichstätter Bibliotheken und ihrer Schätze kurz skizziert wird. Erich Naab beschäftigt sich im ersten Teil ausführlich mit den augustinischen und pseudo-augustinischen Handschriften, wohingegen Klaus Walter Littger im zweiten Teil die Augustinus-Drucke der Frühen Neuzeit in den Fokus rückt.

Oliver Motz nähert sich Augustinus von kunsthistorisch-restauratorischer Seite und zeigt die digitale Restauration des von Norbert Fischer photographierten ältesten Bildnisses des

Augustinus, das sich heute im Lateran befindet. Den Übergang zum Abbildungsteil stellt eine Präsentation der Leihgaben dar, die Constance Dittrich kurz in ihrem Kontext vorstellt.

An dieser Stelle möchten die Herausgeber allen Leihgebern, beteiligten Kolleginnen und Kollegen sowie den Rechte-Inhabern für ihre Unterstützung herzlich danken:

– der Wissenschaftlichen Stadtbibliothek Mainz für die Leihgabe der *Sermones Dolbeau*,
– der Niedersächsischen Landesbibliothek Hannover (Gottfried Wilhelm Leibniz Bibliothek) für die Reproduktion eines Briefes von Gottfried Wilhelm Leibniz an Carlo Maurizio Vota,
– dem Deutschen Literaturarchiv Marbach für die Reproduktionen zweier Briefe von Martin Heidegger an Elisabeth Blochmann und Teile des Heidegger-Skriptes „Augustinus und der Neuplatonismus“ sowie zweier Briefe von Rainer Maria Rilke an Anton Kippenberg und an Magda von Hattingberg,
– Hermann Heidegger für die Zustimmung zu Reproduktion und Ausstellung der Heidegger-Autographen,
– der Rilke-Gesellschaft sowie Hella Sieber-Rilke für die Reproduktion der Widmung von Rainer Maria Rilke an seine Mutter in ihrem Exemplar der *Confessiones*,
– Jean Leclercq, dem Leiter des Centre d’Archives Maurice Blondel, Louvain-La-Neuve, für die Bereitstellung der z.T. unveröffentlichten Skripte von Augustinus-Aufsätzen Blondels,
– Hermann Schnarr von der Arbeitsstelle Trier der Cusanus-Edition für die Reproduktionen einiger Cusanus-Handschriften,
– Friedrich-Wilhelm von Herrmann, Jean Leclercq, Albert Raffelt, Hartmut Rudolph, Hermann Schnarr, August Stahl und Rudolf K. Weigand für die Erstellung einführender Texte zu den Exponaten,
– Joachim Eck für die Übersetzung der Blondel-Texte,
– Oliver Motz für die Gestaltung des Umschlages sowie die Mitarbeit in allen graphischen Belangen,
– Ute Terletzki für die redaktionelle Abschlussarbeit.

Ganz besonderer Dank gilt der Deutschen Bischofskonferenz sowie ihrem Vorsitzenden, Erzbischof Robert Zollitsch, für die freundliche Gewährung eines Druckkostenzuschusses. Eine Danksagung gebührt ebenso der Leiterin der Universitätsbibliothek Eichstätt-Ingolstadt, Angelika Reich, für die personelle und finanzielle Unterstützung sowie die Aufnahme des Bandes in die „Schriften der Universitätsbibliothek Eichstätt“.

Der Umschlag dieses Bandes, der das Augustinus-Fresko auf heimischem Jura-Marmor zeigt, schließt den Kreis von der mächtigen Wirkungskraft Augustins über die weit verstreute Schar der Rezipienten, die durch die verschiedenen Leihgaben symbolisiert werden, hin zu hiesigen Beständen. Er versinnbildlicht damit das Anliegen der Herausgeber, die weltweite Rezeption des Augustinus mit seiner lokalen Präsenz zu kombinieren, um damit einem großen Denker einen würdigen Rahmen zu geben.

Eichstätt, 14.05.2009

Constance Dittrich
Norbert Fischer
Erich Naab

In ecclesia praesens – Zur Augustinrezeption im 5. und 6. Jahrhundert

Karla Pollmann

Es gehört zu einer der faszinierenden Tatsachen der Geistesgeschichte, dass der Inhaber eines nicht besonders herausragenden Bischofssitzes im Afrika des 4./5. Jahrhunderts einen gewaltigeren Einfluss zumindest auf die westliche Welt ausübte als andere, auf den ersten Blick vielversprechendere Kandidaten. Schon zu Augustins Lebzeiten wird die Bewunderung seiner herausragenden Persönlichkeit in seiner Umgebung sichtbar, wie z.B. bei Orosius oder Possidius, der dann sehr bald nach Augustins Tod die erste Augustinvita verfasste. Aber es gab gleichzeitig auch Stimmen, die ihn entweder ignorierten oder als einen nicht unbedingt wesentlichen Faktor nur marginal oder teilweise zur Kenntnis nahmen, wie die kaiserliche Regierung oder die Mönche aus Südgallien.[1]

Um dieses gewaltige Gebiet etwas genauer abzustecken und solide Informationen gebündelt zugänglich zu machen, beschäftigt sich ein mehrjähriges internationales und interdisziplinäres Projekt mit der Augustinrezeption von 430 bis 2000, welches von mir geleitet und vom Leverhulme Trust großzügig unterstützt wird.[2] Das Projekt hat zum einen die Aufgabe, zusammen mit zwei Postdoktoranden und mehreren Doktoranden philologisch-historisch in spezifischen Einzeluntersuchungen Aspekte der Wirkungsmächtigkeit Augustins in späteren Zeiten zu untersuchen. Schwerpunkte bilden dabei die (Semi)Pelagianischen Auseinandersetzungen kurz nach Augustins Tod, die kaum untersuchten Bibelkommentare des Karolingischen Gelehrten Sedulius Scottus, die Mystik des 12. Jahrhunderts, Thomas von Aquin und die Konfessionalisierung der Augustinrezeption im 16. und 17. Jahrhundert. Die zweite wichtige Aufgabe des Projekts besteht darin, eine Enzyklopädie zur Augustinrezeption zu erstellen, welche zum einen in einer umfangreichen Einleitung charakteristische Strukturen und Mechanismen der Augustinrezeption in einer überwiegend chronologischen Übersicht zusammenfassen soll und zum anderen in etwa 650 Einzeleinträgen die Augustinrezeption durch Individuen (wie z.B. Martin Luther, Immanuel Kant) oder in thematischen Komplexen (wie z.B. Krieg) dokumentieren soll; in gesonderten Einträgen wird auch die Rezeption der einzelnen Werke Augustins so gut wie möglich erfasst werden. Relativ wenig Aufmerksamkeit wird den Bereichen Kunst und Musik gewidmet, ebenso bleibt das riesige und komplexe Gebiet der Pseudo-Augustiniana auf einen summarischen Eintrag beschränkt. Alle eben genannten Bereiche könnten aufgrund ihrer spezifischen Problematik den Gegenstand eines eigenen separaten Projektes bilden.

---

1 Zu letzteren K. Pollmann/D. Lambert, "After Augustine. A Survey of His Reception from 430 to 2000", in: *Millennium* 1 (2004), 165–183.

2 Siehe für weitere Details http://www.st-andrews.ac.uk/classics/after-augustine/.

Momentan ist etwa die Hälfte des Materials zusammengetragen. Es zeichnet sich deutlich ab, dass manche Bereiche besser erforscht sind als andere: Hervorragendes ist z.B. bereits auf dem Gebiet des späten Mittelalters, des Humanismus und der Reformation geleistet worden. Dagegen sind das 18. Jahrhundert oder die außerwestliche Rezeption Augustins bislang stiefmütterlich behandelt worden. Zum anderen ist auch ganz deutlich, dass die momentane wissenschaftliche Ausbildung schwerpunktmäßig daran interessiert ist, hoch spezialisierte Experten in einem bestimmten chronologisch eingegrenzten Gebiet innerhalb einer bestimmten Disziplin mit einer bestimmten Methode herauszubilden. Eine diachron vorgehende Beschreibungsweise, wie sie gerade für die thematischen Artikel notwendig ist, ist selten als wissenschaftliche Kompetenz in einer Person vereinigt vorzufinden, weswegen solche Artikel häufiger an mehrere Autoren zusammen vergeben werden mussten. Es ist auch nicht für alle Geisteswissenschaftler möglich, sich der historisch-philologischen Methode zu befleißigen. Die wenigstens grobe Kohärenz und Vergleichbarkeit der Ergebnisse sollen nämlich durch die historisch-philologische Methode, welche Rezeptionsphänomene möglichst eng am Text dokumentieren möchte, sowie durch die formal einheitliche Struktur der Einträge gewährleistet werden. Es bedarf nicht eigens der Erwähnung, dass auch dieses Projekt nichts Abschließendes zu diesem faszinierenden Themenkomplex sagen kann, dass es aber doch sowohl quantitativ als auch qualitativ neue Einsichten konziser und bequemer als bisher zugänglich machen wird.

Mein Beitrag für diesen Katalog soll nach einem kurzen Überblick über Faktoren, die eine komplexe Rezeption Augustins begünstigten, paradigmatisch nachzeichnen, wie Augustins ‚Präsenz' sich in den ersten beiden Jahrhunderten nach seinem Tode 430 mehr und mehr verdichtete, was die entscheidende Weichenstellung für seine spätere Nachwirkung bildete. Damit soll ein bescheidener Beitrag zur gewaltigen Rezeptionsgeschichte[3] Augustins geleistet werden, wobei der Schwerpunkt der Analyse im Wesentlichen auf der Rezeption seines umfangreichen *Wörtlichen Kommentars zur Genesis* liegen soll, dem die Forschung bis jetzt generell nicht viel Aufmerksamkeit hat zukommen lassen.[4]

1. Augustin und sein eigenes Verständnis seiner (Nach)Wirkung

Bestimmte Tatsachen aus Augustins Leben begünstigen eine komplexe Rezeption seines Werkes durch spätere Leser.[5] Er wurde im Jahr 354 n.Chr. in Thagaste (jetzt Souk Ahras) in Nordafrika geboren, welches damals eine römische Provinz mit Namen *Africa Proconsularis* war und sich teilweise mit dem Gebiet des heutigen Algerien überschneidet. Augustin erhielt eine Erziehung in Grammatik und Rhetorik in Madauros und in Karthago. Nach Reisen nach Rom, Mailand (wo er Professor für Rhetorik war) und zu anderen Orten wurde er zuerst Priester

3 Zur theoretischen Bestimmung der Aufgaben der Rezeptionsgeschichte siehe R. Grübel/R. Grüttemeier/H. Lethen, *Orientierung Literaturwissenschaft: Was sie kann, was sie will.* Reinbeck bei Hamburg: Rowohlt 2001, 120–125.

4 Ausführlicher dazu K. Pollmann, „Von der Aporie zum Code. Aspekte der Rezeption von Augustins ›De Genesi ad Litteram‹ bis auf Remigius von Auxerre († 908)", in: N. Fischer (Hg.), *Augustinus – Spuren und Spiegelungen seines Denkens. Band I: Von den Anfängen bis zur Reformation.* Hamburg: Meiner 2009, 19–36.

5 Vgl. für das Folgende z.T. K. Pollmann, „Augustinus der Algerier", in: *Wiener Humanistische Blätter* 44 (2002), 44f.

(391 n.Chr.), dann Bischof (395 n.Chr.) von Hippo Regius, dem heutigen Annaba in Algerien (französisch Bône). Augustin war über 30 Jahre lang Bischof und starb 430 n.Chr. im Alter von 76 Jahren. Er hinterlies ein gewaltiges Œuvre, welches in verschiedenen Gattungen zu einem sehr breiten Spektrum von Themen Stellung nimmt und etwa fünf Millionen Wörter umfasst, was mehr ist, als von jedem anderen antiken Denker erhalten ist.[6]

Wir wissen mehr über Augustin als über jeden anderen Menschen aus der Antike, wobei aber die meisten Informationen aus seinem eigenen Werk stammt. Da er Professor der Rhetorik gewesen war, beherrschte er alle Tricks der rhetorisch-literarisch hochgebildeten Oberschicht, in der es sehr auf gelungene Selbstdarstellung und Überzeugung von einer bestimmten Position ankam. Daher müssen nicht nur seine polemisch an Gegner gerichteten Schriften sorgfältig unter Beachtung des argumentativen und generischen Kontextes gelesen werden. Ferner ist festzuhalten, dass er nicht der aristokratischen Oberschicht angehörte. Aufgrund des Ehrgeizes seiner Eltern und aufgrund seiner Begabung wurde ihm eine Erziehung ermöglicht, die streng genommen über seinen gesellschaftlichen Status hinausging und die finanziellen Möglichkeiten seiner verarmten Familie sehr anspannte. Es war der Traum seiner Mutter, dass er einmal ein höherer römischer Beamter werden sollte. Voraussetzung hierfür war unter anderem die Eheschließung mit einer Frau aus der richtigen Gesellschaftsschicht. Außerdem war seiner christlichen Mutter sehr daran gelegen, dass Augustin Christ werden sollte, da er nicht als Kind getauft worden war.

Augustin war jedoch in vieler Hinsicht eine Enttäuschung: Er machte nie Karriere in der römischen Beamtenlaufbahn, und selbst seine Bekehrung zum Christentum dauerte recht lange. Die dramatische Geschichte seiner schrittweisen Bekehrung bildet das Thema seiner quasi-autobiographischen *Confessiones*.[7] Es ist verführerisch sich auszumalen, was passiert wäre, wenn Augustin dem von seinen Eltern angestrebten Karriereweg gefolgt wäre: Sein Name wäre dann jetzt einer unter zahlreichen anderen, begraben in einer Prosopographie des kaiserzeitlichen Römischen Reiches, und sein Anspruch auf Ruhm bestünde dann heute vielleicht im Bau eines neuen Aquädukts oder dergleichen …

Aus all diesen Bemerkungen wird bereits deutlich, dass nicht zu erwarten ist, dass Augustin ein geradliniger Denker ist. Er lebte in der so genannten Spätantike, einer Zeit des politischen und geistesgeschichtlichen Umbruchs, in der sich zum einen die Grenzen des Römischen Reiches zunehmend als instabil erwiesen und in der zum anderen das aufstrebende Christentum der paganen Leitkultur mehr und mehr ihre Vorrangstellung streitig machte. Dies spiegelt sich auch im Werk Augustins wieder. Augustin zeichnet sich durch hohe Sprachkompetenz aus und beherrscht alle Stilebenen, die er abhängig vom Adressaten entsprechend einsetzt; ferner gebraucht er antikes Gedankengut, welches entweder seine Gedanken grundsätzlich mitformt (wie der Neuplatonismus) oder einen bestimmten Punkt rhetorisch akzentuiert (z.B. sein Gebrauch von Vergilzitaten). Unermüdliches und intensives Nachdenken ist charakteristisch für ihn, und er liebt es, zwischen Extrempositionen auf einer höheren Ebene zu vermitteln. Er beleuchtet eine Frage oder ein Problem gerne von unterschiedlichen Seiten, um es den verschiedenen Parteien oder Richtungen eingängig zu machen, wiederum unter Zuhilfenahme seiner rhetorischen Fähigkeiten. Damit liegt natürlich dann der Schwerpunkt oder die Perspektive auf unterschiedlichen Aspekten, was leicht zu (teilweise scheinbaren) Widersprüchen führen

6 Das Gesamtwerk Augustins ist unter Verwendung der besten Texteditionen bequem elektronisch zugänglich auf der CD-ROM des *Corpus Augustinianum Gissense*.

7 V.H. Drecoll (Hg.), *Augustin-Handbuch*. Tübingen: Mohr Siebeck 2007, 297–300.

kann. Zudem ändert er bezüglich mancher wichtiger Themen im Laufe seines Lebens seine Meinung, z.B. in der Frage nach der Rolle der Philosophie für die Erkenntnis der Wahrheit oder der Rolle des Römischen Reiches in der Heilsgeschichte. Manchmal korrigiert Augustin auch ausdrücklich in einem späteren Werk eine zuvor vertretene Meinung.

Sehr früh lässt sich bei Augustin ein enormes Bewusstsein für die Wirkung seines Werkes auf Leser beobachten, eine Wirkung, die er selber mit unterschiedlichen Mitteln zu kontrollieren versucht. So ist kein Werk aus der Zeit vor seiner Bekehrung überliefert, weder von seinem Schaffen als Rhetorikprofessor noch in Bezug auf seine neunjährige Anhängerschaft des Manichäismus. Ferner versuchte er die Interpretation seines Lebens durch die Abfassung der *Confessiones* zu beeinflussen, was Possidius ausdrücklich bezeugt (*Vita praef.* 5f.). Sein Leben wurde aber nach seinem Tode durch Legenden und Typisierendes angereichert, sodass diesem Unterfangen nur relativer Erfolg beschieden war. Dies spiegelt sich auch in bildlichen Darstellungen wieder, die niemals den ‚wahren' Augustin bezeugen, sondern Augustin entweder als Intellektuellen typisieren, wie in seinem ältesten erhaltenen Bildnis, dem berühmten Lateran-Fresko,[8] oder in Lebenszyklen Informationen aus den *Confessiones* mit legendarischem Material kombinieren. Ein relativ unbekanntes Beispiel für solch einen Lebenszyklus findet sich in der Church of St Augustine in Philadelphia, gemalt von Tito Troja im späten 19. Jahrhundert, dessen Szenenkombination Augustin als wichtigen Kirchenmann charakterisieren soll: 1) The Conversion of Saint Augustine, 2) The Baptism of Saint Augustine, 3) Augustine and Monica at Ostia, 4) The Death of Saint Monica, 5) Saint Augustine Bestows His Monastic Rule, 6) Augustine and the Mystery of the Trinity (Christ Child on the Seashore of Hippo), 7) Augustine at the Council of Carthage, 8) The Death of Saint Augustine.[9]

Die Verdeckung oder Umformung augustinischer Absicht durch anders geartete Interessen späterer Generationen findet sich nicht nur in der Bildenden Kunst. Auch in seinen Texten ist es nur sehr schwer möglich, den einen, ‚wahren' Augustin zu bestimmen, was zusätzlich durch ein immenses Schrifttum erschwert wird, welches fälschlicherweise behauptet, von Augustin verfasst zu sein, die so genannten Pseudo-Augustiniana. Dieser komplexe Tatbestand korreliert mit Augustins Bestreben, die Rezeption seines Werkes durch die *Retractationes* zu kontrollieren, die er gegen Ende seines Lebens etwa 428/9 geschrieben hat. In diesen *Retractationes*, einer Art origineller Selbstrezeption, unternimmt Augustin es, seine Schriften mit Ausnahme der Briefe und Predigten chronologisch durchzugehen und zu kritisieren oder zu verteidigen (*epist.* 224,2, geschrieben 428).[10]

Augustin war nicht der erste, der ein solches Unterfangen auf sich nahm: Bereits Galen (129–215/216), der große Gelehrte und Mediziner, verfasste gegen Ende seines Lebens zwei ähnliche biobibliographische Werke, „Über die Anordnung seiner Bücher" (*De ordine librorum suorum*) und „Über seine eigenen Bücher" (*De libris propriis*). Wie Galen im Vorwort zu letzterem Werk selbst schreibt, wurde er dazu angeregt, als er es durch Zufall einmal in einem römischen Buchladen erleben musste, wie einem anderen Kunden unter Galens Namen ein Buch verkauft wurde, das er überhaupt nicht geschrieben hatte. Galen strebt mit der Abfassung dieser

8 Siehe dazu Pollmann 2002, 47–50 und in diesem Band den Beitrag von Oliver Motz.

9 Siehe M.W. Sullivan, "Tito Troja: An Augustine Cycle in Philadelphia", in: J.C. Schnaubelt/F. Van Fleteren (Hg.), *Augustine in Iconography. History and Legend*. New York [u.a.]: Lang 1999, 467–503 allgemein, und besonders 482f. zu der legendarischen Szene Augustins mit dem Kind am Meer.

10 Possidius, *Vita* 28,1 verwendet für die *Retractationes* den lateinischen Titel *De recensione librorum* und bezeichnet *reprehendere et corrigere* als ihre Aufgabe.

beiden Werke eine Art Wahrung seines Copyrights an. Neben der Authentizität seiner Werke will er darin auch deren korrekte Interpretation festlegen sowie deren Absicht und Adressaten. In „Über die Anordnung seiner Bücher" gruppiert er seine Werke nicht chronologisch wie Augustin in seinen *Retractationes*, sondern nach Themen und Schwierigkeitsgrad, von den einfacheren zu den schwierigeren Schriften. Ferner betont er in „Über seine eigenen Bücher" die vergangenen Autoritäten, mit denen er sich in seinen Werken auseinandersetzt, wobei er sich deutlich von den Meinungen mancher absetzt, wie z.B. von den Empirikern und den Stoikern. Mit diesen beiden strukturalen Merkmalen will er seinen Lesern eine pädagogische Anleitung liefern, wie sie sich das Werk Galens zu Gemüte führen sollen, und ihnen gleichzeitig eine Orientierungshilfe bezüglich der verschiedenen philosophischen Schulen geben.

Dies ist ein bemerkenswerter Kontrast zu Augustin, der in den *Retractationes* betont, dass er seine Werke chronologisch anordnen wolle, um dem Leser zu demonstrieren, wie Augustin beim Schreiben Fortschritte gemacht und beim Fortschrittmachen geschrieben habe (*retr.* 1 *prol.* 3). Auch wäre es Galen im Gegensatz zu Augustin nicht eingefallen, in seinen entsprechenden Werken sich selbst zu kritisieren oder zu verbessern, wie Augustin es tut. Augustin erwähnt Galen in seinem erhaltenen Œuvre nicht, aber es ist doch möglich, dass er von diesen Werken Galens wusste, da er mit dem renommierten nordafrikanischen Arzt Helvius Vindicianus bekannt war (*conf.* 4,3,5). In diesem Fall ist davon auszugehen, dass die Unterschiede in Galens und Augustins Selbstinterpretation und Selbstdarstellung durchaus von Augustin intendiert sind: Galen als Lehrer im Gegensatz zu Augustin als Lernendem. Ebenso wie er bereits in den *Confessiones* seinen dynamischen Werdegang und seinen Fortschritt an Erkenntnis zum zentralen Thema macht, ist Analoges auch in der Anlage seiner *Retractationes* erkennbar. Dabei ist aber die interessante Beobachtung zu machen, dass Augustin an seinen früheren Schriften proportional mehr auszusetzen hat als an seinen späteren, was logisch aus seinem Grundsatz des persönlichen geistigen Fortschritts folgt. Ferner ist er kritischer mit sich, wenn es um faktische Irrtümer oder problematische Exegese geht. Dagegen ist er in streng theologischen Dingen fast nie bereit, eine Aussage zurückzunehmen, was besonders im Zusammenhang mit seinen Bemerkungen zur Gnadenlehre hervorhebenswert ist, die er gegen die Pelagianer als von ihm von Anfang an einheitlich und kohärent vertreten verteidigt (besonders dominant in *retr.* 1,9 bei seiner Behandlung von *De libero arbitrio*, welches Augustin 387 bis 395 verfasste).

2. Possidius: Augustin als Vorbild

Possidius († nach 437), der fast vierzig Jahre als Schüler und Freund mit Augustin zusammenlebte, verfasste kurz nach Augustins Tod, zwischen 431 und 437,[11] eine Biographie über Augustins Leben, der auch ein *Indiculum* mit einer (nicht vollständigen) Liste der von Augustin verfassten Werke angefügt ist. Dieses historisch wichtige Verzeichnis wurde von Possidius in zehn Abteilungen aufgeteilt. *De Genesi ad litteram libri duodecim* figuriert unter dem Abschnitt X. *Item diversi libri et tractatus vel epistulae ad utilitatem studiosorum omnium conscriptae* („Verschiedene zusammengestellte Bücher und Abhandlungen oder Briefe zum Nutzen aller Studierwilligen").[12] Possidius betrachtet den Genesis-Kommentar also als ‚neutral' und als mit der binnenchristli-

11 W. Geerlings, *Possidius, Vita Augustini – Das Leben des Augustinus*. Paderborn: Schöningh 2005, 14.

12 Geerlings 2005, 123, 156.

chen Absicht der Belehrung der Gläubigen geschrieben, was zu dem universalen Anspruch des Kommentars passt, der zwar ständig Gegner und Einwände im Sinn hat, aber nur sehr selten konkrete Kritiker beim Namen nennt.

Die Forschung hat zu Recht betont, dass Possidius Augustin vor allem als Bischof und tätigen Prediger herausstellt, der die Einheit seiner Kirche fördern will. Daneben wird er als großer Lehrer und asketisch nach Wahrheit suchender Philosoph charakterisiert,[13] der laut Possidius (*Vita* 31,10) auch selber vorlebte, was er anderen predigte, wodurch er ein nachahmenswertes Vorbild darstellt. Dies entspricht der antiken Tradition von der Modellfunktion des idealen Philosophen, ein Ideal, dem auch der junge Augustin anhing.[14] Später wurde er jedoch kritischer und problematisierte die Stellung und Funktion des Predigers, bei dem durchaus ein Gegensatz zwischen gepredigtem Wort und gelebter Tat bestehen könne (*doctr. chr.* 4,59–62). Darüber hinaus warnte er seine Leser später auch davor, sich ihn zum Vorbild zu nehmen. Dieser Warnung ist Possidius nicht gefolgt, womit wir wiederum ein typisches Phänomen der Nicht-Rezeption einer augustinischen Aussage vorfinden.

Schließlich enthält Possidius auch noch ein auffallendes *Caveat*. Zum einen betont er, dass für die Gläubigen Augustin in seinem Schriften weiterlebe (*Vita* 31,8 *in his semper vivere a fidelibus invenitur*). Zum anderen hebt er jedoch hervor, dass diejenigen den besten Eindruck von der Persönlichkeit Augustins erhalten hatten, die mit ihm persönlichen Umgang hatten und ihn aktiv in seiner Gemeinde oder in seiner Tätigkeit als Bischof erlebt hatten (*Vita* 31,9, was den Titel dieses Beitrags inspiriert hat): „Aber ich glaube, dass diejenigen mehr von ihm profitieren konnten, die ihn als Prediger in der Kirche anwesend hören und sehen konnten und die darüber hinaus intime Kenntnis von seinem Umgang mit Menschen hatten“ (*sed ego arbitror plus ex eo proficere potuisse, qui eum et loquentem in ecclesia praesentem audire et videre potuerunt, et eius praesertim inter homines conversationem non ignoraverunt*).

Dies sind für die Rezeption schlechte Vorzeichen!

3. Zwei Extreme der Augustinrezeption: Dichterische Adaptation und Prosa-Exzerpierung

Interessanterweise lässt sich die Rezeption von *gen. litt.* in der Dichtung beobachten, und zwar besonders in Claudius Marius Victorius' *Alethia* (entstanden um 420 bis 430), in dem pseudohilarianischen *Metrum in Genesin* (wohl zwischen 440 und 461 entstanden[15]), in den *De laudibus Dei* des Dracontius, sowie in Avits († 528) Bibelepos *De spiritalis historiae gestis*, etwas später geschrieben als Dracontius' *De laudibus Dei*. Hingegen findet Augustin in Venantius Fortunatus († nach 600) zwar mehrere Male namentliche Erwähnung, aber *gen. litt.* ist weder für seine Prosa noch für seine Gedichte fassbar, wiederum wohl aus thematischen Gründen. In den davor genannten Fällen ist stets eine sehr unabhängige Rezeption charakteristisch, wobei Augustins Gedankengut der übergeordneten poetischen Absicht angepasst wird und nicht umgekehrt.

13 Geerlings 2005, 22f.

14 K. Schlapbach, *Augustin Contra Academicos (vel De Academicis) Buch 1. Einleitung und Kommentar*. Berlin: de Gruyter 2003, 8f.

15 G.E. Kreuz, *Pseudo-Hilarius, Metrum in Genesin. Carmen de Evangelio. Einleitung, Text und Kommentar.* Wien: Verlag der Österreichischen Akademie der Wissenschaften 2006, 129.

Marius Victorius betont im Zusammenhang mit seiner dichterischen Paraphrase der Schöpfungsgeschichte das Paradox von Gottes arbeitsamer Ruhe am siebten Tag (*Alethia* 171–194), was auf *gen. litt.* 5,20,41 *quod [sc. deus] consummaverit omnia opera sua in die sexto* zurückgeht. Jedoch folgt Victorius, als einer der ersten Zeugen, der *Vulgata*-Übersetzung von Gen 2,2 *die septimo*, und nicht wie Augustin der *Vetus Latina*, weswegen Victorius wesentlich dezidierter als Augustin Gottes ‚Arbeit' für den siebten, anstatt für den sechsten Tag betont. Victorius behält die Kontrolle über seine intellektuellen Quellen, und besonders die Freiheit, Augustin zu gebrauchen, aber ihm nicht notwendigerweise zu folgen. Auch das anonyme *Metrum in Genesin* zeichnet sich durch einen selbstbewussten Umgang mit Augustin aus, indem es z.T. exegetischen Traditionen folgt, die Augustin explizit ablehnte (z.B. die Auffassung, dass die Doppelung der Menschschaffung in Gen 2 lediglich eine genauere Darstellung als Gen 1 darstelle, so *Metrum* 111–124, gegen *gen. litt.* 6,1,1–6,11), oder Problematisches einfach weglässt (z.B. streicht es die Tageszählung). Dagegen folgt das *Metrum* Augustin aber in seiner Erklärung der Erschaffung der Frau aus der Rippe des Mannes als Zeichen dafür, dass sie seine Gefährtin sei (*Metrum* 124; *gen. litt.* 9,13,23). Ähnlich betont Avit, *spir.* 1,183f. die mit der Erschaffung der Frau aus der Rippe des Mannes verbundene gegenseitige Treue, geht aber in 1,184f. mit der Erwähnung, dass der Mann dafür seine Eltern verlasse (nach Gen 2,24) über Augustin hinaus, der in *gen. c. Man.* 2,13,19 bekennt, mit diesem Vers außer im prophetische Sinn nichts anfangen zu können. Auch die Betonung der schrittweisen Verschlechterung der Menschheit nach dem Sündenfall in *Metrum* 170–184 lässt sich auf Augustin (*gen. litt.* 11,35,48) zurückführen,[16] während die im *Metrum* vertretene Auffassung von Gottes schaffender Tätigkeit als Simultanschöpfung nicht nur bei Augustin zu finden ist.[17]

Einige Handschriften nennen bezeichnenderweise Augustin als den Verfasser der *De laudibus Dei* des Dracontius. Wenngleich es wenig hilfreich und zu allgemein ist, den Ton dieses Gedichts als ‚augustinisch' zu bezeichnen, so finden sich in der Tat Themen in diesem Gedicht, die auf Augustin, und darunter eben auch *gen. litt.*, zurückführbar sind. *Gen. litt.* ist in folgender Hinsicht relevant: Gottes Ruhe am sechsten bzw. siebten Tag bedeutet nicht seinen Kontaktabbruch mit der Schöpfung, sondern seine immerwährende sorgende Präsenz (*laud.* 1,427 *non obliviscitur; gen. litt.* 4,12,22f.). Gottes Liebe will die Existenz und die Permanenz seiner Schöpfung (*laud.* 1,605 *irrevocabile munus*; *gen. litt.* 1,6,12; 1,8,14). Es gab die Möglichkeit einer unschuldigen Sexualität im prälapsarischen Paradies (*laud.* 1,444f.; *gen. litt.* 9,3,6; 11,1,3; s. auch *civ.* 14,23f.). Während eine exegetische Tradition ab Jesus Sirach 25,33 (*a muliere initium factum est peccati, et per illam omnes morimur*) gerne der Frau die Schuld am Sündenfall gibt, betonen Augustin (*gen. litt.* 11,42,58f.; *civ.* 14,11.13) und, im Anschluss an ihn, Dracontius (*laud.* 1,542f.) die gemeinsame Komplizenschaft und Sünde der ersten Menschen, die zu ihrer Vertreibung aus dem Paradies führte.

Bei Avit findet sich z.T., wie bei Marius Victorius, eine Bevorzugung der *Vulgata*, z.B. in *spir.* 1,126 *inspirat* als Übersetzung von Gen 2,7 ενεφύσησεν, im Gegensatz zu Augustin, der der *Vetus Latina* folgt und in *gen. litt.* 7,1,2 deshalb *(suf)flavit* schreibt, wo er sich auch explizit gegen das in einigen Codices enthaltene *(in)spiravit* entscheidet. Interessanterweise bietet Eugippius, *Excerpta* 38 (*CSEL* 9/1, 227) *et inspiravit sive insufflavit*, was auf *gen. litt.* 6,11,19 *et inspiravit sive sufflavit* zurückgreift. Dagegen charakterisiert Avit in *spir.* 2,118 die Schlange als *altior astu*, gegen

16 Vgl. für all dies ausführlicher Kreuz 2006, 102–122.

17 *Metrum* 9 *exorta repente*, sowie Ambros. *hex.* 1,3,8f.; Aug. *gen. litt.* 4,33f.; Mar.Vict. *Aleth.* Prec. 22f.

callidior in der *Vulgata*, aber im Anschluss an *gen. litt.* 11,2,4. In *spir.* 1,62ff. spricht Gott von Wetterzeichen, die der Mensch beachten soll, was Augustin in *gen. litt.* 2,14,29 ausdrücklich unter die nützlichen Künste rechnet.[18] In *spir.* 1,82–86 findet sich dieselbe asyndetische Aufzählung von vier Sinnen, die organisch mit dem Gesicht verbunden sind, während allein der fünfte Sinn, der Tastsinn, sich über den gesamten Körper erstreckt, wie in Aug. *gen. c. Man.* 1,24,42 und *gen. litt.* 7,17,23–18,24.[19] In *spir.* 2,265f. wird das Öffnen der Augen aus Gen 3,7 ebenso wie in *gen. litt.* 11,31,40f. als symbolisch für die Erkenntnis von Gut und Böse stehend erklärt. In *spir.* 2,303 werden wie in *gen. litt.* 11,28,35 und Eugipp, *Excerpta* 35 (*CSEL* 9/1, 219, 19–21) die aus Latium stammenden Marser, die seit der Antike für ihre magischen Kräfte bekannt waren, als Illustration für das Böse gebraucht. Avit scheint Augustin vor allem für inhaltlich-gelehrte Details benutzt zu haben, aber manchmal durchaus auch für ernstere theologische Themen, was sich manchmal in der bewussten Wahl eines einzigen Wortes niederschlagen kann wie z.B. die Überzeugung, dass die giftigen und wilden Tiere bereits im Rahmen des ursprünglichen Schöpfungsaktes geschaffen wurden (*spir.* 3,320–322; *gen. litt.* 3,15,24; ebenso Mar.Vict., *aleth.* 1,353).[20] Im Anschluss an Gen 3,18 folgern sowohl Augustin, *gen. litt.* 8,10,19–23 als auch Prud., *ham.* 247–250, Mar.Vict., *aleth.* 1,514f. und Avit, *spir.* 3,160f., dass der Ungehorsam des Menschen gegenüber Gott den Ungehorsam der Materie gegenüber dem Menschen zur Folge hat. Im Gegensatz zu Augustin und zu Marius Victorius, den Avit durchgängig benutzt, akzentuiert Avit aber anders: Die verschlechterte Lebensweise des Menschen ist bei ihm nicht so sehr eine Strafe Gottes als vielmehr eine notwendige Konsequenz.[21] Augustin, *gen. c. Man.* 2,21,32; *gen. litt.* 3,12,20 sowie Avit, *spir.* 3,170 betonen, dass die ersten Menschen nach dem Sündenfall den Tieren gleichgestellt werden.

Das Scriptorium des Eugippius († nach 530) in seinem Kloster in Castellum Lucullanum bei Neapel stellt eine der ersten Stufen der Produktion lateinischer Bücher in Italien dar, von der deutliche Spuren erhalten sind. Einige der ältesten erhaltenen Handschriften, die *gen. litt.* überliefern, stammen von einer Handschrift aus der Bibliothek des Eugippius ab und enthalten die Kapitelüberschriften, die Eugippius in *gen. litt.* einfügte. Für die Unterweisung seiner klösterlichen Gemeinschaft verfasste Eugippius nach 511 die sogenannten *Excerpta ex operibus Sancti Augustini*, welche 348 Auszüge aus einigen Werken Augustins (*CSEL* 9/1, 1 *de nonnullis operibus*) enthalten, die einen Umfang von wenigen Zeilen bis zu über zehn *CSEL*-Seiten haben können. In einer Widmungsepistel an Proba, die dem Werk vorangestellt ist, rechtfertigt Eugippius sein Vorgehen mit dem Hinweis auf die überragende Stellung Augustins in Vergangenheit und Gegenwart, nicht etwa aufgrund seiner Stellung als Bischof oder seiner Heiligkeit, sondern aufgrund seiner Gelehrsamkeit (*CSEL* 9/1, 15–17 *praeclarum fuisse et esse (...), cum divina et humana eruditione mirabilem*). Gelehrsamkeit (*eruditio*) ist der Gesichtspunkt, unter dem Augustin durch das Mittelalter hindurch als Autorität benutzt werden wird. Dies würde nach Eugippius durch bedeutende Kirchenmänner bestätigt, die die Lektüre von Augustins Werken als trostreich im Kampf gegen Gegner der Kirche empfanden und die Bedeutung seiner Werke wohl mit ihrer

18 Vgl. *Metrum in Genesin* 88–93, das aber viel weiter geht (Kreuz 2006, 108–110), weswegen Avit dies zur Absicherung von Gott selber sagen lässt.

19 Einen hervorragenden Fortschritt erzielt M. Hoffmann, *A.E. Avitus, De spiritalis historiae gestis Buch 3. Einleitung, Übersetzung, Kommentar.* München: Saur 2005 für Buch 3.

20 Ausführlicher Hoffmann 2005, 218–222.

21 Hoffmann 2005, 123f.

Autorität bestätigten (*CSEL* 9/1, 1,19–2, 1 *sua probabiliter auctoritate firmantes*). Eugippius ist sich also der Rolle prominenter und mächtiger Leser im Rezeptionsprozess deutlich bewusst.

Die Anordnung der Auszüge orientiert sich nicht an der chronologischen Abfassung von Augustins Werken, wie dieser sie selbst in seinen *Retractationes* proklamiert, sondern sie soll die verschiedenen Stufen der Heilsgeschichte, wie sie aus der Bibel deutlich werden, vom Beginn der Schöpfung bis zum Jüngsten Gericht erhellen. Auffallend ist das exegetisch (und nicht dogmatisch-systematisch) orientierte Interesse (*CSEL* 9/1, 2, 7f. *catholica divinae legis explanatio*), da Augustins Passagen zumeist herangezogen werden, um eine heilsgeschichtlich relevante Bibelstelle zu erläutern. Dass Eugippius seine *Excerpta* als Einheit auffasst (*CSEL* 9/1, 3, 4 *in unum corpus redacta*), wird auch an deren Rahmung durch Passagen aus Augustin deutlich, die die Liebe (*caritas*) als das die Heilsgeschichte durchwaltende Prinzip markieren. In *doctr. chr.* 1,39–44 erklärt Augustin, dass die Grundlage und das Ziel aller Bibelauslegung die Liebe zu Gott und den Mitmenschen sei. Die entsprechende Rahmung der *Excerpta* macht auch aus dieser Perspektive deutlich, dass ihr Anliegen exegetisch ausgerichtet ist. Eugippius bietet vor jedem Exzerpt eine (mehr oder weniger korrekt) zusammenfassende Überschrift seines Inhalts und eine Stellenangabe. Die Auszüge aus Augustins Werken sollen Fragen, die der Leser an die Bibel stellen könnte, beantworten; die Bibelstellen als solche werden aber z.T. nicht eigens zitiert. Es ist auffallend, dass Eugippius z.B. bei der Erklärung von Genesis sowohl allegorische Auslegungen aus den *Confessiones* und *De civitate Dei* anführen kann, als auch die anders gearteten Erklärungen aus *gen. litt.*[22] Eugippius betrachtet somit Augustins Werke als repräsentativ für die orthodoxen Positionen des christlichen Glaubens und sieht dessen gesamte schriftliche Hinterlassenschaft als ein mehr oder weniger kohärentes Ganzes an, aus dem er nach Belieben zitieren kann. Eugippius liest Augustins Werke eben nicht um ihrer selbst willen. Die *Excerpta* sind gleichsam eine ganz aus Augustin zusammengestellte Proto-Katene, die nach Eugippius eventuell auch durch spätere Redaktoren erweitert werden kann, vorausgesetzt, dass die abschließenden Abschnitte zur *caritas* ihren Ort behalten (*CSEL* 9/1, 4, 3–6). Eugippius macht immer wieder deutlich, dass es sich um Auszüge handelt, die dem Leser Appetit auf mehr Lektüre über seine *Excerpta* hinaus machen sollen. Er preist Augustin ausdrücklich als überragende Autorität, dessen nahtlose und ausschließliche Verwendung als *des* Repräsentanten christlicher Positionen eine besondere, exklusive Auffassung von Augustins Denken kreiert bzw. widerspiegelt.

Eugippius kann in diesen Exzerpten manchmal Sätze der Vorlage auslassen, Satzanfänge modifizieren, um Übergänge zu kaschieren, oder sogar die Reihenfolge von Sätzen ändern. Aber generell ist seine Zitiermethode so exakt, dass er manchmal Fehler seiner Vorlage kritiklos übernimmt und sein Text als Spiegel von Autographen mancher Werke Augustins gelten kann. Eugippius zitiert vierzehn Auszüge aus *gen. litt.*, alle im Zusammenhang mit Fragen zur Schöpfungsgeschichte, sechs aus Buch 11 (zu Fragen des Ursprungs des Bösen, des Wesens des Teufels bzw. der Schlange), fünf aus Buch 8 (zum Baum der Erkenntnis, zu Providenz, zum Verhältnis des Schöpfers zu seinen Geschöpfen), sowie je einmal aus Buch 1 (der komplexe Charakter der Genesiserzählung mit ihren verschiedenen Bedeutungsebenen), 6 (die Erschaffung des ersten Menschen und die *rationes seminales*) und 10 (Levi und Abraham). Allgemein auffallend ist die relativ geringe Anzahl von Exzerpten zu Fragen der Gnadenlehre.

---

22 Interessanterweise zitiert er nicht aus *De Genesi contra Manichaeos*.

4. Die Verfestigung der Autorität Augustins: Cassiodor und Gregor der Große

Cassiodor (etwa 485–580) verwendet *gen. litt.* weder in seinen *Variae* noch in seinen *Enarrationes in Psalmos*. Das Werk war jedoch in seiner Bibliothek vorhanden, was aus *inst.* 1,1,4 und 2 *praef.* 3 deutlich wird (geschrieben in mehreren Versionen von ca. 530 bis nach 562[23]). In *inst.* 1,1,4 führt er aus, dass *gen. litt.* durch den *disertus atque cautissimus disputator* Augustin mit nahezu enzyklopädischer Gelehrsamkeit verfasst wurde (*doctrinarum paene omnium decore vestivit*). Ferner habe Augustin mit Gottes Hilfe ein Thema, welchem sich bereits Basilius und Ambrosius ruhmreich gewidmet hätten,[24] zu neuen Höhen geführt (*longe in aliam summitatem Domino largiente perduxit*), was ein besonders schwer zu erreichendes Ziel sei. In Buch 2 seiner *Institutiones* (mit dem Untertitel ‚Über weltliche Gelehrsamkeit') zeigt Cassiodor, dem Programm von Augustins *De doctrina christiana* 2 folgend,[25] den Wert mancher weltlicher Wissenschaften für Christen auf. Dazu gehört auch die Arithmetik, da die Schöpfung nicht in heillosem Durcheinander, sondern in geordneten Zahlenproportionen erschaffen worden sei (*Inst.* 2 *praef.* 3). Hier verweist Cassiodor abschließend auf eine ausführliche Darlegung dieses Themas in Augustins *gen. litt.* Buch 4 (*unde pater Augustinus in libro quarto de Genesi ad Litteram minutissime disputavit*). Signifikant ist die Apostrophierung Augustins als *pater*, ein Zeichen seiner besonderen Autorität, was in der Zeit Cassiodors zum ersten Mal greifbar wird. Ferner ist bemerkenswert, dass Cassiodor hier weder direkte noch indirekte Zitate aus *gen. litt.* anführt. Zwar berufen sich beide Autoren (*gen. litt.* 4.1.1; Cass. *inst.* 2 *praef.* 3; 2,4,1) auf Weisheit 11,21 *omnia in numero, mensura et pondere fecisti*, doch geht es Cassiodor im Zusammenhang darum, die Arithmetik als ein den gesamten Schöpfungsbau durchwaltendes Prinzip herauszuheben. Dies ist Erweis des göttlichen Ursprungs der Schöpfung im Gegensatz zu den chaotischen Werken des Teufels; ferner ist so auch eine begrenzte Erkenntnis ihrer Prinzipien für den Menschen möglich. In *inst.* 2,4 (*De Arithmetica*) führt er dies dann weiter aus, wobei hier der Schwerpunkt dann aber auf einer nicht spekulativen Darstellung der verschiedenen Typen von Zahlen und ihrer Eigenschaften liegt, woran sich ein kurzer Exkurs zur biblischen Numerologie der Zahlen 1 bis 7 (2,4,8) anschließt. Das Kapitel schließt mit der Bemerkung: *et ut res summae atque omnipotentissimae intellegantur, numerus nobis necessarius invenitur.* Weder deckt sich all dies direkt mit dem in der Praefatio Angekündigten, noch stimmt es wirklich mit dem überein, was Augustin in *gen. litt.* 4 unternimmt. Dort geht es im Wesentlichen um eine spiritualisierende Auslegung der Zahlen 6 und 7 im Zusammenhang mit dem Problem, wie das Sechstagewerk und der Tag der Ruhe überzeugend erklärt werden können. Dabei kommt es Augustin besonders darauf an, sein Konzept der Simultanschöpfung mit dem der biblischen sechs Tage (4,33,51–34,55), sowie auch das Problem der Ruhe Gottes am letzten Tag mit der Tatsache seiner kontinuierlichen Schöpfungstätigkeit in Joh 5,17 (4,11,21–12,23) zu vereinbaren. Abschließend kann man sagen, dass Cassiodor also entweder *gen. litt.* 4 nicht zur Gänze gelesen hat oder ihm die Erwähnung von Augustin als

23 J.W. Halporn/M. Vessey, *Cassiodorus. Institutions of Divine and Secular Learning. On the Soul.* Liverpool: Liverpool University Press 2004, 23f.; 39–41.

24 Nämlich in ihren jeweiligen Werken, die beide den Titel *Hexaëmeron* tragen.

25 K. Pollmann, *Doctrina Christiana. Untersuchungen zu den Anfängen der christlichen Hermeneutik unter besonderer Berücksichtigung von Augustinus, De doctrina christiana.* Fribourg: Universitätsverlag 1996, 150f., 192–195.

Autorität zur generellen Unterstützung seiner grundsätzlichen Ausführungen zu Nutzen und Wichtigkeit der Arithmetik dringlicher erschien als eine präzise faktische Übereinstimmung mit dem von Augustin tatsächlich Ausgeführten.

Obgleich in Cassiodors Traktat *De anima* (entstanden um 538) Augustins *De quantitate animae* die Hauptquelle darstellt, greift Cassiodor mehrere Male auf *gen. litt.* zurück, allerdings ohne dieses Werk ausdrücklich als Quelle zu benennen. Dies liegt am kompilatorisch-didaktischen Charakter von *De anima*; nichtsdestotrotz ist Augustin die einzige Autorität, die dort namentlich genannt wird (*anim.* 9, s.u.; 11). Cassiodor folgt Augustin in der Bestimmung der Seele als spirituell (*anim.* 4; *gen. litt.* 7,21,27–29) und nicht körperlich (ibid.), sowie in der Feststellung ihrer Einzigartigkeit in ihrer Annahme eines Körpers (*anim.* 4, wobei in *gen. litt.* 7,27,38 aber die Freiwilligkeit der Seele in dieser Hinsicht diskutiert wird) und in der Verneinung der Behauptung, die Seele stamme von Erde, Wasser, Luft oder Feuer ab (*anim.* 4; *gen. litt.* 7,21,27). An letzterer Stelle rekombiniert er Aussagen Augustins um der Knappheit und Deutlichkeit willen, indem er die Verneinung der Abstammung der Seelen von den vier Elementen beibehält, die bei Augustin erwähnte Quintessenz aber weglässt, sondern unmittelbar eine an *quant. anim.* 1,2 anklingende Aussage anschließt, dass die Seele eine einfache und einzigartige Substanz habe. Harmonisierung von Augustins Aussagen ist das Ziel, wenn Cassiodor den Sehvorgang des Auges damit erklärt, dass eine spirituelle Kraft der Seele (*anim.* 11 *vis animae spiritalis*) nicht allzu weit entfernte Gegenstände berühre. In *gen. litt.* 4,34,54 sagt Augustin aber, dass ein Strahl körperlichen Lichts (*corporeae lucis est radius*) dies tue, was sich nicht so recht mit der auch von Augustin proklamierten Unkörperlichkeit der Seele vereinbaren lässt. Bemerkenswerterweise ist sich Cassiodor der Unsicherheit Augustins bezüglich des Ursprungs der Seele bewusst. So hebt er einmal Augustins Skrupel in dieser Hinsicht als lobenswertes Beispiel hervor, wobei er ihn hier außergewöhnlicherweise ausdrücklich beim Namen nennt, wieder mit dem Autoritätsepitheton *pater*: *unde pater Augustinus, religiosissima dubitatione laudandus, nihil temere dicit esse firmandum, sed in ipsius esse secreto sicut et alia multa sunt quae nosse non potest nostra mediocritas* (*anim.* 9).[26]

Cassiodor folgt Augustin auch, wenn er hervorhebt, dass die Seele bei besonderer Konzentrationsanstrengung zu bestimmten Formen der Geistesabwesenheit neigt, die sich körperlich äußern. Interessanterweise demonstrieren die beiden Autoren dies aber anhand unterschiedlicher Beispiele: Augustin (*gen. litt.* 7,20,26) schildert, dass jemand, der beim Gehen tief in Gedanken versunken ist, entweder plötzlich stehen bleibt oder an dem Haus, das er eigentlich anstrebte, vorbeigeht. Cassiodor dagegen (*anim.* 10) beschreibt körperliche Symptome der Gedankenversunkenheit wie Schweigen, gesenkte Augen, sowie den temporären Verlust von Hör-, Geschmacks- oder Geruchssinn. Diese Änderung der Beispiele bei Cassiodor hat ihre Ursache darin, dass für sein Anliegen in *De anima* die körperlichen Sinne allgemein eine wichtige Rolle spielen (z.B. auch in *anim.* 11); er strebt also eine thematisch-argumentative Geschlossenheit an, die bei Augustin so nicht gegeben ist.

Cassiodor gebraucht *gen. litt.* als ‚Steinbruch', um sein systematisches Anliegen zu unterstützen, und zwar in *anim.* 3 (*Quare anima dicatur*), 4 (*De definitione animae*), 5 (*De qualitate animae*), 9 (*De origine animae*), 10 (*De sede animae*) und 11 (*De positione corporis*). Jedoch sind in den bei Cassiodor anklingenden Passagen aus *gen. litt.* (Bücher 4, 7, und 10) die übergeordnete Intention sowie der unmittelbare Kontext anders: Buch 4 will das Sechstagewerk erklären (s.o.); Buch 7 hat

26 Vgl. Halporn/Vessey 2004, 260 Anm. 54, wo auf *lib. arb.* 3,56–59, *gen. litt.* 10 allgemein, sowie *epist.* 143 und 166 als Zeugnisse für Augustins Zweifel verwiesen wird.

eigentlich die Erklärung von Gen 2,7 (Einhauchen des göttlichen Odems) zum Ziel, wobei der aporetische Charakter dieser Untersuchung hervorgehoben wird (7,28,43); Buch 10 ist ein Exkurs, der die Entstehung und potentielle Weitergabe der Seele, auch im Lichte der Frage der Erbsünde, klären will, wobei der Mangel an Evidenz aus Bibeltexten betont wird (10,10,17). Am besten sind die Zersplitterung und die den ursprünglichen Kontext vernachlässigende Resystematisierung bei Cassiodor durch thematische Kompilationen, Exzerpte oder Anthologien aus Augustins Werken denkbar, wie sie z.B. bei Eugippius greifbar sind (s.o.). Ob Cassiodor *gen. litt.* auch selber teilweise oder zur Gänze gelesen hat, ist nicht einwandfrei feststellbar. Wesentlich ist weiter die Tatsache, dass, was bei Augustin als tentativ-aporetisches Gedankenexperiment mit teilweise spekulativem Charakter intendiert war, hier nun teilweise als verfestigtes, unhinterfragtes Wissen erscheint.

Gregor der Große (540–604) war ein großer Bewunderer Augustins und machte ihn gerne für die Herausforderungen seiner eigenen Zeit fruchtbar.[27] Der direkte Gebrauch von *gen. litt.* ist jedoch meines Wissens wenig erkennbar. Es gibt keine wörtlichen Zitate, nur an einigen Stellen scheint Gregor von Argumenten aus *gen. litt.* beeinflusst zu sein, gibt sie aber in eigenen Worten, oft sehr pointiert und elegant, wieder. Dagegen widerspricht z.B. *Moralia* 32,12,16 „Denn die Substanz der Dinge wurde auf einmal geschaffen, aber die Untergattung wurde nicht auf einmal geschaffen" (*rerum quippe substantia simul creata est, sed simul species formata non est*) Augustins Erklärung in *gen. litt.* 2,11,24 zu „Am Anfang erschuf Gott den Himmel und die Erde [Gen 1,1]". Dort führt Augustin aus, dass damit die unförmige körperliche Materie (*materiae corporalis informitatem*) gemeint sei, dass Gott Materie und Spezies gleichzeitig geschaffen habe (*cum deus haec simul creaverit materiamque formatam instituerit, cuius informitatem usitato, ut dixi, vocabulo vel terrae vel aquae scriptura praedixit*). Dennoch benutzt Gregor das (nicht nur) augustinische Konzept der Simultanschöpfung in Verbindung mit einer andauernden Schöpfungstätigkeit Gottes, um Iob 40,10 „Siehe Behemoth, den ich mit dir erschaffen habe" (*ecce Behemoth, quem feci tecum*) zu erklären, löst also den Gedanken Augustins aus seinem ursprünglichen Zusammenhang, um ihn für ein auslegerisches Problem in einer anderen biblischen Schrift fruchtbar zu machen. Andere Aussagen, wie z.B., dass der Mensch nach dem Fall der Sterblichkeit unterworfen wurde (*Moralia* 25,3,4), sind verbreitetes christliches Gedankengut und nicht eindeutig auf Augustin zurückzuführen. Ähnliches gilt, wenn Gregor sich, wie Augustin in *gen. litt.*, für ein historisch-literales Schriftverständnis ausspricht (*Moralia* 1,56; *hom. in ev.* 40,1; *hom. in ez.* 1,6,7; 2,3,18). Gregors Anthropologie ist von Augustin beeinflusst, hauptsächlich durch *De civitate Dei*. Aber die Festellung, dass der Mensch in Gehorsam ohne Mühe zur ewigen Seeligkeit gelangt wäre (*Moralia* 35,14,28), geht auf *gen. litt.* 8,13,29 zurück. *Moralia* 24,6,11 *ibi mens ex immenso fonte infusione superni roris aspergitur* klingt in *gen. litt.* 12,26,54 *ibi beata vita in fonte suo bibitur unde aspergitur aliquid huic humanae vitae* an, aber der Kontext der Visionen ist ein anderer: Augustin spricht von der ewigen Gottesschau am Ende der Zeit, während es bei Gregor um eine kurze diesseitige Gottesschau geht, die uns unsere Unvollkommenheit nur noch mehr bewusst macht.

27 Siehe jüngst K. Greschat, „Feines Weizenmehl und ungenießbarer Spelzen. Gregors des Großen Wertschätzung augustinischer Theologie", in: *Zeitschrift für Antikes Christentum* 11 (2007), 57–72.

5. Zusammenfassung

Die schon zu seinen Lebzeiten ersichtliche Wertschätzung der Person und der theologischen Autorität Augustins setzte sich nach seinem Tode fort. Dabei sind es vor allem einige enthusiastische Individuen, die sich um die Erhaltung seiner Bibliothek, seiner Schriften und um das Gedenken an sein Leben und Werk bemüht haben. Seit etwa 475 ist der Kult Augustins in Karthago greifbar; wegen politischer Wirren musste sein Leichnam zuerst wohl vor 500 von Hippo nach Sardinien gebracht werden, um ihn vor den arianischen Vandalen zu schützen, und dann vor 725 von Sardinien nach Pavia, um ihn vor den Sarazenen in Sicherheit zu bringen.[28] Sein Werk jedoch bot von Anfang an die Möglichkeit, sich auf höchstem Niveau mit zentralen theologischen Fragen auseinanderzusetzen, was im Wesentlichen in allen literarischen Genres und Medien stattfinden konnte. Eine entscheidende Weichenstellung stellt sicher die Initiative des Eugippius dar, Augustins Werk zu exzerpieren, sodass sich daraus eine geschlossene Universaltheologie in Kleinformat erstellen ließ, die aber zugleich Lust auf mehr von dem Autor Geschriebenen machen sollte. Die Wichtigkeit solcher Exzerpte lässt sich auch daran erkennen, dass die ersten acht kirchlichen Rechtssatzungen (*Canones*), die den ersten Teil der auf der Synode von Orange 529 verabschiedeten 25 Thesen bildeten, wohl zu einem ansonsten unbekannten Florileg aus Werken Augustins gehörten.[29] Die Exzerpierung aus Augustins Werken begünstigte seine Aufnahme in breiteren Schichten, ferner die Zitierung von Textbruchstücken unter Vernachlässigung des Zusammenhangs sowie die Verfestigung seiner tendenzweise unhinterfragten Autorität.

Die sich daraus ergebende Konsequenz für unser eigenes Verständnis von Augustins Werk ist, dass man sich zum einen stets der bereits vorhandenen, mächtigen Rezeptionstradition bewusst sein sollte und man sich zum anderen immer wieder selbst unmittelbar mit seinen Texten selbst kritisch und reflektiert auseinandersetzen muss. Eingedenk der bereits oben zitierten Feststellung des Possidius, dass man dadurch zwar Nutzen aus Augustins Werk ziehen kann, aber ihn nie so kennenlernen wird wie diejenigen, die persönlichen Umgang mit ihm hatten, muss man sich auch immer wieder der Verführung einer Scheinvertrautheit mit Augustin entziehen, die zu einem guten Teil auf seinen großen rhetorischen Fähigkeiten und ungewöhnlichen Gedankengängen beruhen, die nichts von ihrer Brisanz verloren haben. Es besteht immer das Risiko, Augustin so darzustellen, wie es nicht seiner Intention entsprach. Dies hat er auch selbst spätestens ab dem Beginn seiner Auseinandersetzungen mit den Pelagianern geahnt, weswegen er in einem Brief an Marcellinus von 412 schreibt: „In der Tat lieben sie [sc. meine Leser] nämlich nicht mich, sondern an meiner Statt einen anderen unter meinem Namen, wenn sie nicht lieben, was ich bin, sondern was ich nicht bin" (*epist.* 143,3 *profecto enim non me sed pro me alium sub meo nomine diligunt, si non quod sum, sed quod non sum, diligunt*).

28 J. Stiltingh, "The Account in the ›Acta Sanctorum‹ of the Body of St. Augustine", in: J.C. Schnaubelt/F. Van Fleteren (Hg.), *Augustine in Iconography. History and Legend.* New York [u.a.]: Lang 1999, 66–69.

29 Drecoll 2007, 563.

Literatur:

V.H. Drecoll (Hg.), *Augustin-Handbuch.* Tübingen: Mohr Siebeck 2007.

T. Fuhrer, *Augustinus.* Darmstadt: WBG 2004.

W. Geerlings, *Possidius, Vita Augustini – Das Leben des Augustinus.* Paderborn: Schöningh 2005.

K. Greschat, „Feines Weizenmehl und ungenießbarer Spelzen. Gregors des Großen Wertschätzung augustinischer Theologie", in: *Zeitschrift für Antikes Christentum* 11 (2007), 57–72.

J.W. Halporn/M. Vessey, *Cassiodorus. Institutions of Divine and Secular Learning. On the Soul.* Liverpool: Liverpool University Press 2004.

M. Hoffmann, *A.E. Avitus, De spiritalis historiae gestis Buch 3. Einleitung, Übersetzung, Kommentar.* München: Saur 2005.

R. Grübel/R. Grüttemeier/H. Lethen, *Orientierung Literaturwissenschaft: Was sie kann, was sie will.* Reinbeck bei Hamburg: Rowohlt 2001.

G.E. Kreuz, *Pseudo-Hilarius, Metrum in Genesin. Carmen de Evangelio. Einleitung, Text und Kommentar.* Wien: Verlag der Österreichischen Akademie der Wissenschaften 2006.

C. Perl, *Aurelius Augustinus, Über den Wortlaut der Genesis.* Paderborn: Schöningh 1961/1964.

K. Pollmann, *Doctrina Christiana. Untersuchungen zu den Anfängen der christlichen Hermeneutik unter besonderer Berücksichtigung von Augustinus, De doctrina christiana*. Fribourg: Universitätsverlag 1996.

K. Pollmann, „Augustinus der Algerier", in: *Wiener Humanistische Blätter* 44 (2002), 40–68.

K. Pollmann, „Von der Aporie zum Code. Aspekte der Rezeption von Augustins ›De Genesi ad Litteram‹ bis auf Remigius von Auxerre († 908)", in: N. Fischer (Hg.), *Augustinus – Spuren und Spiegelungen seines Denkens. Band I: Von den Anfängen bis zur Reformation.* Hamburg: Meiner 2009, 19–36.

K. Pollmann/D. Lambert, "After Augustine. A Survey of His Reception from 430 to 2000", in: *Millennium* 1 (2004), 165–183.

K. Schlapbach, *Augustin Contra Academicos (vel De Academicis) Buch 1. Einleitung und Kommentar.* Berlin: DeGruyter 2003.

J. Stiltingh, "The Account in the ›Acta Sanctorum‹ of the Body of St. Augustine", in: J.C. Schnaubelt/F. Van Fleteren (Hg.), *Augustine in Iconography. History and Legend.* New York [u.a.]: Lang 1999, 65–111.

M. W. Sullivan, "Tito Troja: An Augustine Cycle in Philadelphia", in: J.C. Schnaubelt/F. Van Fleteren (Hg.), *Augustine in Iconography. History and Legend.* New York [u.a.]: Lang 1999, 467–503.

Zum heutigen Streit um Augustinus Sein Werk als Schatz, als Bürde und als Herausforderung des Denkens

Norbert Fischer

Die herausragende Bedeutung des umfangreichen literarischen Werks Augustins wurde über die zahlreichen Jahrhunderte seit seinem Tod im Jahr 430 durchweg gewürdigt und anerkannt.[1] Dennoch gibt es bis heute heftige Kontroversen über den Inhalt und die Wirkung dieses Werkes, dessen Thesen von einigen Auslegern als gültige Maßgaben propagiert, von anderen aber der schärfsten Kritik unterzogen wurden, um ihre Schädlichkeit endgültig unter Beweis zu stellen.[2] Dieser Streit mag indessen grundsätzlich verfehlt sein, sofern er von falschen Ansätzen ausgeht. Zwar ist es unangebracht, Autoren, die sich bei vielen Lesern über lange Zeit durch ihre Werke große Beachtung erworben haben, von vornherein der Kritik zu entheben; abwegig ist aber auch der Versuch, Autoren zu diskreditieren, die sich Anerkennung nicht durch List oder äußeren Zwang erworben haben, sondern durch die Kraft ihrer Gedanken. Wie man zu Augustinus auch stehen mag: sein Werk, das bis heute bedacht und um das gestritten wird, ist offenbar lebendig.

Der Streit um ein Werk, das die einen dazu führt, seinen Autor als ‚Kirchenvater' oder ‚großen Denker' zu sehen und zu achten, die anderen aber dazu, dieses Werk als die „Todesurkunde des Gottes der Philosophen" zu diskreditieren und zu schmähen, muss handfeste Gründe haben.[3] Wer einen sachgemäßen Zugang zu diesem Werk zu befördern sucht, darf seinen Autor weder als *divus Augustinus* der Kritik entheben, noch ihn als *malin génie de l'Europe* verteufeln.[4] Um dem Streit auszuweichen, könnte man das Förderliche und das Schädliche in diesem Werk verschiedenen Entwicklungsstufen seines Denkens in der Art zuordnen, in der John Burnaby

1 Vgl. N. Fischer (Hg.): *Augustinus – Spuren und Spiegelungen seines Denkens. Zwei Bände. I: Von den Anfängen bis zur Reformation; II: Von Descartes bis in die Gegenwart.* Hamburg: Meiner 2009 (=ASS I und II); dort wird die theologisch und philosophisch orientierte Wirkung exemplarisch vorgestellt.

2 Vgl. Augustins Stellungnahme zu solchen Reaktionen in *Sermones Dolbeau* 10,15 (zitiert als Vorspruch in ASS II).

3 Als *pater* seit Cassiodor; vgl. K. Pollmann, „Von der Aporie zum Code. Aspekte der Rezeption von Augustins ›De Genesi ad Litteram‹ bis auf Remigius von Auxerre († 908)", in: N. Fischer (Hg.), *Augustinus – Spuren und Spiegelungen seines Denkens I. Von den Anfängen bis zur Reformation.* Hamburg: Meiner 2009, 26; als ‚fortzeugender Gründer des Philosophierens' vgl. K. Jaspers, *Die großen Philosophen.* München: Piper 1959, bes. 319–396; zu seiner Deutung als Verfasser der „Todesurkunde des Gottes der Philosophen" vgl. K. Flasch, *Logik des Schreckens. Augustinus von Hippo: De diversis quaestionibus ad Simplicianum I 2.* Mainz: Dieterich ²1995, 10.

4 Hinweise bei P. Seele, *Philosophie der Epochenschwelle. Augustin zwischen Antike und Mittelalter.* Berlin [u.a.]: de Gruyter 2007, 17.

den jungen Augustinus bewunderte, dem alten aber greisenhaft starre Leblosigkeit anlastete.[5] Umgekehrt könnten Verteidiger der Werke des älteren Augustinus, sofern er später zunehmend extreme Thesen zu den Folgen der ‚Erbsünde' und zur Macht der göttlichen Gnade vertrat, behaupten, der junge und mittlere Augustinus sei noch nicht zu seinen entscheidenden Erkenntnissen gelangt, weswegen seinen früheren Werken eben nur mindere Bedeutung zukomme.[6] Gelegentlich wird diese These sogar so zugespitzt vorgetragen, als habe sich Augustinus später von seinen früheren Lehren – besonders zum *liberum arbitrium* – distanziert und sie für irrig gehalten, was Volker Henning Drecoll unter Hervorhebung einzelner, deutungsbedürftiger Passagen unter grober Missachtung anderer entgegengesetzter Thesen Augustins behauptet.[7] Offenkundig hat Augustinus die Lehre von der Freiheit der Willensentscheidung zwar modifiziert, aber bis zu den *Retractationes* hin nie preisgegeben, sondern explizit vertreten.[8]

Die Einschätzung von Augustins Werk könnte man mit seiner imposanten Wirkungsgeschichte verknüpfen, indem man aus seinen spannungsreichen Gedanken entweder das Lehrgebäude des maßgeblichen Kirchenvaters entwickelt und meint, dessen Autorität strikt folgen zu sollen,[9] oder indem man durch sein Werk verfinsternde Schatten von Gewalt und Schrecken über das Geschick Europas geworfen sieht und meint, die Gegenwart von dieser Last befreien

5 Vgl. J. Burnaby, *Amor Dei. A Study of the Religion of St. Augustine*. Norwich: Canterbury Press 1991, 230f., der Verhärtungen beim alternden Augustinus scharf moniert.

6 Z.B. V.H. Drecoll, *Die Entstehung der Gnadenlehre Augustins*. Tübingen: Mohr Siebeck 1999, 249.

7 Z.B. V.H. Drecoll, „›Ungerechte Gnadenlehre‹. Zeitgenössische Anfragen an Augustin und ihr Einfluß auf seine Gnadenlehre", in: C. Mayer/A.E.J. Grote/C. Müller (Hg.), *Gnade – Freiheit – Rechtfertigung. Augustinische Topoi und ihre Wirkungsgeschichte*. Akademie der Wissenschaften und der Literatur Mainz. Abhandlungen der Geistes- und sozialwissenschaftlichen Klasse. Jahrgang 2006. Nr. X, bes. 27 mit Bezug auf *praed. sanct.* 7; der Abschnitt beginnt mit einem Gedanken des Apostels Paulus, dass alles, was wir haben, als Gabe empfangen haben (1 Kor 4,7), dem schwerlich widersprochen werden kann: *adhibuit apostolum testem dicentem, quid autem habes quod non accepisti?* Deswegen attestiert er einigen früheren Werken, in denen er das noch nicht bedacht habe, einen Irrtum: *quem meum errorem nonnulla opuscula mea satis indicant, ante episcopatum meum scripta. in quibus est illud quod commemorastis in litteris vestris, ubi est expositio quarumdam propositionum ex epistola quae est ad Romanos.* Solch eine Stelle mag *lib. arb.* 1,28 sein, in der Augustinus behauptet hatte, wir könnten kraft unseres Willen ein lobwürdiges und seliges Leben, aber auch ein schimpfliches und elendes verdienen und führen (*voluntate nos tamen laudabilem et beatam vitam, voluntate turpem ac miseram mereri ac degere?*). Dass wir es durch unsere Entscheidungen *verdienen* können, mag angehen, dass wir es *erlangen* können, mag ein wirklicher Irrtum der Frühphase Augustins sein.

8 Positive Stellen zur Anerkennung des *liberum arbitrium* finden sich in *Ad Simplicianum*, das laut Drecoll 2006, 27 den Wendepunkt markiert, z.B. 1,1,11: *velle enim, inquit, adiacet mihi, perficere autem bonum non. his verbis videtur non recte intellegentibus velut auferre liberum arbitrium. sed quomodo aufert, cum dicat: velle adiacet mihi? certe enim ipsum velle in potestate est, quoniam adiacet nobis.* Vgl. auch 1,2,21; diese Stelle spricht für die Willensfreiheit, obwohl sie deren Kraft gering veranschlagt (*liberum voluntatis arbitrium plurimum valet, immo vero est quidem, sed in venundatis sub peccato quid valet? caro, inquit, concupiscit adversus spiritum et spiritus adversus carnem, ut non ea quae vultis faciatis*). Zu beachten sind weitere zustimmende Stellen zum *liberum arbitrium* aus späteren Werken. Besonders deutlich und in seiner Stringenz nicht revidierbar ist die Argumentation gegen Cicero in *civ.* 5,10, wo Augustinus sich gegen ein modern anmutendes Argumentationsmuster wehrt, das heute als ‚postulatorischer Atheismus' firmieren könnte (dazu unten). Weiter zu beachten sind auch *gr. et lib. arb.* und *retr.*

9 Z.B. DH 2330. Aber auch Interpreten wie Cornelius Jansen sprechen Augustinus eine überragende Autorität zu; vgl. dazu R. Sokolovski, „Augustinus als matrix omnium conclusionum bei Cornelius Jansenius (1585–1638)", in: N. Fischer (Hg.), *Augustinus. Spuren und Spiegelungen seines Denkens I. Von den Anfängen bis zur Reformation*. Hamburg: Meiner 2009, 225–236.

zu sollen.[10] Die Augustinus-Lektüren von Lesern der neueren Zeit, die sich keineswegs von äußerer Autorität haben leiten lassen, sind aber so unterschiedlich ausgefallen, dass es ohne Zweifel verfehlt ist, mit grobschlächtig vereinfachenden Deutungen seiner Wirkungsgeschichte zu hantieren.

Wer vorerst auf die deutschsprachige Augustinus-Rezeption achtet, stößt bei bemerkenswerten Autoren auf Zeugnisse hoher Anerkennung. Zu nennen sind zum Beispiel Phänomenologen wie Edmund Husserl, Max Scheler und Martin Heidegger, wobei Heidegger durch die Begegnung mit Augustinus bedeutsame Anstöße zur Ausarbeitung seines ersten Hauptwerks erhalten hat.[11] Es findet sich jedoch ebenso die schon erwähnte Phalanx von Interpreten, die meinen, Augustinus eine ‚Logik des Schreckens' attestieren zu können, ihn als Feind der Humanität bekämpfen und den Versuch machen zu sollen, seine Grundgedanken endgültig beiseite zu schieben. Wenn Ludwig Wittgenstein aber äußert, die *Confessiones* Augustins seien „womöglich ›das ernsteste Buch, das je geschrieben wurde‹", und man Wittgensteins hartnäckige Ablehnung äußerer Autorität beachtet,[12] dann ist klar, wie wackelig der Boden ist, auf dem die ablehnenden Stellungnahmen zu Augustinus stehen, die sich auf seine Wirkungsgeschichte berufen.[13]

Gegen pauschale Urteile, seien sie nun zustimmend oder ablehnend, spricht einerseits sein Werk, das von seinem Anfang bis zu seinem Ende die beharrliche Wahrheitssuche seines Autors vergegenwärtigt, auch wo diese später zusätzlich von Sorgen und Aufgaben des Bischofsamtes mitbestimmt war, und andererseits seine spannungsvolle, differenzierte Wirkungsgeschichte.

---

10 Am prononciertesten in der Gegenwart (teils angeregt von Motiven Friedrich Nietzsches) spricht Flasch 1995, aber auch H. Blumenberg, *Legitimität der Neuzeit*. Frankfurt a.M.: Suhrkamp ²1988.; dazu N. Fischer, „Einführung", in: *Aurelius Augustinus: Confessiones / Bekenntnisse. Lateinisch-deutsch* (Übersetzung von Wilhelm Thimme). Reihe Tusculum. Düsseldorf/Zürich: Artemis & Winkler 2004, 798–802); vgl. auch G. Madec, „Saint Augustin est-il le malin génie de l'Europe?", in: P. Koslowski (Hg.), *Imaginer l'Europe, Le marché intérieur européen, tâche culturelle et économique*. Paris: Éd. du Cerf 1992, 279–290, bes. 287.

11 Vgl. M. Heidegger, „Augustinus und der Neuplatonismus. Frühe Freiburger Vorlesung Sommersemester 1921", in: *Phänomenologie des religiösen Lebens. Martin Heidegger Gesamtausgabe Band 60*. Hg. von Claudius Strube. Frankfurt a.M.: Klostermann 1995, 157–246 und *Des hl. Augustinus Betrachtung über die Zeit. Confessiones lib. XI* (Vortrag vom 26.10.1930 in der Abtei St. Martin, Beuron. Kopie des Typoskripts. Original im Besitz der Bibliotheca Beuronensis); wichtige Hinweise bietet F.-W. von Herrmann, „Die ›Confessiones‹ des Heiligen Augustinus im Denken Heideggers", in: *Heidegger e i medievali*. Quaestio Band 1/2001. Turnhout-Bari: Brepols-Pagina 2001, 113–146 und „Begegnungen mit Augustinus in den Phänomenologien von Edmund Husserl (1859–1938), Max Scheler (1874–1928) und Martin Heidegger (1889–1976)", in: N. Fischer (Hg.), *Augustinus. Spuren und Spiegelungen seines Denkens II. Von Descartes bis in die Gegenwart*. Hamburg: Meiner 2009, 253–264.; weiterhin N. Fischer, „Selbstsein und Gottsuche. Zur Aufgabe des Denkens in Augustins ›Confessiones‹ und Heideggers ›Sein und Zeit‹", in: N. Fischer/F.-W. von Herrmann (Hg.), *Heidegger und die christliche Tradition. Annäherungen an ein schwieriges Thema*. Hamburg: Meiner 2006, 55–90.

12 Zu Wittgensteins Widerwillen gegen Autoritätsgläubigkeit vgl. „Vermischte Bemerkungen", in: L. Wittgenstein, *Über Gewißheit*. Frankfurt a.M.: Suhrkamp 1984, 495 (aus dem Jahre 1937); zum oben aufgeführten Zitat vgl. R. Rees (Hg.), *Ludwig Wittgenstein. Porträts und Gespräche*. Frankfurt a.M.: Suhrkamp 1987, 132–134; vgl. auch F. Ricken, „Von Hume zu Augustinus – Wege der analytischen Religionsphilosophie", in: G. Kruck (Hg.), *Gottesglaube, Gotteserfahrung, Gotteserkenntnis*. Mainz: Grünewald 2003, bes. 193f.

13 Ein kaum wahrgenommenes Beispiel bietet die Augustinus-Rezeption Rainer Maria Rilkes; vgl. dazu A. Stahl, „›Salus tua ego sum‹. Rilke (1875–1926) liest die ›Confessiones‹ des heiligen Augustinus", in: N. Fischer (Hg.), *Augustinus. Spuren und Spiegelungen seines Denkens II. Von Descartes bis in die Gegenwart*. Hamburg: Meiner 2009, 229–252; N. Fischer, „›Giebt es wirklich die Zeit, die zerstörende?‹ Nachklänge der Zeitauslegung Augustins in der Dichtung Rilkes", in: *Blätter der Rilke-Gesellschaft* 30 (2009) (im Druck).

Die Versuche, den alten Augustinus gegen den jungen auszuspielen, oder den jungen Augustinus gegen den alten, haben zwar die Tatsache für sich, dass es möglich ist, eine relativ klare Signatur der Thesen der früheren und der späteren Werke und deren Antithetik auszuarbeiten.[14] Ebenfalls dürfen Versuche, die Wirkungsgeschichte bei der Beurteilung heranzuziehen, nicht abgelehnt werden, da diese Geschichte gewiss Einfluss auf das heutige Bild von Augustinus hat. Eindeutige Darstellungen der Wirkungsgeschichte Augustins sind indessen ebenso gewiss stets nur künstliche Konstruktionen, die sich meistens leicht aus den Angeln heben lassen.

Ansätze, die zu kontroversen Augustinus-Interpretationen führen, lassen sich an verschiedenen denkerischen Aufgabenfeldern konkretisieren, am eindrucksvollsten vielleicht im Blick auf die Reflexionen, die ihn zunächst zur Annahme der Freiheit der Willensentscheidung geführt haben, danach aber auch zur Überzeugung vom Angewiesensein der Menschen auf die Gnade Gottes. In der Deutung dieses philosophisch und theologisch zentralen Themas ist der entwicklungsgeschichtliche Ansatz möglich, der dazu führen kann, in Augustins Beantwortung der Fragen Simplicians, der Nachfolger des Ambrosius auf dem Bischofsstuhl in Mailand war, die Abkehr von seinen früheren Einsichten und eine entscheidende Wendung zum Schlechteren zu sehen.[15] Man kann seine späteren Thesen aber auch im Sinne einer radikalen Gnadenlehre deuten und als den Erkenntnisfortschritt verstehen, der zum eigentlichen Augustinismus geführt habe, und diese Lehre gutheißen, was dezidiert reformierte Theologen bis heute mehr oder weniger offen tun.[16] Diese beiden Möglichkeiten der Auslegung sind jedoch nicht geeignet, den Spannungsreichtum von Augustins Thesen zu dem genannten Problemfeld zu integrieren, weil sie spätere Leser zur Wahl zwingen, sich zwischen dem frühen und dem späten Augustinus zu entscheiden.

Augustinus selbst scheint nämlich fest überzeugt gewesen zu sein, mit seinen späteren Thesen nicht in einen ausschließenden Gegensatz zu seinen eigenen früheren Ansätzen geraten zu sein. Diese Sachlage ergibt sich schon aus *Ad Simplicianum*, sie folgt aus einigen expliziten Stellungnahmen, zum Beispiel in *De civitate Dei*, sie zeigt sich im späten Werktitel *De gratia et libero arbitrio* und ist aus seiner Stellungnahme zu *De libero arbitrio* in den *Retractationes* abzulesen. Unabhängig von der Frage nach der Selbstauslegung Augustins ist es möglich zu fragen, ob sachliche, denkerische Gründe für die Wandlungen in seinen Stellungnahmen wirksam waren. Da Augustinus sich als *cor inquietum* erfährt und uns von Gott auf Gott hin geschaffen glaubt, sodass wir Ruhe nur in Gott finden können, regt er seine Leser zu dem ruhelosen Denken an, das er selbst vollzieht.[17] Im Folgenden werden die Fragen, inwiefern sein Werk ein zu bewah-

---

14 Vgl. C. Horn, *Augustinus*. München: Beck 1995, 12–37 mit Hinweisen zur ‚komplexen Biographie' und zur Konversionsfrage; vgl. auch die bibliographischen Hinweise zu den kontroversen Deutungen der Entwicklungsphasen, 170f.

15 Vgl. Flasch 1995.

16 Vgl. Drecoll 2006. Derart gäbe es eigentlich nur die Kausalität Gottes, „einen menschlichen Anteil gibt es nicht" (30). Ein so missgünstiger Gott, der Menschen keinen Platz läßt, ist spätestens seit Platon diskreditiert (z.B. *Timaios* 29 d/e). Wesentlich bedächtiger und zudem auf einen vernünftigen Konsens bedacht spricht A. Schindler, „›Rechtfertigung‹ bei Augustinus und im reformatorischen Streit", in: C. Mayer/ A.E.J. Grote/C. Müller (Hg.), *Gnade – Freiheit – Rechtfertigung. Augustinische Topoi und ihre Wirkungsgeschichte*. Stuttgart: Steiner 2007, 41–72.

17 Obwohl das *cor inquietum* in den *Confessiones* nur einmal genannt wird (1,1), ist es ein Schlüsselwort, das die Spannung zur Ruhe unseres Herzens in Gott und Gottes in uns markiert (13,51f.). Den Grund der Unruhe sieht Augustinus positiv in der von Gott ausgehenden *excitatio* (*conf.* 1.1): *tu excitas, ut laudare te delectet* (vgl. 3,8; 5,1; 8,9; 9,15; 12,15). Die *excitatio* treibt ihn auch, sie durch sein Werk an andere weiterzugeben (10,4:

render Schatz, inwiefern es eine lästige Bürde und inwiefern es bis heute eine anspruchsvolle Herausforderung geblieben ist, an seinen Thesen zur Bedeutung von Freiheit und Gnade untersucht. Augustinus zeigt sich als Problemdenker, der die Aporetik seiner tiefsten Gedanken gesteht (zum Beispiel in der Frage nach der Zeit in *Confessiones* 11), der sich als Suchender weiß[18] und in den höchsten Fragen Dogmatismen meidet, die vorzutragen er sich als Prediger und Bischof gleichwohl gedrängt sah, vielleicht aber gelegentlich auch aus Rechthaberei vortrug.[19]

1. Augustins Werk als Schatz für die gegenwärtigen Diskussionen um Freiheit und Gnade

Das Verständnis von Freiheit und Gnade lebt bis heute von Anregungen Augustins, die er sich in innerem Ringen um die Sache erarbeitet hat, obwohl er nicht in der Lage war, diese beiden Arten von Ursächlichkeit in einer systematisch kohärenten Theorie miteinander zu vereinigen. Man kann hierbei auf Vorspiele im Denken Platons verweisen, der bereits die Freiheit und die Verantwortung der Menschen behauptet hat, aber auch ihr Angewiesensein auf göttliche Hilfe.[20] Augustinus hat einerseits die Notwendigkeit gesehen, die Freiheit der menschlichen Willensentscheidung anzunehmen, andererseits aber auch das Angewiesensein, auf die Hilfe der göttlichen Gnade zu hoffen, deren endliche, aber freie Geschöpfe auf ihrem Weg zum Guten bedürfen. Unmittelbar hat er im Zuge seiner Fragen nach der Herkunft der Übel zunächst von den Lösungen der neuplatonischen und manichäischen Ansätze gelernt und diese danach kritisch geprüft. Ihre Schärfe erhielten seine Fragen durch ihre Beziehung auf den guten und allmächtigen Gott, den er als Schöpfer von Welt und Mensch dachte (*conf.* 7,7): *bonus bona creavit.* Mit diesem Glauben begann er seinen Denkweg, der ihn jedoch nicht zu glatten Lösungen führte.[21]

Der Grundzug von Plotins Beantwortung der Frage, woher das Böse komme (πόθεν τά κακά) setzt voraus, dass der Ursprung des Ganzen das Eine sei, das Plotin zugleich als das Gute denkt, aber auch die Annahme, dass das Ganze notwendig aus Gegensätzen bestehe,

---

nam confessiones praeteritorum malorum meorum, quae remisisti et texisti, ut beares me in te, mutans animam meam fide et sacramento tuo, cum leguntur et audiuntur, excitant cor, ne dormiat in desperatione; 11,1: *affectum meum excito in te et eorum, qui haec legunt, ut dicamus omnes: magnus dominus et laudabilis valde*).

18 Wir sollen in der Hoffnung suchen, einst zu finden – und in einer Weise finden, dass wir Suchende bleiben; vgl. *trin.* 9,1: *sic ergo quaeramus tanquam inventuri, et sic inveniamus tamquam quaesituri.* Dieses Wort wäre in sich widersprüchlich, wenn die Aktivität ganz von Gott ausginge, wenn es ‚einen menschlichen Eigenanteil' nicht gäbe. Es ist nur sinnvoll in einer Beziehung des in sich aktiven endlichen Wesens zum unendlichen Gott. Schon Augustins Widerlegung des akademischen Skeptizismus baut auf die Einsicht, dass im Finden seiner selbst als eines Suchenden das Gesuchte (die Einsicht in die Wahrheit des menschlichen Geistes und in seine Beziehung zu einer transzendenten Wahrheit) gefunden ist. Vgl. dazu N. Fischer, *Augustins Philosophie der Endlichkeit. Zur systematischen Entfaltung seines Denkens aus der Geschichte der Chorismos-Problematik.* Bonn: Bouvier 1987, bes. 175–202 (*Die Aufgaben und Leistungen der theoretischen Erkenntnis in Augustins Auseinandersetzung mit der Skepsis*).

19 Zum Siegeswillen hat Augustinus sich durchaus bekannt, vgl. *vera rel.* 85: *invicti esse volumus et recte.* Zur schweren Bürde des Bischofsamtes vgl. G. May, „Augustinus als Prediger, Seelsorger und Bischof", in: G.May/G. Hönscheid (Hg.), *Die Mainzer Augustinus-Predigten. Studien zu einem Jahrhundertfund.* Mainz: Philipp von Zabern 2003, bes. 97.

20 Zur Verantwortung vgl. z.B. *Politeia* 379c; 617e; zum Angewiesensein auf ein göttliches Geschick z.B. 592a.

21 Das sein Denken antreibende Problem nennt *civ.* 12,6: *quo modo, inquam, bonum est causa mali?*

wodurch Schlechtes ins Spiel kommt (*Enneade* I 8, 7, 2f.: ἐξ ἐναντίων γὰρ ἐξ ἀνάγκης τόδε τὸ πᾶν). Damit wäre das Schlechte und Böse nicht eigentlich seiend, es wäre „kein ungemischtes Böses", sondern „durch Kraft und Eigenart des Guten [...], nachdem es einmal aus Notwendigkeit in Erscheinung getreten, gleichsam umschlungen von schönen Banden" (*Enneade* I 8, 15, 23–25). Zwar denkt Augustinus alles Üble mit Plotin als Beraubung am Gutsein des Guten,[22] gegen ihn aber nicht als Wirkung, die sich notwendig im Entstehen des Vielen aus dem Einen ergibt.[23] Gegen Plotins monistische Erklärung der Weltentstehung, die Augustinus ablehnt und unter den Titel der *creatio de se* stellt, legt er sie als frei gewollte Schöpfung aus, als *creatio de nihilo*, in der Gott aus der Fülle seiner Güte, nicht aus Bedürfnis oder Notwendigkeit geschaffen hat.[24]

Auch die Grundrichtung der manichäischen Auslegung der Herkunft des Schlechten konnte ihn nicht auf Dauer überzeugen, obwohl er die Wahrheit einiger Motive später noch anerkannt hat. Ganz unannehmbar war ihm die Vorstellung, Gott könne als nicht allmächtig gedacht werden, als wäre er verletzlich und, wie die Manichäer sagten, den Mächten der Finsternis ausgesetzt.[25] Zwar erwähnt er (ohne Angabe einer Quelle), gehört zu haben, die freie Willensentscheidung sei die ursprüngliche Ursache unseres üblen Tuns – und Gottes gerechtes, uns korrigierendes Urteil die Quelle unseres Leidens,[26] erklärt aber, nicht eingesehen zu haben, wie dies möglich sei.[27] Um diese Einsicht, die ihm allererst sein mögliches Selbstsein offenbar macht, das nur durch die Freiheit der Willensentscheidung denkbar ist, ringt er mit großer Energie in *De libero arbitrio*. Er hat dabei ein doppeltes Ziel seines Erkenntnisstrebens im Auge, nämlich Gott und die Seele: Es geht ihm in seiner Suche also niemals weder nur um Gott, noch nur um die Seele.[28]

Augustins Ablösung vom Manichäismus ist von diesem zweifachen Ziel seiner Suche bestimmt: einerseits von der Anerkennung der Göttlichkeit Gottes, der nicht Gott wäre, wenn Mächte der Finsternis ihn überwinden könnten; andererseits von der Anerkennung der Personalität menschlichen Seins, das sich in der besonderen Hinordnung zum Göttlichen aus-

---

22 Vgl. *conf.* 3,12: *quia non noveram malum non esse nisi privationem boni usque ad quod omnino non est.* Außerdem *civ.* 11,22: *cum omnino natura nulla sit malum nomenque hoc non sit nisi privationis boni.*

23 Vgl. dazu Fischer 1987, bes. 116–147: *Der radikale innerweltliche Dualismus in der henologischen Ontologie Plotins.* Der Einfluss Plotinscher Gedanken bleibt bei Augustinus aber latent wirksam; vgl. die Überlegung, dass die Notwendigkeit des Ganzen von vornherein im Einen liegt (*Enneade* II 9, 3, 11 f.): „Es muß also alles in solcher Stufenfolge einander untergeordnet sein, und zwar von Ewigkeit".

24 Vgl. *conf.* 13,5: *non ex indigentia fecisti, sed ex plenitudine bonitatis tuae*; zur Ablehnung der *creatio de se* im Gedanken der *creatio de nihilo* vgl. *lib. arb* 1,5: *ex quo fit ut de nihilo creaverit omnia, de se autem non crearit*; *Gn. adv. Man.* 1,10: *et ideo deus rectissime creditur omnia de nihilo fecisse, quia, etiamsi omnia formata de ista materia facta sunt, haec ipsa tamen materia de omnino nihilo facta est. non enim debemus esse similes istis, qui omnipotentem deum non credunt aliquid de nihilo facere potuisse.*

25 Vgl. *conf.* 7,3: *quid erat tibi factura nescio qua gens tenebrarum, quam ex adversa mole solent opponere, si tu cum ea pugnare noluisses? si enim responderetur aliquid fuisse nocituram, uiolabilis tu et corruptibilis fores.*

26 *Conf.* 7,5: *liberum voluntatis arbitrium causam esse, ut male faceremus et rectum iudicium tuum ut pateremur.*

27 Er präsentiert den Gedanken im immer wieder auftauchenden Schema von: *audiam et intelligam* (z.B. *conf.* 11,3); vgl. K. Bracht, *Securitas libertatis. Augustins Entdeckung der radikalen Entscheidungsfreiheit als Ursprung des Bösen.* Berlin: Humboldt-Universität 2005; vgl. dort 12–14, wo K. Bracht auf eine durch Ambrosius vermittelte Kenntnis des Methodius von Olympus mit dem Zentralgedanken des αὐτεξούσιον verweist.

28 Vgl. dazu N. Fischer, „›Deum et animam scire cupio‹. Zum bipolaren Grundzug von Augustins metaphysischem Fragen", in: C. Esposito/P. Porro (Hg.), *Agostino e la tradizione agostiniana / Augustinus und die Augustinische Tradition.* Turnhout-Bari: Brepols-Pagina 2007, 81–101.

spricht, die im Gesamtplan der Schöpfung eben den Menschen als endlichen, geschaffenen Vernunftwesen zukommt. Die Annahme, dass Geschöpfe auf Gott hin geschaffen sind, geht notwendig mit der Annahme der wesenhaften, bleibenden Differenz zwischen dem Schöpfer und seinen Geschöpfen einher.[29] Sie gründet im philosophisch und biblisch fundierten Glauben an die unbedürftige, wohlwollende Liebe Gottes und eröffnet den Geschöpfen durch die Gabe der Freiheit die Möglichkeit zu eigentlichem Selbstsein und zur Annäherung an das Ideal der göttlichen Liebe.

Zur phänomenalen Grundlage der Entfaltung menschlichen Seins gehört theoretisch gesehen die Fähigkeit, in bewusster Klarheit Fragen stellen und zu ihnen gültige Urteile fällen zu können.[30] Ohne die Voraussetzung der Spontaneität des Erkenntnisvermögens ist die mögliche Wahrheit von Erkenntnissen gar nicht denkbar. Die endgültige Vernichtung des Wahrheitsbezugs aller denkbaren Urteile wäre der Satz: „Niemand hat in seiner Macht, was ihm in den Sinn kommt."[31] Für den praktischen Lebensvollzug zeigt sich als die grundlegende Möglichkeitsbedingung des Strebens nach Gerechtigkeit und Liebe die Entscheidungsfreiheit. Das Streben nach Gerechtigkeit und Liebe ist uns zwar aufgegeben, es kann aber, das sieht Augustinus zunehmend deutlicher, nicht ohne Gnade verwirklicht werden, weil der Weg zum überhohen Ziel der göttlichen Liebe nur als Folge des Zusammenspiels von Freiheit und Gnade gedacht werden kann.

Ein bewahrenswerter Schatz ist Augustins Werk im Blick auf Freiheit und Gnade, weil es diese Themen in zuvor nicht gekannter Klarheit als notwendige Aufgaben des Denkens bezeichnet: Augustinus denkt den Willen trotz seiner Geschöpflichkeit als *causa prima*, weist alle Moralbegründungen zurück, die sich auf äußere Autorität oder auf innere Klugheitsberechnungen stützen, und lenkt das Denken auf ein wahrhaft göttliches Ideal, in dem Menschen das gesollte Gute aus Güte wollen und auch erstreben können, wenngleich im Wissen, dass sie es in ihrer Endlichkeit nur *erstreben*, nicht aber *verwirklichen* können – und so auf die Gnade Gottes angewiesen bleiben, dessen Liebe ihnen zum höchsten Ziel verhelfen kann.[32]

Vom Neuplatonismus her wirkt die Anregung weiter, dass der Weg zum Ziel der Suche über die Wendung ins Innere führt, also über einen Aufstieg nach innen, allerdings – im Unterschied zu Plotin – nicht so, dass im Inneren das Ziel selbst hervorträte, sondern vielmehr die Einsicht in die Notwendigkeit, das eigene Innere zu übersteigen und die Transzendenz des Ziels anzuerkennen. Plotin weist dem Suchenden den Weg zurück in das Vaterland: In dieser Rückkehr ins Eine gibt der Suchende aber seine endliche Besonderheit preis, so dass das Eine wieder das Ganze ist.[33] Angezogen vom hohen Ideal der Heiligkeit, von dem er glaubt, dass

29 Gegen jede Art von Einheitsmetaphysik vgl. auch E. Lévinas, *Totalité et Infini. Essai sur l'extériorité*. La Haye: Nijhoff 1961, z,B. 29f. und 75. Lévinas denkt die Trennung zunächst ‚atheistisch', was sich mit Augustins *creatio de nihilo* verknüpfen ließe.

30 Vgl. *conf.* 10,10; dazu N. Fischer, „Zu Ursprung und Sinn menschlichen Fragens und Suchens (*conf.* 10,10): ›Homines autem possunt interrogare‹", in: N. Fischer/D. Hattrup (Hg.), *Selbsterkenntnis und Gottsuche. Augustinus: ›Confessiones‹ 10*. Paderborn: Schöningh 2007, 57–77.

31 Vgl. Drecoll 2006, 30. Der Satz erklärt uns zu leblosen Marionetten; seinem an sich passiven Autor wäre er ebenso in den Sinn gekommen, wie anderen Autoren andere Sätze in den Sinn kommen.

32 Vgl. *lib. arb.* 3,49: *voluntas est prima causa peccandi*; *trin.* 3,9: *voluntas dei est prima et summa causa omnium corporalium specierum atque motionum.*

33 Vgl. Fischer 1987, 116–147 (*Der radikale innerweltliche Dualismus in der henologischen Ontologie Plotins*); N. Fischer, „foris – intus", in: C. Mayer (Hg.), *Augustinus-Lexikon 3*. Basel: Schwabe 2004, 37–45.

Christus sie in Wort und Tat vorgelebt habe, folgt Augustinus – entgegen der Weisung Plotins – der Forderung, gerade nicht den Aufstieg zum Höchsten zu suchen, sondern Christus nachzufolgen, der zu den Schwachen, Kranken und Sündern hinabgestiegen und durch dieses Hinabsteigen zu Gott aufgestiegen ist. Der maßgebliche Imperativ lautet somit: *descendite, ut ascendatis, et ascendatis ad deum.*[34]

Vom Manichäismus her wirkt die Einsicht weiter, dass wir in uns faktisch die Doppeltheit der Motive zum Guten und zum Schlechten als unpersönliche, ontische Motivationskräfte finden, die sich in einem inneren Kampf befinden, die aber – entgegen der manichäischen Auslegung – unsere Stellungnahme herausfordern und so die Freiheit unserer Entscheidung voraussetzen.[35] Vielleicht beschreibt der spätere Augustinus unsere faktische Situation auch dann mit Recht als schwierig, wenn die ‚Erbsündenlehre' eine verfehlte und schädliche Theorie bleiben sollte, weil sie weder der Güte Gottes noch unserer faktischen Situation gerecht wird. Denn unsere Situation enthält Anreize zum Guten wie zum Schlechten und wird zutreffend als *tentatio* beschrieben.[36] Indem Augustinus wesentliche Phänomene unseres Lebens in einer Weise ins Auge fasst, die uns zum Denken anregt, zeigt sich sein Werk als Schatz, den wir sorgsam hüten sollten.

2. Augustins Zuspitzungen der Gnadenlehre als Bürde für ihre Interpreten

Das Motiv, das Augustinus zur Ausarbeitung der Freiheitslehre angeregt hat, war die Frage nach dem Ursprung des Schlechten, die er nur entschärfen konnte, indem er den freien Willen als ein gutes Werk des guten Schöpfers verstand, da nur freier Wille guten Willen hervorbringen kann. Die dem göttlichen Schöpfer entsprechende Vollkommenheit der Schöpfung konnte er nur unter der Bedingung der Existenz eines freien Willens denken, der allein durch sich selbst gut werden kann (*lib. arb.* 1,26): *sola* [...] *voluntas per se ipsam.* Er verteidigt die Güte der Schöpfung jedoch auch angesichts der Tatsache, dass die Freiheit der Entscheidung den Geschöpfen nicht nur die Möglichkeit eröffnet, das Gute aus Güte zu wollen, sondern auch die Möglichkeit, das Schlechte als Abkehr vom Guten zu wollen und so aus eigener Entscheidung böse zu werden.[37]

Schon am Ende von *De libero arbitrio*, nachdem er die Einsicht in die Notwendigkeit der Gnade gewonnen hatte, schlägt er feste Pflöcke ein, die jede Ablehnung der Freiheit der Willensentscheidung unmöglich machen, solange man ein Verhalten überhaupt als Sünde bezeichnen will. In einem nochmaligen, grundsätzlichen Bedenken der möglichen Ursache von Fehlverhalten (*causa peccati*) hält er fest, dass nur solche Vollzüge als Sünde verstanden werden können, die

---

34 Vgl. *conf.* 4,19; N. Fischer, „Der Rationalitätsanspruch der Augustinischen Christologie. Philosophische Bemerkungen zu Augustins ›Confessiones‹", in: A. Hartmann/M. Neumann (Hg.), *Mythen Europas. Schlüsselfiguren der Imagination.* Regensburg: Pustet 2004 (zugleich Lizenzausgabe Darmstadt: WBG), 207–227.

35 Vgl. Goethe *Faust I* (V. 1112–1117): „Zwei Seelen wohnen, ach! in meiner Brust"; dazu Fischer 2004 (Einleitung), 820. Julian sieht Augustinus fest in den Manichäismus verstrickt (*c. Iul. imp.* 4,42): *si mutabit Aethiops pellem suam, aut pardus varietatem; ita et tu a Manichaeorum mysteriis elueris.*

36 Sie spielt in *Confessiones* 10 eine grundlegende Rolle; vgl. 10,7; 10,39; 10,44; 10,46–48; 10,51; 10,54; 10,59–61; 10,64. Augustinus fragt im Anschluss an Hiob (7,1): *numquid non temptatio est vita humana super terram?*

37 Vgl. *lib. arb.* 2,5. Dort fragt Evodius kritisch, ob Gott den freien Willen hätte verleihen dürfen, obwohl er doch zugleich das *Vermögen* ist, durch das wir sündigen können.

auf einen freien und verantwortlichen Willen als ursprüngliche Wurzel zurückgeführt werden. Nur einem frei Wollenden kann überhaupt ein Fehlverhalten als Sünde zugerechnet werden.[38] Die Grundlegung der Ethik baut auf ähnliche Einsichten wie die Grundlegung der Möglichkeit wahrer Erkenntnis: Weil die Wahrheit unserer Erkenntnisse nicht gedacht werden könnte, wenn unser Geist nicht frei wäre, hat Augustinus von der Vernunft als Richter (*iudex*) gesprochen.[39] Diese schon aus theoretischen Gründen nicht revidierbare Einsicht, ohne die der Wahrheitsanspruch von Urteilen schwindet (was das Ende vernünftiger Rede wäre), trägt er im Blick auf Moralbegründung noch einmal dialektisch zugespitzt und verschärft in *De civitate Dei* vor. Anlass ist die Position Ciceros, die heute als ‚postulatorischer Atheismus' zu kennzeichnen wäre, sofern sie aus dem Dasein des Allmächtigen die Zerstörung menschlicher Sittlichkeit ableitet.[40] Augustinus hat eindeutig zum Ausdruck gebracht, dass die Bestreitungen der Freiheit theoretisch wie praktisch unhaltbar sind, weil sie die Möglichkeit der Wahrheit und der Güte vernichten: Wer irgendwelche Thesen wahr und irgendwelche Handlungsvollzüge böse nennt, setzt nach dieser Einsicht die Spontaneität der Erkenntnis und die Freiheit der Entscheidung voraus.

Die Zuspitzung und Isolierung von Augustins späteren, teils polemisch gegen die Pelagianer gerichteten Äußerungen zur Gnadenlehre bedeuten keine Abkehr von der Freiheitslehre, zumal Augustinus sich bis in seine späten Jahre hinein immer wieder zustimmend zu ihr geäußert hat.[41]

Gedankenlose Nachbeter der späteren Gnadenlehre haben die Unwiderruflichkeit der Einsicht in die Notwendigkeit der Freiheitslehre nicht verstanden und meinen erklären zu können, dass „die Willensentscheidung, die dem Glauben und gerechtem Handeln zugrundeliegt [...] selbst auf Erwählung" basiere und folglich „eine ›prinzipielle‹ Unabhängigkeit nicht gegeben" sei.[42] Wenn immer sie die Wahrheit ihrer Thesen behaupten und irgendwie von der Schlechtigkeit und Bosheit menschlichen Handelns reden, geraten sie unvermeidlich in die Aporie.

---

38 Vgl. *lib. arb.* 3,48f., bes. 3,49: *sed quae tandem esse poterit ante voluntatem causa voluntatis? aut enim et ipsa voluntas est et a radice ista voluntatis non recedetur, aut non est voluntas et peccatum nullum habet. aut igitur voluntas est prima causa peccandi aut nullum peccatum est prima causa peccandi. nec est cui recte inputetur peccatum nisi peccanti. non ergo est cui recte inputetur nisi volenti.*

39 Vgl. *conf.* 10,10; dazu vgl. N. Fischer, „Augustinische Motive in der Philosophie Immanuel Kants (1724–1804)", in: N. Fischer (Hg.), *Augustinus. Spuren und Spiegelungen seines Denkens II. Von Descartes bis in die Gegenwart.* Hamburg: Meiner 2009, 89–110.

40 Vgl. *civ.* 5.9f. Zum Hintergrund der neueren Problematik vgl. N. Fischer, „Epigenesis des Sinnes. Nicolai Hartmanns Destruktion einer allgemeinen Weltteleologie und das Problem einer philosophischen Theologie", in: *Kant-Studien* 78 (1987), 64–86.

41 Auch in *Simpl.* hält er an der freien Entscheidung fest; z.B. 1,1,11 (zu Röm 7,18): *velle adiacet mihi, perficere autem non. his verbis videtur non recte intelligentibus auferre liberum arbitrium.* Er nennt sie sogar ein großes Gut, auch wenn er relativierend hinzufügt, dass ihr Nutzen für Menschen, die unter Sünde stehen, eingeschränkt ist; vgl. 1,2,21: *liberum arbitrium plurimum valet, immo vero est quidem, sed in venundatis sub peccato quid valet?*

42 Drecoll 1999, 249. Mit entgegengesetzter Absicht, aber ähnlichen Thesen Flasch 1995. Zur Kritik N. Fischer, „Vorwort, Einleitung und Anmerkungen", in: *Aurelius Augustinus: Suche nach dem wahren Leben. Confessiones X/Bekenntnisse 10.* Hamburg: Meiner 2006, LV–LIX; LXIV. Zu glatt skizziert die Entwicklung Augustins E. Rannikko, *Liberum Arbitrium and Necessitas. A Philosophical Enquiry into Augustine's Conception of the Will.* Helsinki: Luther-Agricola-Society 1997, 245: "There were at least four periods with respect to grace; first he did not speak of it at all, then he thought it can be received through man's own initiative, then he thought it can be received by consenting to the call, and finally he declared that grace is bestowed on man irresistibly. Grace gives a person such great delectation that she cannot resist it."

Insofern sollten es Historiker und biblische Theologen, sofern sie ihr einzelwissenschaftliches Geschäft betreiben und nicht bereit sind, sich der philosophischen Reflexion ihrer Thesen zu stellen, streng vermeiden, sich zu den hier verhandelten Sachproblemen überhaupt zu äußern.[43] Diese Forderung ist keine Eigenart neuzeitlichen Denkens, sondern findet sich bei Augustinus.[44] Dennoch ist nicht zu leugnen, dass Augustinus sich nach der Ausarbeitung seiner Freiheitslehre aus inneren und äußeren Motiven auf eine Gnadenlehre zu bewegte, die teilweise einseitige Züge angenommen und alsbald auch Konflikte mit seiner eigenen Freiheitslehre hervorgerufen hat. Wo er die Gnadenlehre in einer Weise zuspitzt, dass sie in einen wechselseitig ausschließenden Konflikt zur Freiheitslehre tritt, erweist sich seine Lehre als schwere Bürde für seine Interpreten. Immerhin ermuntert Augustinus selbst seine Leser, seinen Thesen auch kritisch zu begegnen.[45]

Hans Blumenberg, der nicht zu den gedankenlosen Nachbetern Augustins zählt, charakterisiert Augustins spätere Antworten auf die Frage nach dem Ursprung des Übels in der Welt so: „Mit einer ebenso rührenden wie verhängnisvollen Geste übernahm er für den Menschen und auf den Menschen die Verantwortung für das, was an der Welt drückende Last war."[46] Obwohl solche Motive Menschen anrühren können, bürdet Augustins Verfahren den Lesern Lasten auf, deren Unerträglichkeit sie am Ende zu Befürwortern eines ‚postulatorischen Atheismus' machen kann.[47] Einen ‚Atheismus um des Menschen willen' könnten Leser schon zu vertreten geneigt sein, die eine Passage aus dem Schlussteil von *De libero arbitrio* zur Kenntnis nehmen und bedenken. Dort betreibt Augustinus die Verteidigung der faktischen Zustände angesichts der Leiden kleiner Kinder (nachdem er erwähnt hatte, dass die Seelen dieser Kinder vor ihrer Einkörperung schuldig geworden sein könnten) und pocht einerseits auf das Fehlen von Verdiensten der Kleinen, als hätten sie deswegen keinen Anspruch auf ein Leben ohne Qualen, andererseits erwägt er zur Entschuldigung Gottes die Alternative, dass er auf diesem Weg die Besserung der Eltern betreibe (als ob Gott keine anderen Mittel zur Erziehung der Eltern zu Gebote stünden).[48] Er argumentiert auf einem Niveau, das er voller Verachtung seiner Tätigkeit vor der Bekehrung zuspricht. Solches Winkeladvokatentum ließe sich aus ureigenen Motiven Augustins zurückweisen.[49]

---

43 Ein solcher Rat, dessen Drecoll *mutatis mutandis* bedürfte, wurde Flasch von Hösle erteilt; vgl. V. Hösle, „Wie soll man Philosophiegeschichte betreiben? Kritische Bemerkungen zu Kurt Flaschs philosophischer Methodologie", *in: Philosophisches Jahrbuch* 111 (2004), 140–147.

44 Vgl. *vera rel.* 8: *sic enim creditur et docetur, quod est humanae salutis caput, non aliam esse philosophiam, id est sapientiae studium, et aliam religionem*; vgl. Kant: *Die Religion innerhalb der Grenzen der bloßen Vernunft*, BA XXII (AA 6,12); *Der Streit der Fakultäten*, A 26 (AA 7,28); dazu Fischer 2009 (Augustinische Motive). Vgl. Heideggers Wort: „Die Wissenschaft denkt nicht" (in: M. Heidegger, „Was heißt Denken? (Vorlesung Wintersemester 19151/52; publiziert 1945)", in: *Martin Heidegger Gesamtausgabe Band 8*. Hg. von Paola-Ludovica Coriando. Frankfurt a.M.: Klostermann 2002, 9).

45 Vgl. *Sermones Dolbeau* 10,15: *plus irascor tali laudatori meo qui librum meum tamquam canonicum accipit.*

46 Vgl. H. Blumenberg, *Legitimität der Neuzeit*. Frankfurt a.M.: Suhrkamp [2]1988, 145.

47 Der ‚postulatorische Atheismus' wurde in der Nähe zu protestantischer Prädestinationslehre und Gnadentheologie virulent; vgl. die Pfarrersöhne Friedrich Nietzsche und Nicolai Hartmann (vgl. *Ethik* und *Teleologisches Denken*; dazu Fischer 1987 (Epigenesis); aber auch den von protestantischen Vorstellungen infizierten Jean-Paul Sartre. Ein Gott, der alles *sola gratia* ordnete, wäre ungöttlich, weil er Marionetten dirigierte, also nicht *ex plenitudine bonitatis*, sondern *ex indigentia* handelte (vgl. *conf.* 13,5).

48 Vgl. *lib. arb.* 3,68; vgl. zur Kritik auch Fischer 1987 (Augustins Philosophie), bes. 283–285.

49 Vgl. *conf.* 9,2; nach *lib. arb.* 1,1 ist Gott nur Urheber solcher Übel, mit denen schuldhaft bewirkte Übel bestraft werden. Angemessener als der verwegene Versuch, Gott gleichsam Hilflosigkeit bei der Verfolgung

Die Ursache der Abweichungen Augustins von seinen eigenen denkerischen Ansätzen könnten auch Motive sein, die sich für ihn aus der Verantwortung des Bischofsamtes ergeben haben. Zunächst einmal hatte dieses Amt die verstärkte Beachtung der ‚Heiligen Schriften' zur Folge. In der Beantwortung der Fragen Simplicians wird die innere Zerrissenheit Augustins besonders an der Auslegung einiger schwieriger Passagen aus dem Römerbrief des Apostels Paulus fassbar. Augustinus bringt aber auch vernünftige Argumente ins Spiel, wobei er sich die uns anhaftende Endlichkeit eingesteht und unsere Situation von *ignorantia* und *difficultas* bestimmt sieht.[50] Dieses Eingeständnis führt um der Freiheit willen zur Anerkennung des Verbots, sich selbst zu rühmen, weil endliche Wesen faktisch keine moralische Selbsterkenntnis besitzen, andererseits zur Anerkennung des Verbots, mit Gott zu rechten, weil einer, der mit Gott rechtet, eine Art von Erkenntnis des Sinns von Ereignissen usurpiert, die Menschen nicht zukommt.[51]

Die Lehren von einer alle belastenden Erbsünde und einer alles bestimmenden Prädestination verderben Gerechtigkeit und Vernunft, sofern sie nicht nur gegen hybride Versuche von Menschen zielen, sich selbst zu rühmen und über Gott richten zu wollen: Sie sind eine schwere Bürde. Vielleicht hat Augustinus diese Lehren für die Durchsetzung der Disziplin in seiner Gemeinde genutzt, um das Verhalten von Menschen zu beeinflussen, die eigene Entscheidungen scheuen. Vielleicht fürchtete er in der Verantwortung des Bischofs, dass die ihm anvertraute Gemeinde nicht fähig oder nicht bereit sein könnte, die Ungewissheit des ruhelosen Herzens auszuhalten. Vielleicht hat er sich aus sturer Rechthaberei, vielleicht auch in Sorge um schwache Gemeindemitglieder zu einer Art ‚Problemlösungen' verstiegen, die niemandem geholfen, aber viele in die Irre geführt haben und der Nachwelt schließlich zu einer schwer lastenden Bürde geworden sind. Sie rechtfertigen Angriffe gegen diese Lehren, solange die Angriffe nicht ungerecht werden. Dennoch stehen im Hintergrund seiner vermutlich voreiligen Lösungen auch sachliche Motive, die Herausforderungen des Denkens geblieben sind. Sie werden abschließend ins Auge gefasst.

---

seiner Zwecke zu unterstellen wäre eine Antwort, wie Kant sie – in Entsprechung zur Haltung Hiobs – versucht hat; vgl. *Über das Mißlingen aller philosophischen Versuche in der Theodicee*; außerdem vgl. den Brief an Johann Caspar Lavater vom 28. April 1775 (AA 10,176): „Sie verlangen mein Urtheil über Ihre Abhandlung vom Glauben und dem Gebethe. Wissen Sie auch an wen Sie sich deshalb wenden? An einen, der kein Mittel kennt, was in dem letzten Augenblicke des Lebens Stich hält, als die reineste Aufrichtigkeit in Ansehung der verborgensten Gesinnungen des Herzens und der es mit Hiob vor ein Verbrechen hält Gott zu schmeichlen und innere Bekentnisse zu thun, welche vielleicht die Furcht erzwungen hat und womit das Gemüth nicht in freyem Glauben zusammenstimmt."

50 Das ist ein Gedanke, der schon im dritten Buch von *De libero arbitrio* entfaltet worden ist, unter ausdrücklicher Betonung der Tatsache, dass er nichts gegen die Freiheit der Willensentscheidung besagt, weil jeder in der Lage sei, seine Schwäche zu bekennen und nach Wahrheit zu suchen.

51 Vgl. die zitierten Stellen aus *Simpl.* I,2,2 und 1,2,21. Die Grundlage dieser Intention findet sich auch bei Kant (*Kritik der reinen Vernunft*, B 579 Fn) und führt zur Notwendigkeit der Annahme Gottes als ‚Herzenskündiger', den Augustinus als *inspector cordis* kennt. Nachweise bietet N. Fischer„Augustinische Motive in der Philosophie Immanuel Kants (1724–1804)", in: N. Fischer (Hg.), *Augustinus. Spuren und Spiegelungen seines Denkens II. Von Descartes bis in die Gegenwart.* Hamburg: Meiner 2009, 89–110. Laut Kant dürfen wir uns, damit der gute Wille denkbar wird, selbst moralisch nicht beurteilen können, weil wir sonst das Gute aus Klugheitserwägungen täten; vgl. *Kritik der praktischen Vernunft*, A 263–266. Es geht Augustinus wie Kant um das *gratis diligere* und das *gratis colere* (vgl. z.B. *conf.* 6,26; 8,10; 10,32; 13,17; *en. Ps.* 55,17; *civ.* 1,9); beide lehnen einen eudämonistischen Intellektualismus ab.

3. Augustins Thesen zu Freiheit und Gnade als Herausforderung heutigen Denkens

Obwohl Augustinus nicht in der Lage war, das Verhältnis von Freiheit und Gnade systematisch kohärent zu einem einleuchtenden Abschluss zu bringen, hat er das Grundverständnis dieser notwendigen Aufgaben des Denkens durch seine Ansätze weithin geprägt, auch wenn sie am Ende keine gültigen Einsichten boten, sondern Anregungen, die das Denken herausfordern. Seinen Ansatz, in dem er die Willensfreiheit zum allein bestimmenden Prinzip erklärt, hat er selbst – anfanghaft schon in *De libero arbitrio* – relativiert und zunehmend kritisch betrachtet. Diese Kritik hat ihn offenkundig nicht bewogen, die Freiheitsthese grundsätzlich preiszugeben. Nachdem er begonnen hatte, die Bedeutung der Gnade überstark zu betonen, hat er oft genug erwähnt, dass die Freiheit der Willensentscheidung weiter von Bedeutung bleibe, ohne aber ein Denkmodell anbieten zu können, das diese beiden Arten der Kausalität in Einklang brächte. Immerhin erwähnt er in den *Retractationes* die Möglichkeit, unsere faktische Unwissenheit und Schwäche auch ohne Rückgriff auf das Modell der Erbsünde annehmbar machen zu können. Augustins Skizze der *conditio humana* führt folglich zu Fragen, die das Denken herausfordern. Erstens ist zu fragen, ob seine Analyse unserer Situation entspricht, ob die Annahme zutrifft, dass Freiheit und Gnade Voraussetzungen sind, ohne die unsere Situation nicht zu verstehen ist. Zweitens ist zu fragen, ob es Modelle gibt, die das Zusammenbestehen der gegensätzlichen und sich auf den ersten Blick einander ausschließenden Kausalitätsarten plausibel machen.

In Beantwortung der ersten Frage ist festzuhalten, dass die dialektische Antithetik seiner Thesen nicht als Scheitern aufzufassen ist, sondern als das schlüssige Resultat unserer Erkenntnisbemühungen, in denen die faktische Situation der Menschen in der Welt adäquat zur Sprache kommt. Verfehlt – und den denkerischen Intentionen Augustins zuwider – sind Versuche, die Freiheitsthese abzuschwächen oder zu ignorieren, auch wenn Augustinus zuweilen Anlass für sie bietet. Auch in *Ad Simplicianum* tritt sein denkerisches Ringen hervor, obwohl Augustinus dort und in zahlreichen anderen Texten auch Thesen vorträgt, die mit der Freiheitslehre inkompatibel sind. Seine Auslegung der Erwählung Jakobs und der Verstoßung Esaus ist ein ebensolches Ärgernis, wie seine Unbekümmertheit, mit der er von der *massa damnata* spricht, die dem allgemeinen Heilswillen Gottes zuwiderläuft, von dem auch Augustinus sonst überzeugt zu sein scheint.[52] Die Inkompatibilität ist an sich noch kein Hindernis, den Befunden Augustins zu widersprechen. Unannehmbar sind aber seine Lehren von der allgemeinen Bosheit des Menschengeschlechts auf Grund der Sünde Adams, von der Erbsünde und von der Prädestination, nach der Gott aus bloßer Gnade wenige Erwählte ihrem verdienten Schicksal entreißt (*gratia pro gratia*).[53]

Die Antworten in *Ad Simplicianum* sind indessen nicht nur der Anerkennung der kanonischen Geltung des Römerbriefs geschuldet, sondern eben auch einsichtigen Motiven, die Au-

52 In den *Confessiones* treten Einschränkungen nicht hervor; ab späteren Büchern von *De civitate Dei* (15,21; 21,12) und besonders in *c. Iul.* und *c. Iul. imp.* tritt der Gedanke des allgemeinen Heilswillens Gottes in den Hintergrund.

53 Auf solche Stellen in *De gratia et libero arbitrio* (z.B. 18f.) stützt sich Drecoll 2006 36ff., ohne zu beachten, dass Augustinus sie dem *liberum arbitrium* ja gerade nicht entgegensetzt.

gustinus hervorhebt: das Ruhmverbot und das Verbot, mit Gott nicht zu rechten (z.B. *Simpl.* 1,2,2). Dabei ist er von der Einsicht bewegt, dass in Zeit und Welt die Sonne über Gerechte und Ungerechte scheint, dass wir in dieser Hinsicht also im Zustand der *tentatio* leben und leben müssen. Um Widerworte gegen Gott zu vermeiden, trägt er – als Entgegnung zu den kritischen Fragen, die zum ‚Rechten mit Gott' antreiben könnten – gewaltsame Lösungen (wie die Erbsündenlehre und die Prädestinationslehre) vor, die den Anklägern Gottes die Mäuler stopfen sollen.

Augustinus mag – insgeheim auf Grund der unausgesprochenen Befürchtung, dass die Erbsündenlehre und die Prädestinationslehre nicht zustimmungsfähig sein könnten – in den *Retractationes* zusätzlich eine Erwägung angestellt haben, die es erlaubt, auch ohne sie auszukommen. Dort erklärt er (nach kritischen Hinweisen zu Pelagius), Gott sei auch dann nicht zu beschuldigen, sondern zu loben, wenn die uns anhaftenden Defizite, Unwissenheit und Schwäche, von Gott her ursprünglich zu unserer Natur gehörten (*retr.* 1,9,6): *quamvis ignorantia et difficultas etiamsi essent hominis primordia naturalia, nec sic culpandus sed laudandus deus esset.*[54] Die hier nur angedeutete Lösung setzt voraus, dass *ignorantia* und *difficultas* Bedingungen der Möglichkeit der Denkbarkeit endlicher Freiheit sein könnten, die aber, wenn die ersehnte *vita viva* in einer *sancta civitas* möglich sein soll, zugleich notwendig auf Gnade verwiesen ist, sodass auch ohne Vereinbarungskonzept an Freiheit und Gnade festgehalten werden muss.

Nach Augustinus sind wir ohne Annahme unserer Freiheit einerseits nicht in der Lage, die Wirklichkeit unseres Lebens und die Möglichkeit einer Schöpfung als Werk des vollkommenen und unbedürftigen Gottes zu verstehen. Andererseits können wir auf Grund unserer Unwissenheit und Schwäche ohne Gnade nicht hoffen, die von uns ersehnte Vollkommenheit zu erlangen. Die Plausibilität dieser systematisch nicht kohärenten Thesen könnte man in Beantwortung der zweiten Frage an Phänomenen untersuchen, die bei Menschen auftreten, die einander in wohlwollender Liebe zugetan sind. Solche Liebe setzt Freiheit und Verantwortung der Liebenden voraus, aber auch die Bereitschaft, sich dem Anderen zu öffnen und ihm zur Seite zu stehen. Liebe lebt von der beiderseitigen Aktion und der Hoffnung, dass die Aktion auch erwidert wird. In der Liebe sind die Liebenden sowohl die ‚Treibenden' als auch die ‚Empfangenden'.[55] Obwohl dieses Modell nur analog dem Verhältnis von Schöpfer und Geschöpf entspricht, weil menschliche Liebe mit der Bedürftigkeit endlicher Wesen einhergeht, geben die *Confessiones* einen Wink, der mit der Frage zusammenhängt, was Gott mit der Schöpfung hat wollen können. Wenn der Wille Gottes, am Ende der Tage in seinem Werk zu ruhen, so zu verstehen wäre, dass er sich über das Weltgeschehen, in dem bei kausalanalytischer Betrachtung nur er selbst wirkte, eine Wirklichkeit geschaffen hätte, in der er Ruhe finden

54 Kant hat eine Bemerkung gemacht, die in ähnliche Richtung geht; vgl. *Kritik der praktischen Vernunft*, A 266.

55 Vgl. Rilke, dessen Dichtung von Augustinischem Geist angeregt ist, weil er womöglich von der selben *excitatio* lebt, sagt im Blick auf das mühsame Tun des Bauern (*Sonette an Orpheus* 1 XII): „Selbst wenn sich der Bauer sorgt und handelt/ wo die Saat in Sommer sich verwandelt,/ reicht er niemals hin. Die Erde *schenkt*." Rilke weist auf das *mühsame Tun* und auf die *Sorge* des Bauers, ohne die sein Werk nicht zum Ziel kommt, so wie er uns Menschen allgemein als ›die Treibenden‹ denkt – obwohl er im Blick auf unser höchstes Ziel um unser Angewiesensein weiß und fragt (*Sonette an Orpheus* 2 V): „Aber *wann*, in welchem aller Leben,/ sind wir endlich offen und Empfänger?"

könnte, wäre das ein krasser Widerspruch zur Vollkommenheit und unbedürftigen Selbstgenugsamkeit Gottes (*conf.* 13,5).[56]

Die monokausale Auslegung des Monotheismus, die Drecoll favorisiert, hat die Annihilierung der Schöpfung und eine pantheistische Interpretation des Weltgeschehens zur Folge, die auch den Liebesgedanken, der für Augustins Denken grundlegend ist (*conf.* 2,1; 11,1), vernichtet.[57] Weil Gott die Schöpfung aus der Fülle seiner Güte auf sich hin geschaffen hat, sehnen wir uns nach der Ruhe in Gott – so wie auch Gott am Ende der Tage in uns ruhen will (*conf.* 13,51f.). Wenn nicht Gott lächerlich gemacht würde, wäre Drecolls in sich widersprüchliche Auslegung der Praxis, an Gott die Bitte zu richten, Ungläubige zum Glauben zu führen, nur zu belächeln.[58] Wenn Gott sein Werk *sola gratia* krönte und alles in allem wirkte, wenn Geschöpfe nicht zu Gutem fähig wären, wäre die Schöpfung ein elendes Affentheater mit sinnlosen Schmerzen.[59]

Meritokratie führt zum eudämonistischen Intellektualismus: Wer sich durch Verdienst seliges Leben sichern könnte, wäre nicht böse, sondern dumm, wenn er es nicht täte. Entscheidend ist die Frage nach dem allgemeinen Heilswillen Gottes, sofern er den Tod des Sünders nicht will.[60] Wenn Gott alles Gute bewirkte, könnte er den Glauben aller leicht erwirken. Wenn er ihn nicht erwirkt, wäre das seine Schuld. Es geht Augustinus aber nicht um die *potentia dei absoluta*, sondern um eine heilige Gemeinschaft freier Bürger in einem ewigen Reich Gottes (*conf.* 11,3). Alle monistischen Reduktionen – die pelagianischen ebenso wie die reformatorischen – gehen fehl, wobei die letzteren nicht nur den Gedanken eines ‚göttlichen Gottes' verfehlen, sondern in der monokausalen Auslegung des Monotheismus einen grauenhaften Tyrannen aus ihm machen. Demgegenüber vertritt Augustinus eine dualistische Lösung, die an der Allmacht Gottes wie an der ursprünglichen Kausalität menschlicher Entscheidungen festhält, wobei Gott die Menschen nicht zu erbärmlichen Marionetten erschaffen hat, in denen kein Leben ist, die ‚keinen Eigenanteil' an ihren Handlungen haben, sondern zum Selbstsein, zu freiem Tun des Guten, wie er in *De civitate Dei* gesagt hatte (5,10): *illud, ut bene credamus; hoc, ut bene vivamus.*

56 Gleichwohl haben wir nicht das Recht, von Gott etwas einzufordern (z.B. *s.* 19,6: *bene ergo vivamus, et ut hoc possimus, eum qui hoc praecepit invocemus. neque bonae vitae nostrae terrenam mercedem a domino requiramus.* Noch in den heftigsten Kontroversen mit Julian hält er auch am *liberum arbitrium* fest (z.B. *c. Iul. imp.* 4,113).

57 Dazu N. Fischer, „Amore amoris tui facio istuc. Zur Bedeutung der Liebe im Leben und Denken Augustins", in: E. Düsing/H.-D. Klein (Hg.), *Geist, Eros und Agape. Untersuchungen zu Liebesdarstellungen in Philosophie, Religion und Kunst.* Würzburg: Königshausen und Neumann 2009 (im Druck).

58 Hätte Drecoll recht (2006, 34f.), müsste sich Gott im Gläubigen, in dem er alles wirkt, bitten, im Ungläubigen (in dem er ebenfalls alles wirkt), Glauben hervorzurufen. Gott glaubte dann im Glaubenden sich selbst. Die Schöpfung wäre das Selbstbefriedigungsunternehmen eines durch *indigentia* bestimmten Gottes.

59 Unser Leben ist geprägt von *labor* (z.B: *conf.* 10,39) und *cura* (*conf.* passim, z.B. 10,70). Zwar können wir selbst uns keine Verdienste zusprechen: Gott aber könnte uns rühmen. Drecolls unbarmherziges Gottesbild, das alles Gute lediglich Gott zuspricht, alles Böse aber Adam, in dem alle gesündigt hätten, ist in Goethes *Lied des Harfners* ausgesprochen (*Wilhelm Meisters Lehrjahre*; HA VII,136): „Ihr führt ins Leben uns hine in,/ Ihr laßt den Armen schuldig werden,/ Dann überlaßt ihr ihn der Pein,/ Denn alle Schuld rächt sich auf Erden."

60 Zum Kontext (*epist. Io. tr.* 8,10; *s. Lambot* 27,3), in dem Heidegger die Formel für Augustins Auslegung göttlicher Liebe (*amo: volo ut sis*) gefunden hat, vgl. N. Fischer, „Selbstsein und Gottsuche. Zur Aufgabe des Denkens in Augustins ›Confessiones‹ und Heideggers ›Sein und Zeit‹", in: N. Fischer/F.-W. von Herrmann (Hg.), *Heidegger und die christliche Tradition. Annäherungen an ein schwieriges Thema.* Hamburg: Meiner 2006, 55–90., 77 und 85f. (Anm. 74).

Literatur:

H. Blumenberg, *Legitimität der Neuzeit.* Frankfurt a.M.: Suhrkamp ²1988.

K. Bracht, *Securitas libertatis. Augustins Entdeckung der radikalen Entscheidungsfreiheit als Ursprung des Bösen.* Berlin: Humboldt-Universität 2005.

J. Burnaby, *Amor Dei. A Study of the Religion of St. Augustine.* Norwich: Canterbury Press 1991.

V.H. Drecoll, *Die Entstehung der Gnadenlehre Augustins.* Tübingen: Mohr Siebeck 1999.

V.H. Drecoll, „›Ungerechte Gnadenlehre‹. Zeitgenössische Anfragen an Augustin und ihr Einfluß auf seine Gnadenlehre", in: C. Mayer/A.E.J. Grote/C. Müller (Hg.), *Gnade – Freiheit – Rechtfertigung. Augustinische Topoi und ihre Wirkungsgeschichte.* Akademie der Wissenschaften und der Literatur Mainz. Abhandlungen der Geistes- und sozialwissenschaftlichen Klasse. Jahrgang 2006. Nr. X, 123–145.

N. Fischer, *Augustins Philosophie der Endlichkeit. Zur systematischen Entfaltung seines Denkens aus der Geschichte der Chorismos-Problematik.* Bonn: Bouvier 1987.

N. Fischer, „Epigenesis des Sinnes. Nicolai Hartmanns Destruktion einer allgemeinen Weltteleologie und das Problem einer philosophischen Theologie", in: *Kant-Studien* 78 (1987), 64–86.

N. Fischer, „Der Rationalitätsanspruch der Augustinischen Christologie. Philosophische Bemerkungen zu Augustins ›Confessiones‹", in: A. Hartmann/M. Neumann (Hg.), *Mythen Europas. Schlüsselfiguren der Imagination.* Regensburg: Pustet 2004 (zugleich Lizenzausgabe Darmstadt: WBG), 207–227.

N. Fischer, „Einführung", in: *Aurelius Augustinus: Confessiones / Bekenntnisse. Lateinisch-deutsch* (Übersetzung von Wilhelm Thimme). Reihe Tusculum. Düsseldorf/Zürich: Artemis & Winkler 2004, 776–848.

N. Fischer, „foris – intus", in: C. Mayer (Hg.), *Augustinus-Lexikon 3.* Basel: Schwabe 2004, 37–45.

N. Fischer, „Selbstsein und Gottsuche. Zur Aufgabe des Denkens in Augustins ›Confessiones‹ und Heideggers ›Sein und Zeit‹", in: N. Fischer/F.-W. von Herrmann (Hg.), *Heidegger und die christliche Tradition. Annäherungen an ein schwieriges Thema.* Hamburg: Meiner 2006, 55–90.

N. Fischer, „Vorwort, Einleitung und Anmerkungen", in: *Aurelius Augustinus: Suche nach dem wahren Leben. Confessiones X/Bekenntnisse 10.* Hamburg: Meiner 2006, VII–XII; XIII–XCI; 105–162.

N. Fischer, „›Deum et animam scire cupio‹. Zum bipolaren Grundzug von Augustins metaphysischem Fragen", in: C. Esposito/P. Porro (Hg.), *Agostino e la tradizione agostiniana / Augustinus und die Augustinische Tradition.* Turnhout-Bari: Brepols-Pagina 2007, 81–101 (= Quaestio 6/2006).

N. Fischer, „Zu Ursprung und Sinn menschlichen Fragens und Suchens (conf. 10,10): ›Homines autem possunt interrogare‹", in: N. Fischer/D. Hattrup (Hg.*), Selbsterkenntnis und Gottsuche. Augustinus: ›Confessiones‹ 10.* Paderborn: Schöningh 2007, 57–77.

N. Fischer, „Augustinische Motive in der Philosophie Immanuel Kants (1724–1804)", in: N. Fischer (Hg.), *Augustinus. Spuren und Spiegelungen seines Denkens II. Von Descartes bis in die Gegenwart.* Hamburg: Meiner 2009, 89–110 (italienisch: Motivi agostiniani nella filosofia di Immanuel Kant. In: *Giornale di Metafisica* 30 (2008), 333–360.

N. Fischer (Hg.), *Augustinus. Spuren und Spiegelungen seines Denkens. Zwei Bände. I: Von den Anfängen bis zur Reformation; II: Von Descartes bis in die Gegenwart.* Hamburg: Meiner 2009.

N. Fischer, „Amore amoris tui facio istuc. Zur Bedeutung der Liebe im Leben und Denken Augustins", in: E. Düsing/H.-D. Klein (Hg.), *Geist, Eros und Agape. Untersuchungen zu Liebesdarstellungen in Philosophie, Religion und Kunst.* Würzburg: Königshausen und Neumann 2009 (im Druck).

N. Fischer, „›Giebt es wirklich die Zeit, die zerstörende?‹ Nachklänge der Zeitauslegung Augustins in der Dichtung Rilkes", in: *Blätter der Rilke-Gesellschaft* 30 (2009) (im Druck).

K. Flasch, *Logik des Schreckens. Augustinus von Hippo: De diversis quaestionibus ad Simplicianum I 2.* Deutsche Erstübersetzung von Walter Schäfer. Herausgegeben und erklärt von Kurt Flasch. Mainz: Dieterich ²1995.

J.W. von Goethe, „Faust", In: *Goethes Werke.* Band III. Hg. von Erich Trunz, München: Beck ¹⁴1989.

J.W. von Goethe, „Wilhelm Meisters Lehrjahre". In: *Goethes Werke* VII. Hg. von Erich Trunz. München: Beck ¹³1994.

N. Hartmann, *Ethik.* Berlin: de Gruyter ⁴1962.

N. Hartmann, *Telelogisches Denken.* Berlin: de Gruyter ²1966.

M. Heidegger, „Augustinus und der Neuplatonismus. Frühe Freiburger Vorlesung Sommersemester 1921", in: *Phänomenologie des religiösen Lebens. Martin Heidegger Gesamtausgabe Band 60.* Hg. von Claudius Strube. Frankfurt a.M.: Klostermann 1995, 157–246.

M. Heidegger, *Des hl. Augustinus Betrachtung über die Zeit. Confessiones lib.* XI (Vortrag vom 26.10.1930 in der Abtei St. Martin, Beuron. Kopie des Typoskripts. Original im Besitz der ›Bibliotheca Beuronensis‹).

M. Heidegger, „Was heißt Denken? (Vorlesung Wintersemester 19151/52; publiziert 1945)", in: *Martin Heidegger Gesamtausgabe Band 8.* Hg. von Paola-Ludovica Coriando. Frankfurt a.M.: Klostermann 2002.

F.-W. von Herrmann, „Die ›Confessiones‹ des Heiligen Augustinus im Denken Heideggers", in: *Heidegger e i medievali.* Quaestio Band 1/2001. Turnhout-Bari: Brepols-Pagina 2001, 113–146.

F.-W. von Herrmann, „Begegnungen mit Augustinus in den Phänomenologien von Edmund Husserl (1859–1938), Max Scheler (1874–1928) und Martin Heidegger (1889–1976)", in: N. Fischer (Hg.), *Augustinus. Spuren und Spiegelungen seines Denkens II. Von Descartes bis in die Gegenwart.* Hamburg: Meiner 2009, 253–264.

C. Horn, *Augustinus.* München: Beck 1995.

V. Hösle, „Wie soll man Philosophiegeschichte betreiben? Kritische Bemerkungen zu Kurt Flaschs philosophischer Methodologie", in: *Philosophisches Jahrbuch* 111 (2004), 140–147.

K. Jaspers, *Die großen Philosophen I.* München: Piper 1959.

I. Kant, *Kants gesammelte Schriften.* Hg. von der Königlich Preußischen Akademie der Wissenschaften. Berlin [u.a.]: de Gruyter, 1902 ff. (Akademie-Ausgabe=AA).

I. Kant, *Werke in sechs Bänden.* Hg. von Wilhelm Weischedel. Wiesbaden: Insel (1960); überprüfte Ausgabe Darmstadt: WBG ⁵1983.

E. Lévinas, *Totalité et infini. Essai sur l'extériorité.* La Haye: Nijhoff 1961.

G. Madec, „Saint Augustin est-il le malin génie de l'Europe?", in: P. Koslowski (Hg.), *Imaginer l'Europe, Le marché intérieur européen, tâche culturelle et économique.* Paris: Éd. du Cerf 1992, 279–290.

G. May, „Augustinus als Prediger, Seelsorger und Bischof“, in: G.May/G. Hönscheid (Hg.), *Die Mainzer Augustinus-Predigten. Studien zu einem Jahrhundertfund.* Mainz: Philipp von Zabern 2003, 95–105.

Platon, *Werke in acht Bänden.* Griechisch/deutsch. Hg. von Gunter Eigler, Darmstadt: WBG 1970–1983.

Plotin, *Plotins Schriften.* Griech./dt., 5 Textbände, 5 Anmerkungsbände, ein Anhangband und ein Indicesband. Übers. von R. Harder, Band I in Neubearb. von R. Harder, ab Band II neubearb. von R. Beutler und W. Theiler. Hamburg: Meiner [2]1956–1971.

K. Pollmann, „Von der Aporie zum Code. Aspekte der Rezeption von Augustins ›De Genesi ad Litteram‹ bis auf Remigius von Auxerre († 908)“, In: N. Fischer (Hg.), *Augustinus – Spuren und Spiegelungen seines Denkens I. Von den Anfängen bis zur Reformation.* Hamburg: Meiner 2009, 19–36.

E. Rannikko, *Liberum Arbitrium and Necessitas. A Philosophical Enquiry into Augustine's Conception of the Will.* Helsinki: Luther-Agricola-Society 1997.

R. Rees (Hg.), *Ludwig Wittgenstein. Porträts und Gespräche.* Frankfurt a.M.: Suhrkamp 1987.

F. Ricken, „Von Hume zu Augustinus – Wege der analytischen Religionsphilosophie“, in: G. Kruck (Hg.), *Gottesglaube, Gotteserfahrung, Gotteserkenntnis.* Mainz: Grünewald 2003, 177–195.

R.M. Rilke, Sämtliche Werke [= SW]. Bände I–VI. Hg. vom Rilke-Archiv. In Verbindung mit Ruth Sieber-Rilke besorgt durch Ernst Zinn. Frankfurt a.M.: Insel 1987.

R.M. Rilke, Sämtliche Werke. Band VII: Übertragungen. Hg. vom Rilke-Archiv in Verbindung mit Hella Sieber-Rilke besorgt durch Walter Simon, Karin Wais und Ernst Zinn †. Frankfurt a. M. und Leipzig: Insel 1997.

A. Schindler, „›Rechtfertigung‹ bei Augustinus und im reformatorischen Streit“, in: C. Mayer/ A.E.J. Grote/C. Müller (Hg.), *Gnade – Freiheit – Rechtfertigung. Augustinische Topoi und ihre Wirkungsgeschichte.* Akademie der Wissenschaften und der Literatur Mainz. Stuttgart: Steiner, 41–72.

P. Seele, *Philosophie der Epochenschwelle. Augustin zwischen Antike und Mittelalter.* Berlin [u.a.]: de Gruyter 2007.

R. Sokolovski, „Augustinus als matrix omnium conclusionum bei Cornelius Jansenius (1585–1638)“, in: N. Fischer (Hg.), *Augustinus. Spuren und Spiegelungen seines Denkens I. Von den Anfängen bis zur Reformation.* Hamburg: Meiner 2009, 225–236.

A. Stahl, „›Salus tua ego sum‹. Rilke (1875–1926) liest die ›Confessiones‹ des heiligen Augustinus“, in: N. Fischer (Hg.), *Augustinus. Spuren und Spiegelungen seines Denkens II. Von Descartes bis in die Gegenwart.* Hamburg: Meiner 2009, 229–252.

L. Wittgenstein, „Vermischte Bemerkungen. Eine Auswahl aus dem Nachlaß. Hg. von Georg Henrik von Wright. Unter Mitarbeit von Heikki Nyman“, in: L. Wittgenstei, *Über Gewißheit.* Frankfurt a.M.: Suhrkamp 1984, 445–573.

Grundlagen der Augustinus-Forschung

Cornelius Mayer

1. Das *Zentrum für Augustinus-Forschung* in Würzburg

Das *Zentrum für Augustinus-Forschung* in Würzburg hat bereits eine auf über drei Jahrzehnte zurückblickende Geschichte. Alles begann mit dem in den 70er Jahren des vergangenen Jahrhunderts initiierten *Augustinus-Lexikon* (*AL*), das zunächst von der Deutschen Forschungsgemeinschaft gefördert wurde, ab 1990 jedoch als Langzeitprojekt von der Mainzer Akademie der Wissenschaften und der Literatur betreut und vom Schwabe Verlag in Basel publiziert wird. Aus der Arbeit an diesem Lexikon gingen im Laufe der Jahre mehrere, die Augustinus-Forschung auf ein breites Fundament stellende Projekte hervor: das *Corpus Augustinianum Gissense*, das *Augustinus-Literatur-Portal* und das Internetportal *www.augustinus.de*.

Zu Beginn dieses Jahrhunderts wurden alle diese Projekte dem *Zentrum für Augustinus-Forschung* mit Sitz in Würzburg ein- und untergeordnet. Im Jahre 2004 wurde das *Zentrum* selbst als An-Institut der Julius-Maximilians-Universität Würzburg eingegliedert (siehe unter 8).[1]

2. Das Interesse der Wissenschaft an Augustins Werk

Im Brennpunkt des *Zentrums* steht nach wie vor das *AL*, das in ca. 1.200 Stichwörtern die Person, das Denken und das kulturelle Umfeld des Kirchenvaters darzustellen sucht. Das lexikalische Interesse am augustinischen Œuvre hat freilich bereits eine lange Geschichte. Sie setzte schon zwanzig Jahre nach Augustins Tod ein, als Männer der Kirche sein Werk in Sentenzensammlungen und Florilegien zu sammeln und zu verbreiten begannen. Um 450 exzerpierte Prosper von Aquitanien aus dem augustinischen Schrifttum 390 Lehrmeinungen in Form von Sentenzen. Solche Sentenzensammlungen waren im Mittelalter gefragte Hilfsmittel des Schulbetriebs. Augustins überragender Einfluss auf die mittelalterlichen Schulbetriebe ist evident vor dem Hintergrund, dass von den rund 1.500 Sentenzen der berühmten Sammlung des Petrus Lombardus († 1160), des *Sententiarum libri IV*, augustinische am häufigsten, ungefähr 950-mal aufgeführt werden.

1 Täglich gehen Anfragen zu Zitaten, zu Texten oder zur Sekundärliteratur im *Zentrum* ein. Die Mitarbeiter dort sind bemüht, nicht nur Augustinus-Spezialisten aus aller Welt, sondern auch alle Interessierten schnell und zuverlässig mit den erbetenen Informationen zu versorgen.

Im späteren Mittelalter reichten solche Sammlungen nicht mehr aus, um den Bedarf an augustinischen Sätzen für die Theologie und die Spiritualität abzudecken. Deshalb erstellte der Augustinertheologe und Wegbereiter des Humanismus Bartholomaeus von Urbino im 14. Jahrhundert sein später sogar fünfmal nachgedrucktes Werk *Sancti Aurelii Augustini milleloquium veritatis*, das unter 1.000 alphabetisch geordneten Stichwörtern ca. 15.000 Exzerpte aus dem augustinischen Œuvre aufnahm. In den Jahren von 1656–1665 veröffentlichte der Dominikaner David Lenfant in Paris eine Sammlung augustinischer Sätze nach Art einer Bibelkonkordanz mit dem Titel *Collectio omnium sententiarum quae sparsim reperiuntur in omnibus s. Augustini operibus*. In zwei stattlichen Foliobänden mit je rund 1.000 Seiten bietet diese Konkordanz unter ca. 8.000 Stichwörtern etwa 60.000 Stellen. Neben dem *Milleloquium* blieb diese Lenfantsche Konkordanz eine der wichtigsten und wohl auch am meisten benützten Sammlungen für Augustinuszitate in den nicht historisch-kritisch arbeitenden Veröffentlichungen.

Mit der Erfindung des Buchdrucks setzte ein neuer Weg der Aufschlüsselung des augustinischen Werkes ein. Die Editoren waren bestrebt, ihre Ausgaben mit umfangreichen Indices zu versehen. In diesen Indices, so etwa in dem von den Maurinern aus dem 17. Jahrhundert edierten Gesamtwerk, werden den Lemmata nicht mehr vollständige Sentenzen, sondern zu Kompendien zusammengezogene Sätze mit Stellenangaben zugeordnet. Eine imponierende Leistung, wenn man bedenkt, dass der Index zu den 12.128 Kolumnen der Edition 637 Kolumnen umfasst und dass jede Kolumne durchschnittlich 90–100 Referenzen enthält. Ähnlich verfuhr die noch im 19. Jahrhundert begonnene Edition des von der Österreichischen Akademie der Wissenschaften in Wien auf den Weg gebrachten *Corpus scriptorum ecclesiasticorum Latinorum* (*CSEL*), deren Indices von unterschiedlicher Güte sind.

Nach dem Zweiten Weltkrieg plante der Verlag Brepols in Turnhout (Belgien) das *Corpus Christianorum Series Latina* (*CCL*). Mit der Drucklegung der Augustinus-Texte in Brepols unternahmen niederländische Gelehrte in Eindhoven zugleich die Erstellung eines *Thesaurus linguae Augustinianae*. In mühsamer Arbeit begann man, die einzelnen Publikationen von Hand zu verzetteln. Anfang der 70er Jahre des vergangenen Jahrhunderts regte Rudolf Hanslik die Erarbeitung eines *Lexikon Augustinianum* auch für die Augustinus-Bände des *CSEL* an. In beiden Editionsreihen erschienen inzwischen vollständige, zum Teil bereits mithilfe des Computers erstellte Indices zu einzelnen Werken: *Vorarbeiten zu einem Augustinus-Lexikon* (A1, A3, A13, A14, Wien 1973–1980) und *Catalogus verborum quae in operibus sancti Augustini inveniuntur* 1–13 (Eindhofen 1973–1980).

Der Bischof von Hippo zählt in der abendländischen Geistesgeschichte zu jenen einsamen Spitzen, die nicht nur die Theologie und die Philosophie beeinflusst haben und immer noch beeinflussen, sondern auch andere Fachgebiete wie die der Psychologie, der Linguistik, der Politikwissenschaften ganz allgemein – um nur einige zu nennen. Geistesgeschichtliche Abhandlungen in den genannten Fächern kommen an der Lehre Augustins und an seinem Einfluss auf die Nachwelt einfach nicht vorbei. Weil jedoch die Augustinus-Forschung einerseits gerade in den letzten beiden Jahrhunderten ein ungewöhnlich hohes Maß an Expansion und Spezialisierung erfahren hat, andererseits aber der Fachmann, besonders der Dozierende, durch ständig zunehmende Lehrverpflichtungen an den Hochschulen die ins Uferlose anwachsende Literatur kaum mehr überschaut, besteht ein dringendes Bedürfnis, zum augustinischen Werk wieder einen direkten Zugang zu schaffen. Bereits erste Konsultationen einiger Fachleute Mitte der

70er Jahre bestätigten das lebhafte Interesse der wissenschaftlichen Welt an der Konzeption eines *Augustinus-Lexikons.*

3. Das *Augustinus-Lexikon*

a. Die Konzeption eines *Augustinus-Lexikons*

Kontakte zu den Instituten der Augustinus-Forschung in Paris, Rom, Wien, Eindhoven und Villanova sollten Formen möglicher Zusammenarbeit erörtern. Wichtigste Voraussetzung zur Durchführung des Vorhabens war jedoch die Zusammensetzung des Herausgebergremiums, das sich 1976 mit den Kollegen E. Feldmann, W. Geerlings, G. Madec, G. O'Daly und O. Wermelinger konstituierte. In den Jahren 1976–78 trafen sich die Mitglieder dieses Gremiums mehrere Male zur Ausarbeitung des Konzeptes in Würzburg. Dabei wurden die Kriterien des Lexikons diskutiert, die Liste der Lemmata aufgestellt und der Artikelstichwörter gewichtet, der Umfang des Lexikons berechnet und ein Zeitplan veranschlagt. Anerkannte Augustinisten in aller Welt erhielten mit der Bitte um kritische Stellungnahme Einblick in dieses zu verbessernde und laufend auch verbesserte Konzept.

b. Das Gesamtkonzept

Das *Augustinus-Lexikon* ist ein Begriffs- und Reallexikon. Es stellt in alphabetischer Reihenfolge Begriffe vor, erfasst Personen und Sachen, die für das Leben, das Werk und die Lehre Augustins von Bedeutung sind. Über die Mitteilung von Daten und Fakten hinaus zeigt es größere Zusammenhänge auf und beleuchtet auch komplexe Sachverhalte. Die Darstellung berücksichtigt deshalb nicht nur umfassend Augustins Biographie und Schriften; sie bezieht auch seine kirchenpolitische Stellung, Persönlichkeiten seiner Umgebung sowie den zeitgeschichtlichen Kontext mit ein. Aus Gründen des vielfältigen, noch nicht überschaubaren, weil von der Forschung erst teilweise aufgearbeiteten Einflusses Augustins auf die Nachwelt bleibt die Wirkungsgeschichte, von gelegentlichen Andeutungen in einzelnen Artikeln abgesehen, ausgeklammert.

Das Lexikon verwendet ca. 1.200 lateinische, den Schriften Augustins entnommene Lemmata. Diese Aufschlüsselung aus der Sprache Augustins will ein möglichst hohes Maß an Authentizität gewährleisten. Die Bedeutung des Lemmas bestimmt den jeweiligen Umfang des Artikels. Die Beiträge werden in deutscher, englischer und französischer Sprache veröffentlicht. In anderen Sprachen abgefasste werden im Einvernehmen mit den Autoren in eine dieser drei Sprachen übersetzt. Zu den vorgesehenen 4–5 Textbänden erhält das Lexikon auch einen Registerband mit einem lateinischen Verzeichnis der in den Artikeln behandelten Personen, Sachen, Sachverhalte und Begriffe; Verzeichnisse in Deutsch, Englisch und Französisch, die eine Benutzung des Lexikons auch unter dem Gesichtspunkt moderner Fragestellungen wie Ästhetik, Ethik, Gesellschaft, Neuplatonismus, Politik, Wirtschaft usw. ermöglichen; ein Verzeichnis der antiken Autoren, der Mitarbeiter sowie der von ihnen erstellten Artikel.

c. Hohe Anerkennung in der Fachwelt

Am 28.8.1986, dem kirchlichen Festtag des heiligen Augustinus und 1.600 Jahre nach seiner Bekehrung, erschien der erste Doppelfaszikel des Lexikons mit einem 51 Seiten umfassenden

Vorspann, darin ein kritisches Werkverzeichnis mit Band- und Seitenangaben der führenden Editionen. Rundfunk und Fernsehen, Wochen- und Tageszeitungen informierten die Öffentlichkeit über das auf Jahrzehnte angelegte internationale Forschungsprojekt.[2] In der Fachwelt spricht man von einer Pionierleistung. Erstmals soll das riesige theologische und philosophische Werk des Bischofs und Kirchenlehrers Augustinus, dieses genialen Denkers, scharfen Dialektikers, begabten Psychologen von seltener religiöser Glut, des großen theologischen Wegweisers der lateinischen Kirche am Ausgang des Altertums, wissenschaftlich erschlossen werden.

Der einhellig positiven Berichterstattung in den Medien folgten bisher etwa weit über 200, zum Teil sehr ausführliches, durchweg hohes Lob, Anerkennung und Dank zollende Rezensionen in führenden Fachzeitschriften des In- und Auslandes. Vom Band 3 liegen drei weitere Doppelfaszikel bis zum Buchstaben ‹L› vor. Inzwischen stehen dem Leser so zentrale Beiträge wie *Christus; Creatio, creator, creatura; Deus; Enarrationes in Psalmos; Epistuae; Eruditio; Femina; Gratia; Homo; Intellectus; In Iohannis Euangelium tractatus CXXIV* und *Lex* zur Verfügung. Bei der Evaluation durch die *Union der Deutschen Akademien* im April 2004 erhielt das Projekt beste Prädikate. Bei der von der *Union der Deutschen Akademien der Wissenschaften* unter dem Titel *Sprache – Schrift – Bild: Wege zu unserem kulturellen Gedächtnis* vom 20.6. bis 31.10.2007 im Pergamonmuseum zu Berlin veranstalteten Ausstellung ihrer repräsentativen Forschungsvorhaben aus Hunderten ausgewählten 17 Projekten zählte auch das *Augustinus-Lexikon.*

4. Das *Corpus Augustinianum Gissense* (*CAG*)

a. Die Planung und Verwirklichung einer vollständigen augustinischen Wortkonkordanz mithilfe der elektronischen Datenverarbeitung

Schon bei der Vergabe der ersten Artikel des Lexikons wurde die Redaktion mit einem Problem konfrontiert, dessen Lösung das Erscheinen des *AL* zwar um Jahre verzögerte, das sich aber nachträglich als denkbar großer Vorteil erwies. Einigen Autoren genügten die in den verschiedenen Editionen zusammengestellten Indices zur Bearbeitung ihrer Beiträge nicht. So wurde die Erstellung einer vollständigen augustinischen Wortkonkordanz mithilfe der elektronischen Datenverarbeitung (EDV) ins Auge gefasst und als Teilprojekt des *AL* in den Jahren zwischen 1980 und 1983 im Rechenzentrum der Julius-Maximilians-Universität in Würzburg verwirklicht.

Dieser auf Datenträger gespeicherte und jederzeit abrufbare Index informierte nicht nur schnell und zuverlässig über sämtliche Stellen eines gesuchten Wortes im Gesamtwerk Augustins, er vermochte darüber hinaus zu jeder dieser Stellen auch ein gewünschtes Maß an Kontext zu liefern, sodass die Autoren anhand des Kontextes zugleich etwas über die Relevanz einer Stelle für die Abfassung ihrer Artikel ersehen konnten. Selbstverständlich ermöglichte dieser EDV-Index über Syntagmenlisten und Wortkombinationen ein rasches und sicheres Identifizieren von Stellen. Er leistete somit auch den an der Wirkungsgeschichte Augustins interessierten Forschern unschätzbare Hilfen.

2 „Es gehört zu den seltenen Ereignissen", hieß es in *Christ in der Gegenwart* 38 (1986), 318, „dass ein Verlag sich auf das Risiko eines groß angelegten wissenschaftlichen Werkes einlässt".

b. Das *CAG 1* auf CD-ROM

Die in Würzburg erstellte EDV-Wortkonkordanz wurde an der Justus-Liebig-Universität in Gießen lemmatisiert und 1996 unter dem Namen *Corpus Augustinianum Gissense a Cornelio Mayer editum* (*CAG 1*) als CD-ROM auf den Markt gebracht. Bereits diese Erstausgabe erntete viel Anerkennung: „Die CD-ROM des *Corpus Augustinianum Gissense* ist daher ein absolutes Muss zunächst einmal für alle wissenschaftlichen Bibliotheken von der Universitätsbibliothek bis zu den Ordensbibliotheken oder anderen wissenschaftlichen Bibliotheken, dann aber auch für den Wissenschaftler, der sich ernsthaft mit dem Kirchenvater Augustin beschäftigt oder beschäftigen will“.[3]

c. Die erheblich verbesserte Zweitauflage (*CAG 2*)

Nach umfangreichen Verbesserungen im Textbereich in Kooperation mit dem *Kompetenzzentrum für elektronische Erschließungs- und Publikationsverfahren in den Geisteswissenschaften* an der Universität Trier, liegt das *CAG* in einer beachtlich gesteigerten Leistungsfähigkeit und in einer noch erheblich vereinfachten Benutzerführung seit 2004 als Zweitauflage vor. Angefangen von der Option, sich einen Text im Druckspiegel der Edition anzeigen zu lassen oder gleich mehrere Texte in verschiedenen Fenstern zu öffnen, bis hin zu vielfachen, auch durch Hilfsmittel wie die Indexsuche unterstützten Recherchefunktionen ermöglicht es seinen Benutzern eine komfortable und gezielte Navigation durch das Werk Augustins. So können z.B. in mehreren Fenstern Texte parallel geöffnet werden; für Suche nach Lemmata, Zitaten oder griechischen Wörtern stehen Indices zur Verfügung; zu jedem Lemma kann eine Frequenzanalyse durchgeführt werden; neben Werkzeugen zum Bearbeiten, Drucken oder Exportieren von Daten bietet das *CAG 2* die Möglichkeit, eigene Texte oder Suchanfragen für die Weiterbearbeitung zu speichern. Seine Benutzeroberfläche kann in Deutsch, Englisch, Französisch und Spanisch – andere Versionen sind ebenfalls geplant – dargestellt werden, was das *CAG 2* zu einem Produkt für Interessenten in aller Welt macht.[4]

5. Das *Augustinus-Literatur-Portal* (*ALP*)

Bei der Konzeption des *Augustinus-Lexikons* wurde der Entschluss gefasst, dass die einzelnen Artikel die wichtigste einschlägige Literatur für Augustinus ab 1970 möglichst vollständig enthalten sollten. Um den Autoren und Autorinnen eine diesbezügliche Hilfe reichen zu können, wurde auch die Erfassung der schätzungsweise auf 50.000 Titel in aller Welt vorhandenen augustinischen Sekundärliteratur auf elektronischem Weg ins Auge gefasst. Das Projekt wurde 1983 ebenfalls an der Universität Gießen auf den Weg gebracht. Mittlerweile umfasst das *ALP* zwei Projekte: die *Datenbank der Augustinus-Sekundärliteratur* und die *Datenbank der Bibliographien des Augustinus-Lexikons.*

---

3 H.-U. Delius, „Das *Corpus Augustinianum Gissense* auf CD-ROM,“ in: *Theologische Literaturzeitung* 122 (1997), 297–307.

4 Die Rezensionen, die bereits auch für das *CAG 2* vorliegen, zollen dieser CD-ROM Lob und Anerkennung. So schließt der namhafte Augustinuskenner James J. O'Donnell von der *Georgetown University* in den USA seine Besprechung im *Bryn Mawr Classical Review* am 20.07.2007 mit den Sätzen: "I am specialist enough to know that I need and value CAG 2 highly and would be bitterly unhappy not to have it, but ordinary mortal enough not to use it as often as I should".

a. Die *Datenbank der Augustinus-Sekundärliteratur* (*DBAS*)

Das *ZAF* erschließt in dieser Datenbank Texteditionen, Monographien, Aufsätze, Lexikonartikel, Rezensionen (gelegentlich auch zu Themen der Wirkungsgeschichte Augustins), bibliographisch auf die Lemmataliste (Lemma = Artikelstichwort) des *AL* hin. Die inzwischen auf über 30.000 Titel angewachsene Literaturdatenbank, für die bei einer forcierten Weiterführung mittelfristig eine weitgehende Vollständigkeit angestrebt wird, nimmt gegenüber allen bisherigen bibliographischen Projekten schon jetzt eine Ausnahmestellung ein.

Die jederzeit realisierbare Aktualisierung der augenblicklich auch im Internet (siehe unter 6) kostenlos verfügbaren Datenbank ermöglicht es, von Autoren und Autorinnen mitgeteilte Neuerscheinungen allen Interessenten weltweit und ohne zeitliche Verzögerung bekannt zu machen. Ebenso unverzüglich können Korrekturen und Ergänzungen bei schon in die Datenbank aufgenommenen Veröffentlichungen umgesetzt werden.

Die *DBAS* verfügt über komfortable und kombinierbare Suchfelder, und zwar nach dem Autor, dem Titel, der Gattung (Publikationsform), der Bibliographie (Erscheinungsjahr), den Bemerkungen, der Quelle und den Referenzen (= Schlagwörter, d.h. Artikelstichwörter und untergeordnete Stichwörter des *AL*). Verständlicherweise bietet das Suchfeld ‹Referenzen› für themenzentrierte Recherchen die größte Hilfe. Natürlich können diese Referenzen wie bei einem Sachkatalog ergänzt werden.

Wie schon erwähnt, stehen die Informationen der *DBAS* in dem weltweit stark frequentierten Internetportal allen Besuchern zur Verfügung. Aus diesem Grunde werden zahlreiche Neuveröffentlichungen zu augustinischen Themen kostenlos zugeschickt, die dann auf die Lemmatalisten des *Augustinus-Lexikons* hin mit einschlägigen Referenzen versehen ins Internet gestellt werden. Diese Art Reklame dürfte der kürzeste Weg sein, um eine Veröffentlichung dem fachlich interessierten Publikum bekannt zu machen.

b. Die *Datenbank der Bibliographien des Augustinus-Lexikons* (*DBAL*)

Die *DBAL* enthält die in allen bisher veröffentlichten Artikeln des *AL* zitierten Publikationen. Dies bedeutet gegenüber der *DBAS* einerseits eine Erweiterung, da die Artikel des Lexikons häufig auch das thematische Umfeld (z.B. voraugustinische Entwicklungen) einbeziehen, andererseits aber auch eine Fokussierung durch die Auswahl, die von den Autoren der Artikel getroffen wurde. So ergibt z.B. die Suche zum Stichwort *ecclesia* innerhalb der gesamten Augustinus-Sekundärliteratur im Internetportal des *ZAF* über 2.000 Treffer, während unter dem Lemma *Ecclesia* im *AL* nur 132 Veröffentlichungen angeführt sind. Die Bibliographie des *AL* ist somit eine quantitativ wie qualitativ selektierte. Ihr Datenbestand gewährleistet darüber hinaus die in der Fachwelt viel gerühmte Präzision und Zuverlässigkeit des *AL*. Sie wird wie jene der Augustinus-Sekundärliteratur kontinuierlich, d.h. gemäß der Erscheinungsfolge der Doppelfaszikel des *AL*, ergänzt. Auf ihren Datenbestand kann ebenfalls über die Autoren-, Titel- und Lemmasuche zugegriffen werden.

6. Das Internetportal *www.augustinus.de*

Im Jahr 1999 wurde von der Firma Makrolog GmbH das Internetportal www.augustinus.de eingerichtet, das seitdem ständig aktualisiert wird und für die Benutzer mit umfangreichen und differenzierten Informationen zu Augustins Leben, Denken und Werk kostenlos zur Verfügung steht. Die Internetpräsenz befindet sich in einem sukzessiven Übergang zu einem Dienstleistungsangebot, z.B. durch den Einbau der hier täglich aktualisierten Datenbank der Augustinus-Sekundärliteratur, der Bibliographie des *AL*, des Diskussionsforums, des Newsletters, des Augustinus-Zitatenschatzes und anderer Dinge. Das Portal stellt neben Buchtipps, Vorträgen und sonstigen Informationen zu augustinischen Themen sowie Links zu online verfügbaren Übersetzungen z.B. auch übersetzte und kommentierte Predigten Augustins zu kirchlichen Hochfesten wie Weihnachten oder Ostern bereit und verweist auf Kongresse, Symposien und Veranstaltungen aller Art, die mit Augustinus zu tun haben.

Dieses breit gefächerte Angebot des Portals spricht Interessierte in aller Welt an. Durch den kontinuierlichen Ausbau der Leistungen und die angestrebte Mehrsprachigkeit seiner Informationen verspricht es, zu einer virtuellen Begegnungsstätte und zu einem Forum des Gedankenaustausches zu werden.[5]

7. Der *Augustinus-Zitatenschatz*

Wiederholt wurden an das *ZAF* Bitten um Auskünfte über einschlägige Sentenzen, einprägsame, weil treffend formulierte Sinnsprüche aus der Feder des Kirchenvaters Augustinus herangetragen: zum spirituellen Leben der Christen etwa, zu den Festen des Kirchenjahres, zu den Normen des gesellschaftlichen Zusammenlebens ebenso wie zur christlichen Weltanschauung, Politik und dergleichen mehr.

Augustins schriftstellerisches Werk ist in der Tat eine wahre Fundgrube von Sätzen, die, selbst aus dem Kontext isoliert, den Leser sowohl über den Inhalt wie auch über ihre faszinierende Sprache zum Nachdenken anregen. Häufig bestehen diese Sätze aus Formulierungen, mit denen ihr Autor schwierige Fragen geradezu verblüffend einfach beantwortet und komplexe Sachverhalte bündig auf den Punkt bringt. Kein Wunder, denn Augustinus war ein ebenso scharfer Dialektiker wie glänzender Redner.

Die gerade in Vorbereitung sich befindende 5., verbesserte und erweiterte Fassung steht zwar primär immer noch im Dienste christlicher Spiritualität augustinischer Prägung, sie informiert jedoch ebenso über einige Kernthemen der Philosophie, der Theologie und anderer Wissenszweige, die den Kirchenvater beschäftigten.

Um aus der Fülle der aufgenommenen Texte den jeweils gesuchten leichter finden zu können, werden diese thematisch einem Stichwort mit nummerierten Textfolgen zugeordnet. Alle Zitate sind dem lateinischen Original des *Corpus Augustinianum Gissense* mit dessen Quellenangaben entnommen; sie sind ins Deutsche übersetzt und häufig auch kurz kommentiert. Gerade der dargebotene lateinische Text sowie die Kurzkommentare scheinen den *Augustinus-*

5 Es wird derzeit täglich im Durchschnitt von ca. 1.500 bis 2.500 Besuchern genutzt. Im Gästebuch war beispielsweise zu lesen: „Hervorragende Seite, eine der besten im Netz ihrer Art".

Zitatenschatz für Liebhaber augustinischer Dialektik und Rhetorik attraktiv zu machen, was die überraschend hohe Anzahl der bisher georderten Exemplare bestätigt.[6]

8. Das *ZAF* – ein An-Institut der Julius-Maximilians-Universität Würzburg

Nicht zuletzt aufgrund seiner hohen Reputation in der internationalen Fachwelt regte Dr. Thomas Goppel als Vorsitzender der Gesellschaft zur Förderung der Augustinus-Forschung e.V. und damals zugleich Bayerischer Staatsminister für Wissenschaft, Forschung und Kunst in den ersten Jahren dieses Jahrzehnts die Anbindung des *Zentrums* an die Universität in Würzburg an. Am 6.4.2006 wurde dem *ZAF* als e.V. vom Bayerischen Staatsministerium für Wissenschaft, Forschung und Kunst die Stellung eines An-Instituts an der Universität Würzburg verliehen. Nicht weniger als zwölf Professoren aus verschiedenen Fachbereichen haben sich zu einer Zusammenarbeit mit dem *ZAF* bereit erklärt. Ein paritätisch besetzter Lenkungsausschuss koordiniert die gemeinsamen Planungen und Aufgaben an der Universität. Dazu zählen regelmäßig ein in den Wintersemestern stattfindendes Blockseminar über eine augustinische Schrift und in den Sommersemestern die Veranstaltung eines Augustinus-Studientages mit mehreren Vorträgen ausgewiesener hiesiger wie auswärtiger Referenten für Hörer aller Fakultäten. Geplant sind weiterhin Symposien in Zusammenarbeit des *ZAF* und der Universität mit ausländischen Forschungsinstituten.

Die bisherige, überaus positive Resonanz sowohl der Blockseminare wie auch der Studientage ermutigt die Veranstalter, diese als eine feste Größe des Kultur-, Bildungs- und Wissenschaftsstandortes Würzburg zu installieren. Zusätzlich sorgt die Publikation der Referate in Sammelbänden in der Reihe *Cassiciacum* unter dem Namen *Res et signa – Augustinus-Studien* dafür, dass die Beiträge und Erträge der Veranstaltungen über die Region hinaus wenn nicht gehört, so doch gelesen und rezipiert werden können.[7]

9. Die Gesellschaft zur Förderung der Augustinus-Forschung e.V.

Bereits 1979 wurde von Reinhold Vöth († 1997), dem damaligen Intendanten des Bayerischen Rundfunks, ein Förderverein zur Unterstützung der Augustinus-Forschung gegründet, der derzeit von Staatsminister a.D. Dr. Thomas Goppel geleitet wird. Für dessen Leistungen bedankte sich der Leiter der Projekte auf der Vollversammlung 1999 mit den Worten: „Ohne die finanzielle Unterstützung des Vereins wäre manches von dem, was wir nicht nur quantitativ,

6 Der Zitatenschatz ist mit einigen Augustinusbildern von namhaften Künstlern aus früheren Jahrhunderten illustriert und wird von Mitarbeitern des *ZAF* hergestellt und vertrieben.

7 Themen der Studientage 2003–2008:
2003: Augustinus – Seine Bedeutung für die Gegenwart (veröffentlicht 2005 in der Reihe *Erziehung – Schule – Gesellschaft*, Band 35)
2004: Würde und Rolle der Frau in der Spätantike (veröffentlicht 2007 in: *Cassiciacum* 39, *Res et signa* 3)
2005: Aspekte der Ethik bei Augustinus (veröffentlicht 2008 ebd., *Res et signa* 4)
2006: Augustinus und die Politik (Veröffentlichung in Vorbereitung)
2007: Augustinus – Recht und Gewalt (Veröffentlichung in Vorbereitung)
2008: Bildung – Wissen – Weisheit (Veröffentlichung in Vorbereitung).

sondern auch qualitativ geleistet haben, auf der Strecke geblieben. Dass unsere bisherigen Bemühungen Spitzenleistungen werden konnten, das ermöglichten die zusätzlich zur Verfügung gestellten Mittel des Vereins." Ein vom Verlagshaus Schwabe AG herausgegebener ansehnlicher und illustrierter Prospekt informiert ausführlich über die Zielsetzungen und Aufnahmebedingungen der Gesellschaft.

Jährlich lädt der Vorstand des Vereins zu einer Vollversammlung mit einem Festvortrag über ein aktuelles Thema aus der Theologie und Philosophie des Kirchenvaters Augustinus und zu anschließendem Empfang im Rahmen einer Akademischen Feier ein.[8]

10. Die anhaltende Breitenwirkung Augustins in den Geisteswissenschaften

Wie unter dem Abschnitt 2 schon gezeigt, begann das außergewöhnliche Interesse der Wissenschaften an der Person und am Werk Augustins schon bald nach dessen Tod, teilweise bereits während seines Lebens. So berichtete der Bischof über sein spekulativstes Werk *De trinitate,* dessen Lektüre er nur einer theologisch und philosophisch vorgebildeten Leserschaft zutraute, er habe es als junger Mann begonnen, aber erst als Greis zum Abschluss gebracht. Indes wollte er es nicht wie andere seiner umfangreicheren Schriften in Teilen, sondern nach einer endgültigen redaktionellen Bearbeitung als ganzes herausgeben. Da jedoch jene elitäre Leserschaft den Abschluss des Werkes kaum abwarten konnte, entwendete man ihm einfach die ersten zwölf Bücher, ehe die restlichen drei geschrieben waren (*Retractationes* 2,15). Bedenkt man, dass die augustinische Sekundärliteratur Jahr für Jahr weltweit um rund 300 Titel wächst, und verfolgt man diese Flut der Veröffentlichungen, so entgeht einem das zunehmende Interesse der Fachwelt an Augustins Person und Werk nicht. Diese anhaltende und in den letzten Jahrzehnten geradezu anschwellende Breitenwirkung beruht nicht zuletzt darauf, dass am Augustinus-Gespräch der Gegenwart Gelehrte aus unterschiedlichen Disziplinen mit ungleichartigem Vorverständnis teilnehmen. Es sei schließlich nicht verschwiegen, dass bei aller Publizität Augustins in den Veröffentlichungen die Stimmen derer sich mehren, die sich mit dessen Denken kritisch auseinandersetzen. Ein Desiderat der Geisteswissenschaften ist nach wie vor die Aufarbeitung der Augustinusrezeption von 430 bis herauf in die Gegenwart. Die hier aufgeführten und kurz dargestellten Projekte des Würzburger Zentrums dürften dafür solide Grundlagen zur Verfügung stellen.

8 Auf der letzten Jahresvollversammlung am 25.10.2008 sprach als Referent Prof. Dr. Ernst Dassmann über das Thema: *Paulinische Gnadenlehre bei Ambrosius und Augustinus.* Der Vortrag ist zu lesen in dem Internetportal www.augustinus.de unter der Rubrik ‹Förderverein›, Jahresvollversammlung 2008.

Augustinus in Eichstätter Bibliotheken

Klaus Walter Littger und Erich Naab

1. Der historische und der virtuelle Autor

Rund zweihundert Jahre nach Augustins Tod gibt Isidor von Sevilla in seiner *Etymologiae* an, Augustinus habe mit seinem Talent und Wissen den Eifer aller Schriftsteller übertroffen. So viel habe er geschrieben, dass für niemanden sonst Tage und Nächte ausreichten, seine Bücher zu schreiben, ja nicht einmal sie zu lesen.[1] Gewiss, Isidor behauptet von den Werken seines großen Vorbildes und Lehrmeisters nicht, sie alle zu lesen sei so unmöglich, wie das Meer mit einer Muschel auszuschöpfen, aber er spielt in seiner Notiz auf eine verwunderlich immense Quantität an, wie sie auch ein Augustinus in seinen 76 Lebensjahren kaum hätte produzieren können. Wir sollten diesen Hinweis Isidors nicht als maßlose Übertreibung zur Seite schieben. Denn in der Tat entsteht nach Augustins Tod noch eine schier unüberblickbare Zahl augustinischer Werke. Johannes Machielsen hat sie jetzt zusammengestellt und damit ein seit langem bemerktes Desiderat der Forschung annähernd erfüllt; ihm verdanken wir im *Corpus Christianorum* die Bände des *Clavis patristica pseudepigraphorum medii aevi*, deren erster mit dem Verzeichnis von knapp 3.000 pseudo-augustinischen Homilien fast ganz ausgefüllt ist; bislang kommen dazu, nicht ganz so zahlreich, aber doch nicht wenige theologische und exegetische Werke, aszetisch-monastisches sowie dem Studium der *artes liberales* zuzurechnendes Schrifttum.[2] Augustin ist offensichtlich durch das ganze Mittelalter hindurch ein fruchtbarer und vielseitiger virtueller Autor geblieben; sein pseudepigraphisches Werk schwoll durch die Jahrhunderte hindurch an; Isidor hatte es in seiner Fülle noch nicht einmal zur Kenntnis nehmen können. Trotz Augustins eigenem Verzeichnis seiner Bücher in den *Retractationes*[3] wachsen ihm

1 Isidor von Sevilla, *Etymologiae* VI 7 (PL 82, 237) *Qui multa scripserunt: Illorum tamen omnium studia Augustinus ingenio vel scientia sua vicit. Nam tanta scripsit, ut diebus ac noctibus non solum scribere libros ejus quisquam, sed nec legere quidem occurat.*

2 J. Machielsen (Hg.), *Clavis patristica pseudepigraphorum medii aevi*, Vol. I A (Turnhout: Brepols 1990): *Opera homiletica A, Ambrosius – Augustinus*, Nr. 450–3387 (S. 86–562); dass. Vol. II A (1994): *Theologica*, Nr. 115–303 (S. 60–127); *Exegetica*, Nr. 1864–1952 (S. 421–443); dass. Vol. II B (1994): *Ascetica*, Nr. 3066–3150 (S. 690–720); *Monastica,* Nr. 3589–3593 (S. 810–825); dass. Vol. III A (2003) *Artes liberales,* Nr. 60–67, 70, 430, 475–476, 492–497, 635–639, 931, 934 (S. 37–40, 120–121, 130–134, 149–151, 220, 338–339). Die *Epistulae* stehen also noch aus.

3 Augustins Schüler und Freund Possidius hatte zudem seiner *Vita* des Augustinus den *Indiculus* angefügt, der zwar nicht vollständig ist, aber doch auch *Sermones* und *Epistulae* auflistet. Vgl. A. Wilmart, *Miscellanea Agostiniana II.* Rom: Polyglottis Vaticanis 1931, 149–233.

nicht nur Briefe, Sermone oder Traktate zu, sondern auch so genannte *libri*. Bisweilen verdeckt dieses Schrifttum den echten Augustinus, den die historische Kritik schon im Mittelalter und dann vor allem seit dem Humanismus zu eruieren sucht. Auch durch die neue Profilierung seiner Zeitgenossen, etwa des Pelagius, Augustins Kontrahenten in den späten Jahren, gewinnen die historische Person und ihr Denken für uns klarere Konturen.[4] Daher ist bei der Beachtung der Rezeption um so mehr der Differenz zwischen dem realen Bischof von Hippo und jener medialen, virtuellen Persönlichkeit Aufmerksamkeit zu schenken, die als Augustinus durch Jahrhunderte hindurch präsent war.[5]

Schauen wir auf die Rezeption Augustins, so sollte auch der ‚virtuelle Autor' des Mittelalters interessieren. Augustinus war in der mittelalterlichen Theologie und Kirche nicht nur präsent durch seine eigenen Texte, in originaler Fassung oder in Sentenzen- und Florilegiensammlungen, auch nicht nur durch die aus den unterschiedlichsten Gründen ihm zugeschriebenen Werke, die seinen Geist atmeten oder es nur vorgaben, die fälschlich Autorität beanspruchten oder nur verwechselt wurden. Lateinische Theologie war auf vielerlei Vermittlungen und in unterschiedlichen Zusammenhängen von ihm beeinflusst. Hatte er, um die lateranensische Inschrift zu bemühen, alles gesagt *mystica sensa tonans*, so werden wir auch die zu seinen Rezipienten zählen müssen, die diese mehr oder weniger einheitlich durchdachten heiligen Geheimnisse auseinanderfalten und nur mehr Segmente, Einzelheiten, *diversa*, weiter vermitteln konnten. Wenn etwa das Textbuch der mittelalterlichen Universität, die vier Sentenzenbücher des Petrus Lombardus,[6] der scholastischen Theologie bis zum Beginn der Neuzeit den afrikanischen Meister, nach der späteren Systematik schulmäßig seziert, zur Kommentierung vorlegte, so konnten doch andererseits mehr geschichtsorientierte Autoren wie Rupert von Deutz

4 Immerhin wurden einige pelagianische Schriften auch unter dem Namen Augustins überliefert, erhalten und verbreitet. Vgl. E. Dekkers, *Clavis Patrum Latinorum*. Steenbrugge: Brepols ³1995, Nr. 730: *Liber de vita christiana*; Nr. 731: *Libellus fidei ad Innocentium papam*; Nr. 737: *Ep. ad Demitriadem* (auch Hieronymus unterschoben); Nr. 746: *Ep. ad Claudiam de ultimo iudicio*; Nr. 748: *De fide trinitatis* (*in sermo* 246: PL 39, 2198–2200, zusammen mit einem echten Augustinustext).
Wie undeutlich die sachlichen Unterscheidungen selbst für historisch arbeitende Theologen waren, zeigt die Veröffentlichung des *Praedestinatus*, eines antiken Textes eines unbekannten Autors, durch den gelehrten Jesuiten Jacques Sirmond 1643; vgl. PL 53, 587–672. Weil hier unter dem Anschein augustinischer Theologie pelagianische Perspektiven bemerkt wurden, hatte der Augustiner-Eremit Enrico Noris seine *Historia pelagiana* (Padua: P. M. Frambotti 1673) herausgebracht, und damit ein Hauptwerk der neuzeitlichen Augustinerschule in Italien vorgelegt.
Zur neu ausgelösten Problematik um Pelagius vgl. G. de Plinval, „Recherches sur l'œuvre littéraire de Pélage", in: *Revue de philologie, de littérature et d'histoire anciennes* 60 (1934), 9–42. Zu den ausgelösten Diskussionen: O. Wermelinger, „Neuere Forschungskontroversen um Augustinus und Pelagius", in: C. Mayer/K.H. Chelius (Hg.), *Internationales Symposion über den Stand der Augustinus-Forschung vom 12. bis 16. April 1987.* Würzburg: Augustinus 1989, 189–217.

5 Vgl. B. Blumenkranz, „La survie médiévale de saint Augustin à travers ses apocryphes", in: *Augustinus Magister.* Paris: Etudes Augustiniennes 1954, 1003–1018; M. de Kroon, „Pseudo-Augustin im Mittelalter. Entwurf eines Forschungsberichtes", in: *Augustiniana* 22 (1972), 511–530; E. Dekkers, „Le succès étonnant des écrits pseudo-augustiniens au Moyen Age", in: *Fälschungen im Mittelalter V.* Hannover: Hahn 1988, 361–368; K.B. Steinhauser, „Manuscripts", in: A.D. Fitzgerald (Hg.), *Augustine through the Ages. An Encyclopedia.* Grand Rapids: William B. Erdmans 1999, 525–533.

6 Petrus Lombardus, *Sententiae in IV libros distinctae.* Grottaferrata: Collegium S. Bonaventurae ³1971–1981. Zu *lib. I et II* werden in den Indices auf ca. zehn Spalten die von Petrus zitierten *Auctoritates* aufgelistet, davon stammen über sechs Spalten von Augustinus; *lib. III et IV* brauchen etwa 13 Spalten, auch davon gehören ca. sieben Spalten dem Bischof von Hippo.

sich ebenso auf Augustinus berufen; sie achteten stärker auf *De civitate Dei*. Das zeigt sich etwa in den Positionen lateinischer Trinitätstheologie im Mittelalter, die bei aller Unterschiedenheit von keinem so sehr geformt sind wie von dem einen Augustinus, aber nicht nur durch die großartigen Bücher *De trinitate*; selbst bei Richard von St-Victor, der nicht die augustinische Lehre übernahm, die sich auf die Trias *mens, notitia, amor* gründete, sondern beim Verständnis der trinitarischen Struktur der Liebe ansetzte, wird dennoch die Form augustinisch neuplatonischen Denkens aufgegriffen, um zu einer stärker dynamischen Auffassung der heiligen *trinitas* zu gelangen.[7]

Augustinus, der – wie Martin Grabmann[8] urteilte – „geistesgewaltigste und einflussreichste Theologe" der lateinischen Kirche und „der eigentlichste Schöpfer der abendländischen Theologie", war in der Theologie des Westens so sehr präsent, dass wir geneigt sind, in dürftiger Anlehnung an eine von ihm eingebrachte Unterscheidung von drei Gegenwartsweisen, seine Präsenz dort zu charakterisieren: Er ist gewissermaßen überall, ist Anreger und Autorität, Lehrer und Vorbild im Wissen wie im Zweifeln. Bei einigen der Theologen aber, die sich bewusst an ihm orientieren und ihn nach seinen eigenen Intentionen zu verstehen suchen, ist er zu Hause, wohnt er, wenn auch nicht bei jedem in gleicher Weise. Und dann sind noch seine eigenen, originären Texte da, die ihn sozusagen leiblich vergegenwärtigen.[9]

2. Augustinus in den erhaltenen Handschriften in Eichstätt

Welche Präsenz zeigt Augustinus in Eichstätt? Wie viel Augustinus und welcher Augustinus begegnet in den hier noch vorhandenen Handschriften? Die Ausbeute nach den Katalogen[10] ist relativ bescheiden und stützt kaum die allgemein gemachten Beobachtungen: Von Augustinus finden wir nur Exzerpte[11] in Sammelhandschriften, einzelne kurze Zitate,[12] fragliche *Dicta*,[13] Übersichten.[14] Pseudo-augustinische Texte sind vielleicht etwas mehr und umfangreicher erhalten.[15] Seelsorgerliches und spirituelles Interesse macht sich bei dieser erhaltenen Überliefe-

7 Vgl. F. Courth, *Trinität. In der Scholastik*. Freiburg: Herder 1985.

8 M. Grabmann, *Die Geschichte der katholischen Theologie seit dem Ausgang der Väterzeit*. Freiburg: Herder ^{2}1961, 21.

9 Vgl. Augustinus, *Ep. 187 ad Dardanum: De praesentia Dei*. Dazu E. Naab, *Augustinus: Über Schau und Gegenwart des unsichtbaren Gottes*. Stuttgart-Bad Cannstatt: Fromann-Holzboog 1998, 88–99.

10 H. Hilg, *Die mittelalterlichen Handschriften der Universitätsbibliothek Eichstätt, 1. Band*. Wiesbaden: Harrassowitz 1994; K.H. Keller, *Die mittelalterlichen Handschriften der Universitätsbibliothek Eichstätt, 2. Band*. Wiesbaden: Harrassowitz 1999; K.H. Keller, *Die mittelalterlichen Handschriften der Universitätsbibliothek Eichstätt, 3. Band*. Wiesbaden: Harrassowitz 2004. Der abschließende 4. Band wird derzeit von Karl Heinz Keller bearbeitet.

11 Exzerpte aus: *ciu.* XIII 12, in: cod. st 689, 88^{v}; *ciu.* VII 12, in: cod. st 688, 370^{r}; *conf.*, in: cod. st 86, 192^{v}–193^{v}; *ench.* 29, in: cod. st 689, 88^{v}; *epist. 189 ad Bonifatium*, in: cod. st 237, 239^{a}; *De natura et origine animae* (aus einer Inkunabel entnommen), in: cod. st 417, 347^{r}; *Io. eu. tr.*, in: cod. st 358, 301^{r}; s. 211, in: cod. st 630, 157ra; *de trin. et epist. ad Ianuarium*, in: cod. st 618, 290vb.

12 Kurze Zitate: cod. st 238, I^{vc}. 139va; cod. st 248, 1rb. 1va; cod. st 454, 197ra (*retr.*).

13 *Dicta*: cod. st 86, 205^{r}; cod. st 198, 2^{r}. Ein *Liber florum Augustini*, in: cod. st 450, 271^{v}, nicht zu vergessen.

14 Übersichten: cod. st 144, 157^{r}–195^{v} (zu: *lib. arb.; retr.; ench.*; *quaest.* 83 – und zu dem pseudo-augustinischen Werk des Fulgentius von Ruspe, *De fide ad Petrum*).

15 *De vanitate saeculi*, in: cod. st 86, 182^{r}. – *Sermo 61 ad fratres in eremo*, in: cod. st 86, 194^{r}. – *Epistula ad Aurelium*, in: cod. st 218 S. 477 (cod. st 218 ist eine Formelsammlung der Juristen Johannes und Albrecht von Eyb). – *Epistula ad Evodium*, in: cod. st 238, 140^{v}. – *De duodecim abusionum gradibus* (exc. aus Inkunabel), in: cod. st 417, 340^{r}. – *Sermo App. 196*, in: cod. st 440, 359va. – *Epistulae ad Cornelium philosophum* (*epist. 8 et 42*), in: cod.

rung bemerkbar. Die großen denkerischen Entwürfe sind ganz in den Hintergrund gedrängt. Augustins Name steht nicht über Exzerpten seiner originalen Bücher *De trinitate*. Zu diesen Fragen der Dreifaltigkeit begegnen lediglich homiletische Gebrauchstexte wie: *De mysterio trinitatis et incarnationis,*[16] ein pseudo-augustinischer Text, der aus verschiedenen Quellen, nicht aber aus Augustinus selbst schöpft. In einfachen Sätzen versucht er über die Einheit Gottes und die drei Personen zu sprechen, von denen nur eine Fleisch geworden ist.[17] Diese Predigtvorlage ist hier in einer Sammelhandschrift erhalten, die wohl um die Mitte des 15. Jahrhunderts entstanden ist und aus dem Eichstätter Dominikanerkloster stammt. Sie ist zusammengestellt unter anderem mit weiteren *Sermones* für die Sonntage, auf die Jungfrau Maria und dergleichem. Der fragliche *Sermo* trägt in der Eichstätter Handschrift aber weder Überschrift noch eine Verfasserangabe. Ob Schreiber und frühere Leser der Handschrift darin einen Augustinustext gesehen haben oder nicht, bleibt daher offen.

Anders ist die Sachlage in den augustinischen und pseudo-augustinischen Texten, die in der Sammelhandschrift cod. st 458 überliefert sind. Dieser Codex hat sich trotz der Plünderung durch die französische Armee unter General Dominique Joba im Sommer 1800 aus dem reichen Bücherschatz im Augustinerchorherrenstift Rebdorf erhalten und ist in die Bestände der Staatsbibliothek gewandert; er stammt aus dem Besitz Ulrich Pfeffels,[18] der die Texte am 6. Dezember 1458 in Spalt erworben und später mit zahlreichen Notizen versehen hat. In den Inhaltsangaben im vorderen Spiegel ist u.a. zu lesen: *Item sermonem de dominica die … et alium de eadem beati Augustini. Item speculum peccatorum beati Augustini. Item libri Augustini de spiritu et anima* [wozu Pfeffel ergänzte: *amenum et iocundum*]. *Item librum Augustini de mirabilibus sacre scripture. Item tractatum Richardi de interiore homine.* Keiner der genannten Texte ist echt.

Die Sonntagspredigten stammen u.a. von Hrabanus Maurus,[19] die angefügten exzerpierten *Auctoritates* sind nicht authentisch. Vom *Speculum peccatoris liber I* weiß die Handschrift um die Authentizitätsdiskussionen und behauptet mit ihrer Fassung, die mit *Quoniam, karissimi, in via huius seculi fugientes sumus* beginnt und mit … *et nouissima tua prudenter prouideas, ut per hec eternam dampnacionem evadas* … *Amen* endet, den echten Text vorzulegen.[20] Sie täuscht sich. Ähnlich wie

---

st 435, 205^{v}. – *Manuale* (cap. I–XXIV), in: cod. st 450, 143^{v}–147^{v}. – *Speculum peccatoris liber unus*, in: cod. st 450, 246^{r}; cod. st 458, 168ra. – *Auctoritates* (exc.), in: cod. st 458, 167vb. – *De spiritus et anima lib. I* (cap. 1–50), in: cod. st 458, 182ra–200vb. – *Speculum peccatoris lib.I*, in: cod. st 530, 199. – *De mysterio trinitatis et incarnationis*, in: cod. st 536, 294^{v}. – *De duodecim gradus abusionum*, in: cod. st 678, 261.

16 In: cod. st 536, 294^{v} –296^{r}. – Der Text ist gedruckt in: PL 39, 2196–98, als *Sermo app.* 245. Vgl. zu Quellen und vorkommen CPPM I A, Nr. 1030; PLS 2, 858f.

17 *Deus unus est Pater, Deus unus est filius, Deus unus est Spiritus sanctus; non tres dii, sed unus est Deus: tres in vocabulis, unus in deitate substantiae* (PL 39, 2196).

18 Ulrich Pfeffel, in Wolkertshofen bei Nassenfels gebürtig, seit 1455/56 Priester in der Seelsorge der Diözese Eichstätt, seit 1473/74 Domprediger († 1495). Aus seinem Besitz sind zahlreiche Handschriften, auch etliche Inkunabeln erhalten. Diese Bücher weisen mit den von ihm angebrachten Notizen ihn als eifrigen Seelsorger aus, der vom humanistischen Reformgeist des Kreises um Bischof Johann von Eych erfasst ist, auch juristische und historische Interesse zeigt. Vgl. M. Fink-Lang, *Untersuchungen zum Eichstätter Geistesleben im Zeitalter des Humanismus.* Regensburg: Pustet 1985, 149f. 227f. 234–237. 295.

19 *Sermo beati Augustini de dominica notabilis*, als *Sermo app.* 280 in: PL 39, 2274–2276; Hrabanus Maurus, *Homilia* 41 (PL 110, 76–78).

20 Cod. st 458, 168ra: *Incipit speculum peccatorum beati Augustini auttenticum et bene considerandum.* Bereits bei Possidius, *De vita s. Augustini*, c. 28, auch bei Eugipp (nicht in Augustins *Retractationes*) ist ein Text bezeugt, der mit *Quis ignorat, in scripturis sanctis* … beginnt (PL 34, 887–1040; *CSEL* 12, 3–285). Dessen Authentizität wurde zwar von de Plinval, auch von Altaner bestritten („pelagianischen Ursprungs"); sie konnten damit

dieses *Speculum* nach der Abtei St-Victor bei Paris weist, so auch der folgende *Liber Augustini de spiritu et anima*. Unsere Handschrift bringt die ersten 50 Kapitel. Handschriften, die nur diesen Umfang kennen, schreiben den Text sonst Hugo von St-Victor zu.[21] Bereits Philipp der Kanzler († 1236) an der Pariser Universität hatte die Zuschreibung an Augustinus zurückgewiesen, Albertus Magnus war ihm in diesem kritischen Bewusstsein ebenso gefolgt wie Thomas von Aquin.[22] Die Ablehnung der Authentizität konnte für diesen zugleich genügende Zurückweisung eines aus *De spiritu et anima* genommenen Einwandes sein,[23] meist suchte er aber dennoch nach einer sinnvollen Interpretation des Textes. Noch ein Werk wird in der genannten Handschrift als *Liber beati Augustini* vorgelegt: *De mirabilibus sacrae scripturae*. Hier liegt eine einfache, aber nicht seltene Namensverwechslung vor. Ein Augustinus Hibernicus hat diesen Text in drei Büchern um 654/655 verfasst.[24]

Wiewohl jeder der vier als augustinisch behaupteten Schriften einen anderen Autor aufweist, findet sich doch noch ein echter Text Augustins, aber der unter anderem Namen. Es ist der schon erwähnte *Tractatus Richardi de interiori homine*, den die Handschrift als einen *tractatus utilis*[25] kennzeichnet. Es handelt sich dabei um eine verkürzende Bearbeitung des echten augustinischen *De trinitate*, *lib.* 11, in die weitere augustinische Formulierungen zur Trinitätsproblematik aus *Contra Maximinum arianorum* eingeschoben sind. Auch die verkürzende Bearbeitung eines einzelnen Buches des augustinischen Hauptwerkes, seines *opus laboriosum*,[26] will nicht so ganz zu den seelsorgerlich interessanten Texten der Handschrift passen. Was in der neueren Theologie mit einigem Pathos als das „gedankentiefste Werk der christlichen Theologie" überhaupt charakterisiert wurde,[27] bewahrt auch in unserem Zusammenhang seine Sonderstellung. Warum wird dieser einzig augustinische Text der Handschrift nicht unter dem Namen Augustins angeführt?

Der angebliche Autor Richardus ist nicht identifiziert. Da seinem Namen kein weiteres Attribut, auch keine Herkunftsbezeichnung beigefügt ist, scheint er als bekannt vorausgesetzt zu sein. In trinitätstheologischen Zusammenhängen denken wir natürlich zuerst an den

---

aber nicht allgemein überzeugen; vgl. ClP 272; CPPM II A Nr. 1864. Weihrich hatte in seiner Edition *CSEL* 12 (1887) einen weiteren Text angefügt, ein *Liber de divinis scripturis*, das ebenfalls *Speculum* genannt wird und Augustinus zugeschrieben wird. Auch darum handelt es sich nicht bei dem in cod. st 458, 168ra–171vb eingefügten Text (PL 40, 983–992). Er stammt aus dem 13. Jahrhundert und wurde schon von den Maurinern als Exzerpt aus Hugo von St-Victor angesehen.

21 PL 40, 779–816; vgl. hier 816 Anm. 2. Hugo von St-Victor († 1141), Regularkanoniker, verfasste ein reiches theologisch-philosophisches Schrifttum in der Rezeption des augustinisch-pseudodionysischen Erbes. Vgl. den Artikel zu Hugo von St-Victor von R. Berndt in: *Lexikon für Theologie und Kirche* 5, ³1996, 311f.

22 Vgl. CPPM II A Nr. 153.

23 Vgl. *De spiritualibus creaturis*, a. 11 ad 2: *Ad secundum dicendum quod liber de spiritu et anima est apocryphus, cum enim auctor ignoretur, et sunt ibi multa vel falsa vel improprie dicta: quia ille qui librum composuit, non intellexit dicta sanctorum, a quibus accipere conatus fuit. De anima*, a. 12 ad 1: *Ad primum ergo dicendum, quod liber iste de spiritu et anima non est Augustini, sed dicitur cuiusdam Cisterciensis fuisse; nec est multum curandum de his quae in eo dicuntur. Si tamen sustineatur, potest dici quod anima est suae potentiae, vel suae vires, quia sunt naturales proprietates eius. De veritate*, q. 15 a. 1 ad 1: *Ad primum igitur dicendum, quod liber de spiritu et anima non est authenticus, nec creditur esse Augustini. Sustinendo tamen eum, potest dici quod auctor eius non intendit per illa distinguere potentias animae, sed …*

24 PL 35, 2149–2200. – CPPM II A Nr. 1850.

25 *Tractatus utilis*: cod. st 458, 235va, als Überschrift vor dem *Incipit tractatus Richardi de interiori homine*.

26 Augustinus, *epist.* 174 (*CSEL* 44, 651).

27 So M. Grabmann, „Augustins Lehre von Glauben und Wissen und ihr Einfluss auf das mittelalterliche Denken", in: M. Grabmann/J. Mausbach (Hg.), *Aurelius Augustinus*. Köln: Bachem 1930, 87–110, 92.

Viktoriner;[28] der aber hatte die so genannte psychologische Analogie des Augustinus gerade nicht aufgenommen und so innerhalb der beginnenden lateinischen Scholastik einen eigenständigen Ansatz aufgebaut, indem er Zugang zum Verständnis der Trinität nicht aus der Analyse des sich selbst verstehenden Geistes, sondern aus dem Verständnis der Struktur der sich dem anderen zuwendenden Liebe gewann. Auch dabei ging Richard in durchaus rationalisierender Tendenz von der erfahrbaren Wirklichkeit aus, deren göttliches Urbild er suchte. Warum Richardus als Autor des *tractatus utilis* angesehen wird, können wir nur vermuten. Schienen die Überlegungen zu begrifflich, zu spekulativ, zu abstrakt, um als Texte des Augustinus zu gelten, den man als Seelsorger wahrgenommen hatte, und wurden sie deshalb einem scholastischen Theologen zugeschrieben? Möglich (und etwas wahrscheinlicher) scheint auch eine Verwechslung, ähnlich wie wir sie bei dem Text *De mirabilibus sacrae scripturae* beobachten konnten, nur dass nun umgekehrt ein Text des großen Kirchenvaters einem anderen zugeschrieben wird. Denn von Richard von St-Victor gibt es ein *De statu interioris hominis*,[29] in dem er im spielendordnerischen Gebrauch von Ternaren über das dreifache Laster, die dreifache Sünde und das dreifache Heilsmittel für den Menschen nach dem Fall nachdachte. Demnach hätte der Titel die Verwechslung nahe gelegt. Aber der Titel *De interiori homine* ist weder augustinisch noch für den vorliegenden Text kennzeichnend. Zwar beginnt *trin.* XI mit dem Satz: *Nemini dubium est sicut interiorem hominem intellegentia sic exteriorem sensu corporis praeditum*,[30] aber das ganze 11. Buch ist doch nur auf dem Weg in die Innerlichkeit, die Augustinus als die Selbstbezüge des Geistes reflektiert, und kann im äußeren Menschen nur ein schwaches *vestigium trinitatis* aufdecken, das – dem Verständnis leichter zugänglich – nur sinnvolles, und doch verführendes Mittel[31] der Veranschaulichung ist. War es ein allgemeines, aber nicht aus der Kenntnis der Texte stammendes Wissen um die entwickelte Positionierung Augustins in den weiteren Büchern, die diese Dokumente der Entwicklung und des Übergangs aus *trin.* XI nicht augustinisch nennen wollte? Wäre also die Umwidmung noch Zeichen der Kenntnis originärer augustinischer Position? Aber dagegen spricht die Benennung *de interiori homine* und die Wertschätzung als „nützlicher Traktat“. Wird die Problematik um das Äußerliche als Innerliches gehandhabt, so ist eine gewisse Veräußerlichung des Augustinus-Verständnisses nicht mehr von der Hand zu weisen.

Repräsentativ für die Präsenz Augustins in den mittelalterlichen Buchbeständen Eichstätts können wir diese Beobachtungen zu den hier erhaltenen und in den angeführten Katalogen verzeichneten Handschriften nicht nennen. Zu viele geschichtliche Ereignisse haben die Bestände durcheinander gebracht und dezimiert. Der virtuelle Autor ist präsenter als der historische. Und selbst die frühen Gesamtausgaben bis zu den Maurinern und ihrer Übernahme durch Jacques Paul Migne werden mit den echten Texten Augustins große Teile des pseudepigraphischen Schrifttums tradieren. Anscheinend kann der Eindruck des virtuellen Augustinus sogar zu einem Maßstab werden, augustinische Texte wie *trin.* XI in ihrer Originalität zu beurteilen. Immerhin können die wenigen Beobachtungen doch ein stärker seelsorgerlich als theoretisch und spekulativ ausgerichtetes Interesse beim Umgang mit Augustinus andeuten. Bei den unterschiedlichen Aspekten des virtuellen Augustinus zeigen die Spuren in Eichstätt

28 Richard von St-Victor († 1173), Schüler des Hugo. Sein Hauptwerk: *De trinitate*. Ed. J. Ribaillier. Paris: Vrin 1958. Übersetzung von H.U. von Balthasar (Einsiedeln: Johannes 1980).

29 *De statu interioris hominis*. Ed. J. Ribailler, in: *Archives d'Histoire doctrinale et littéraire du Moyen-âge* 42 (1967), 1–128; PL 196, 1115–1160.

30 Trin. XI 1 (*CCL* 50, 333, 1f.).

31 Trin. XI 1 (*CCL* 50, 334, 24f.): *Cuius aegritudini congruendum est.*

mehrmals nach St-Victor, dem Augustinerchorherrenstift vor den Toren von Paris, dessen weites wissenschaftliches Interesse von einem deutlichen meditativ-spirituellen Zug geprägt war und das innerhalb der mittelalterlichen Theologie monastische Akzente setzte.

Durch die Vielzahl pseudo-augustinischer Werke verblasst die Individualität seines Denkens, auch die charakteristischen Besonderheiten seiner spirituellen Prägung. So konnten religiöse Gebrauchstexte, die offensichtlich aus einem Kloster von Augustinerinnen in die Benediktinerinnenabtei St. Walburg gelangt sind, dort im Wesentlichen unverändert weiter benutzt werden: „vnsers heiligen vaters augustini" wird zu „des heiligen vaters".[32] Augustinus gab den Namen, aber kaum die Prägung. Den benediktinischen Novizinnen begegnete er als geistlicher Lehrer in einem Sinnspruch, aber nicht in seiner zusammenhängenden Sicht der Dinge.[33] Und auch unter seinem Namen in der Benediktinerinnenabtei handschriftlich überlieferte *Meditationes* sind mittelalterlicher, wahrscheinlich wieder viktorinischer Herkunft.[34] Das gedruckte Schrifttum in der Klosterbibliothek lässt weiterhin meditativ spirituelles, erbauliches Interesse an Augustin erkennen.

3. Veränderung der Interessen

Eine Intensivierung der Kenntnisnahme und Auseinandersetzung wird in den humanistischen Kreisen begegnen; aber diese dokumentiert sich bereits weitgehend in gedruckter Literatur, in Inkunabeln und Wiegendrucken, um deren Sammlung man fleißig bemüht war. Neuen Aufschwung sollte das Studium in Eichstätt unter Bischof Martin von Schaumberg[35] (1523–1590) 1564 durch die Gründung einer Studien- und Fortbildungsstätte, des Collegium Willibaldinum, und deren Inkorporation in die Universität Ingolstadt im folgenden Jahr erhalten. Schaumberg konnte sich dabei auf das tridentinische Seminardekret stützen, brachte aber seine älteren, humanistischen und nicht auf eine Gegenreformation ausgerichteten Interessen ein. Dadurch kam der Intention nach dem Studium der Väter, insbesondere der griechischen Kirchenlehrer (zusammen mit den lateinischen Vätern, aber auch den großen scholastischen Autoren), betonte Aufmerksamkeit zu. Augustin wird als eines der Vorbilder genannt, die in drei Gruppen zu je fünf Theologen aufgeführt werden. An eine besondere augustinische Profilierung ist dabei nicht gedacht. Es wird ein Verständnis der heiligen Schrift und der Theologie angezielt, das sich im Geist der Väter bildet. Mit Rückgriff vor allem auf die Griechen war eine bloße Re-

32 Vgl. J. Lechner, *Die spätmittelalterliche Handschriftengeschichte der Benediktinerinnenabtei St. Walburg/Eichstätt (By.)*. Münster: Aschendorff 1937, 30, 32: cod. germ. 4, fol.159^r^. Ebenso cod. germ. 11, fol. 42^v^: „vnserm erwirdigen aller heiligsten vater augustinus" ist nachträglich gestrichen; auch cod. germ. 12 stammt aus einem Augustinerinnenkloster; vgl. fol. 6^r^.

33 Vgl. cod. germ. 6 [das ist ein Klosterhandbuch für St. Walburg, Novizenlehre:] fol. 165^v^: „Sanct Augustinus spricht: Nimis avarus est, cui deus non sufficit. Der ist vil zu geicig, dem got nit genung ist." Vgl. en. Ps. 55, 17 (PL 36, 658): *Quantumlibet sis avarus, sufficit tibi Deus.*

34 Cod. Lat. 2, fol. 170va–181ra. Lechner 1937, 14 verweist auf PL 40, 847–864: *De diligendo Deo liber unus.* Dieser Text, der auch unter dem Titel *Meditationes* firmiert, weist eine gewisse Ähnlichkeit mit dem schon erwähnten *De spiritu et anima* auf. Vgl. CPPM II B Nr. 3070.

35 Vgl. A. Schmid, „*Martin von Schaumberg*", in: E. Gatz (Hg.), *Die Bischöfe des Heiligen Römischen Reiches. 1448 bis 1648*. Berlin: Duncker & Humblot 1996, 621f. Vgl. zum folgenden E. Naab, „Intentionen der Theologie in Eichstätt auf dem Weg vom Collegium Willibaldinum zur Katholischen Universität", in: E. Naab/C. Böttigheimer (Hg.), *Den Glauben nicht beherrschen, doch eure Freude unterstützen*. St. Ottilien: eos 2008, 47–69.

pristination scholastischer Theologie überholt und deren Traditionszugang erweitert. Dadurch war auch für die Aufnahme Augustins neuer Raum geschaffen. In der Vielfalt unterschiedener theologischer Ansätze und Zugangsweisen sollte in Schaumbergs Collegium ein theologischer Weg angezielt werden, der in vielfältiger Lebendigkeit Zugang zur Einheit einer Katholizität sucht, die sich im Zeugnis der Tradition und Rezeption vergewissert. Wenig ist bislang bekannt von der an Schaumbergs Collegium erarbeiteten Theologie. Nur die gesammelten und erhaltenen Bücher mögen einen verschatteten Hinweis auf die geweiteten Interessen geben.

Der frühe Elan des Trägers und seiner Gründung erschlaffte bald. Schon Schaumbergs Nachfolger übergab 1614 das Collegium als akademisches Gymnasium der Leitung des Jesuitenordens. Nach der verheerenden Brandschatzung der Stadt am 12. Februar 1634 durch das schwedische Heer sorgte Bischof Marquard Schenk von Castell (1605–1685, Fürstbischof seit 1637) noch während des Dreißigjährigen Krieges mit dem Wiederaufbau auch um eine bessere Dotation des Eichstätter Kollegs und um die Hebung der Studien im Klerus.[36] Dazu übergab er 1640 dem Jesuitenkolleg auch eine Gesamtausgabe Augustins aus der Fürstbischöflichen Hofbibliothek, und zwar bemerkenswerter Weise gerade die von den Löwener Theologen erstellte und bearbeitete Ausgabe Paris 1586, die seinerzeit Martin von Schaumberg erworben hatte.[37] In den gewichtigen Kontroversen *De auxiliis* konnte vor allem diese Ausgabe auf die Grenzen molinistisch-jesuitischer Positionen aufmerksam machen. Am jesuitischen Gymnasium sind dann die ersten Eichstätter Titel greifbar, in denen Augustinus erwähnt wird: *Augustinus conversus. In Scenam datus.*[38] Augustin wird zu einem der moralischen Vorbilder im Jesuitentheater.

Nach der Aufhebung des Jesuitenordens 1773 kam es durch die sich hier sammelnden Exjesuiten zu einer kurzen wissenschaftlichen Blüte, aber mit der Aufhebung des Hochstiftes dann zur Schließung der Bildungsstätten, bis 1843 wieder ein bischöfliches Lyzeum entstand, das bald als ein Zentrum des ‚Thomismus' in seiner strengen, banezianischen Ausprägung galt.[39]

36 Vgl. E. Reiter, „Marquard Schenk von Castell", in: E. Gatz (Hg.), Die *Bischöfe des Heiligen Römischen Reiches (1648–1803).* Berlin: Duncker & Humblot 1990, 419–421.

37 *D. Avrelii Avgvstini Hipponensis Episcopi Opervm. Ex vetustissimis manuscriptis Codicibus per Theologos Lovanienses ab innumeris erroribus repurgatus. Quorum diligentiam, et vtilissimum laborem, indicant Castigationes, quae pleraeque per eodem ad calcem Tomi huius succincta breuitate sunt annotatae* (Paris 1586). Das ist ein Nachdruck der erstmals in Antwerpen bei Chr. Plantin 1576/77 erschienenen Ausgabe, in deren Titel sich übrigens noch nicht der Hinweis auf *Castigationes* fand. Vgl. im angefügten Auszug aus dem Katalog der Kreisbibliothek Eichstätt (1814/17) fol. 163v. – Zum Interesse und den Deutungen Augustins in Löwen vgl. M. Lamberigts (Hg.), *L'Augustinisme à l'ancienne faculté de théologie de Louvain.* Leuven: University Press 1994. Zur genannten Ausgabe, ihrem Entstehen, ihren Besonderheiten und ihrem Nachwirken vgl. L. Ceyssens, „Le ‚Saint Augustin' du XVIIe siècle: L'édition de Louvain (1577)", in: *XVIIe siècle. Revue publiée par la Société d'Étude de XVIIe siècle* 34 (1982), 103–120, hier vor allem 119f.: „Le tome VII, soigneusement mis au point par Gravius, pouvait les [sc. théologiens] inspirer et leur fournir de quoi l'enseigner et la défendre contre les interprétations arbitraires des théologiens spéculatifs, surtout des molinistes. A Louvain, Gravius, sans avoir subi en rien l'influence de Baius, va s'opposer à Lessius et rédiger, au nom de la Faculté, les *Censurae* et la *Denfensio Censurae.* A Douai, Guillaume Estius, responsable de neuvième tome de Plantin, s'opposera, en tête de ses collègues, à Jean Deckers, jésuite moliniste, et rédigera la *Censura* de Douai. On peut croire qu'ailleurs, à Ingolstadt, à Salamanque, à Rome, ce fut toujours l'édition de Louvain qui inspira les thomistes et les autres adversaires de Molina, y compris Robert Bellarmin, du moins dans une certaine mesure."

38 Eystadii 1642. Erwähnt bei J.G. Suttner, *Bibliotheca Eystettensis Dioecesana. Ein Beitrag zur Herstellung von Annalen der Litteratur des Bisthums Eichstätt.* Eichstätt 1866–67, Nr. 426, S. 28. Vgl. ebd., Nr. 501, S. 32: *Augustinus ab Haeresi et Cupidine reversus.* Augustini Bekehrung, aufgeführt in Eichstätt am 5. Sept. 1672.

39 Diese Einschätzung war nahe gelegt worden durch den jungen M. Grabmann, „Dr. Franz von Paula

Durch diese Einschätzung wurden die offeneren Ansätze, die der Gründungsrektor Joseph Ernst[40] (1804–1869) seiner Schule auf den Weg gegeben hatte und die hier weiter vorgetragen wurden, lange übersehen. Ernst war daran gelegen, mit der christologischen Struktur der Geschichte die Universalität der Gnade geradezu als ‚Leitmotiv' seiner Theologie herauszuarbeiten, unter der sämtliche Lebensbereiche des Menschen stehen. Existenz und Freiheit wurden als die erste, initiale Wirkung der universalen Gnade bedacht und die Natur personalisiert. Mit dieser These prägte Ernst seine Schule. Er stand dabei in der Tradition eines katholischen Augustinismus, der in der Auseinandersetzung mit den inhaltlichen Thesen der neueren Scholastik selbst ihr Gewand und ihre Form annahm.[41] Auch das war nicht Rückgriff auf die Anregungen Augustins selbst, sondern eine augustinische Sichtweise, die auf einige Herausforderungen der frühen Neuzeit reagiert hatte. In den Entwicklungen und Übergängen der Ansätze werden sich Eichstätter Theologen[42] verstärkt auf die Quellen verwiesen sehen.

4. Augustinus-Drucke in Eichstätter Bibliotheken der Frühen Neuzeit

Die Zerstörung der über Jahrhunderte gewachsenen kirchlichen Bibliotheken durch die Säkularisation von 1802/03 zog sich in Eichstätt über 15 Jahre hin[43]. Nach München ist auf Grund des späten Übergangs Eichstätts an Bayern 1805/06 wenig abgegeben worden. Der Aussonderung durch Verkauf oder Makulierung von Büchern, die als weniger wertvoll oder volksschädlich eingestuft wurden, fiel etwa zwei Drittel des säkularisierten Bestandes zum Opfer. Der Rest wurde in einer neuen Provinzial-Bibliothek zusammengeführt und von 1814 bis 1817 umfassend katalogisiert. Die Neuordnung war damit eigentlich abgeschlossen. Dann griff aber die im Zuge regionalpolitischer Umorganisationen 1817 neu entstandene Augsburger Provinzialbibliothek zu und übernahm die bis dahin von Eichstätt wahrgenommene Funktionen für den bayerisch-schwäbischen Landesteil. Sie entzog der neuen Eichstätter Bibliothek einen erheblichen Teil gerade ihrer wertvollen Werke, vor allem Handschriften und frühe Drucke antiker und mittelalterlicher Klassiker, die von den Eichstätter Bischöfen des 15./16. Jahrhunderts und ihrem humanistischen Kreis[44] gezielt gesammelt worden waren. Augustinus gehörte dazu.[45] Die folgende Übersicht endet deshalb mit dem Jahr 1817; dabei ist anzunehmen, dass in

Morgott als Thomist. Ein Beitrag zur Theologiegeschichte des 19. Jahrhunderts", in: *Jahrbuch für Philosophie und spekulative Theologie* 15 (1901), 46–79 (auch separat Paderborn: Schöningh 1900). Grabmann ist in dieser Einschätzung zunehmend zurückhaltender geworden; vgl. E. Naab, *Die Gegenwart Gottes in der Gnade*. Regensburg: Pustet 2002, 230 Anm. 14.

40 Vgl. E. Naab, „Ernst, Joseph", in: *Biographisch-Bibliographisches Kirchenlexikon* 30 (2009) 367–369.

41 Vgl. E. Naab, „›Thomismus‹ am Eichstätter Lyzeum?", in: A. Gläßer (Hg.), *Veritati et Vitae I*. Regensburg: Pustet 1993, 73–103.

42 Vgl. neben den historischen Studien von Albert Stöckl, Mathias Schneid, Franz Morgott auch Valentin Thalhofer und seine *Bibliothek der Kirchenväter* sowie die Lebensarbeit von Martin Grabmann.

43 Zum folgenden vgl. K.W. Littger, „Die Säkularisierung der Eichstätter Bibliotheken", in: *Sammelblatt des Historischen Vereins Eichstätt* 87 (1994), 149–165.

44 Vgl. M. Fink-Lang 1985.

45 Laut I. Hubay, *Incunabula der Staats- und Stadtbibliothek Augsburg*. Wiesbaden: Harrassowitz 1974, Nr. 210, 211, 222 und 224 befinden sich unter den nach Augsburg gegangenen Inkunabeln drei *De civitate Dei* (Venedig: Jenson 1475 [GW 2879], Basel: Wenssler 1479 [GW 2885] und Basel: Amerbach 1490 [GW 2888] zusammengebunden mit *De trinitate* [GW 2928]). Die beiden ersten stammen aus der Hofbibliothek, der

den Jahren 1802/03 bis 1817 so gut wie keine Neuerwerbungen für die betreffenden Bibliotheken mehr vorgenommen worden sind.

Die Übersicht beginnt mit dem Erscheinungsjahr 1501. Mittelalterliche Handschriften und Inkunabeln[46], die sich bis 1817 in Eichstätter Bibliotheken befunden haben und zum Teil noch heute dort befinden, sind mittlerweile über gedruckte und internetbasierte Kataloge und Katalogverbünde auch provenienzmäßig gut nachweisbar. Für Drucke seit dem 16. Jahrhundert gilt das, trotz VD16 und VD17, noch keineswegs. Deshalb ist eine Übersicht über die Augustinus-Drucke in Eichstätter Bibliotheken für den Zeitraum 1501–1817 sinnvoll.

Der mit Abstand umfangreichste, wertvollste und im Hinblick auf Augustinus wohl auch wichtigste Bestand, der des Augustinerchorherrenstifts Rebdorf, muss außer acht bleiben. Für diese seinerzeit berühmte Stiftsbibliothek existiert kein umfassender Katalog. Lediglich ein Katalog des ausgehenden 15. und des 16. Jahrhunderts mit vereinzelten Nachträgen von 1703[47], dazu vom Ende des 18. Jahrhunderts ein Auswahlverzeichnis von Handschriften[48] und zwei Auswahlkataloge wertvoller Inkunabeln und Frühdrucke mit knapp 940 Bänden[49], darunter als einziger Augustinus-Titel eine Inkunabel von 1489[50], sind für eine Bibliothek mit über 30.000 Bänden[51] zu wenig aussagekräftig. Nennt doch allein der Katalog des 15./16. Jahrhunderts bereits 54 Bände Handschriften und Drucke, also großenteils Inkunabeln, mit Werken des heiligen Augustinus, darunter eine neunbändige Gesamtausgabe *in XI partibus*[52], vermutlich die 1528/29 von Erasmus bei Froben in Basel herausgegebene[53], die von Kilian Leib erworben worden sein dürfte.[54]

Sammelband aus der Dominikanerbibliothek.

46 Für die Bibliotheken von St. Walburg, des Seminarium Willibaldinum und des Jesuitenkollegs sind keine Augustinus-Inkunabeln nachgewiesen.

47 P. Ruf, *Mittelalterliche Bibliothekskataloge Deutschlands und der Schweiz 3.2: Bistum Eichstätt.* München: Beck 1933, 257–316 (Handschrift Cod. sm 116).

48 „Rebdorf", in: F.K.G. Hirsching (Hg.), *Versuch einer Beschreibung sehenswürdiger Bibliotheken Teutschlands nach alphabetischer Ordnung der Oerter.* Bd 3,2. Erlangen: Palm 1790, 473–567.

49 [A. Strauß], *Monumenta typographica, quae exstant in Bibliotheca Collegii Canonicorum Regularium in Rebdorf.* Eichstätt: Schmid 1787; *Opera Rariora, Qvae Latitant In Bibliotheca Canon. Reg. Collegiatae Ecclesiae Ad S. Ioannem Baptistam In Rebdorf. Collegit, Notis Illvstravit Et Edidit Eivsdem Collegii Bibliothecarivs.* Eichstätt: Schmid 1790.

50 *De trinitate.* Venedig 1489 (GW 2927), s. *Opera Rariora,* 34f.

51 K.W. Littger, „Die Bibliothek des Augustiner-Chorherrenstifts Rebdorf", in: H. Grünke (Hg.), *Kloster und Bibliothek. Zur Geschichte des Bibliothekswesens der Augustiner-Chorherren in der Frühen Neuzeit. Tagung der Akademie der Augustiner-Chorherren von Windesheim vom 12. bis zum 14. November 1998 in der Benediktinerinnenabtei Mariendonk bei Kempen.* Paring: Augustiner-Chorherren-Verlag 2000, 134.

52 Ruf 1933, 269, Z. 21f.

53 VD16 A 4148.

54 Im heutigen Bestand der Bischöflichen Seminarbibliothek finden sich, wohl über Nachlässe des 19. und 20. Jahrhunderts, aus der einstigen Rebdorfer Stiftsbibliothek z.B. eine Regelsammlung von 1581 (*SB XI 580a*: VD16 A 4233), die der Eichstätter Domherrn Johann Georg von Werdenstein (1542–1608) 1600 dem Chorherrenstift vermacht hat, eine weitere, ebenfalls aus Dillingen, von 1631 (*SB VIII 459*), eine Ausgabe der von H. Wagnereck kommentierten *Confessiones*, Dillingen 1631 (*94/1 SB II 32*: VD17 12:644408H), eine zweibändige Sammlung mit Betrachtungen aus Augustinus' Werken *Vitae Spiritualis Magister Seu Instructio Hominis Christiani per [...] Augustini operibus collecta, & pro quotidiana Spiritûs alimonia in singulos dies, Ferias, ac Festa totius anni distributa*, München 1727 (*04/1 SB VIII 955–956*), die der Stiftsbibliothekar und (seit 1757) Prälat Wunibald Hacklinger (1714–1764) seiner Stiftsbibliothek vermacht hat; zu Hacklinger siehe J. Höcherl, „Rebdorfs Kanoniker der Windesheimer Zeit 1458–1853", in: *Sammelblatt des Historischen Vereins Eichstätt* 85 (1992), 108 Nr. 167.

Auch aus dem Kloster der Augustinerinnen in Marienstein und aus der Benediktinerinnenabtei St. Walburg sind keine alten Kataloge erhalten. Der im Jahr 2000 erschienene Altbestandskatalog von St. Walburg weist für den Zeitraum bis zur Säkularisation neben einigen ins Deutsche übersetzten kontemplativen Texten ein paar für die Kontemplation bearbeitete deutschsprachige Sammlungen und Auszüge nach[55].

Der Bibliothekskatalog der Eichstätter Dominikaner vom Ende des 18. Jahrhunderts verzeichnet etwa 40 Werke des heiligen Augustinus, mehrere davon offenbar in Sammelbänden. Gut die Hälfte – die Angaben sind nicht immer eindeutig – dürften Inkunabeln sein. Sie enthalten die zentralen Augustinus-Texte, überwiegend in Einzelausgaben; sieben davon sind 1806/07 nach München abgegangen. Die nach 1500 erschienenen Drucke bieten eine eher bunte Auswahl. Die einzige Gesamtausgabe ist die *editio secunda* der von den Maurinern in Venedig herausgegebenen 18-bändigen Werkausgabe[56], außerdem ein *Epitome operum* von 1537[57]. Weiter finden sich drei Ausgaben der *Confessiones*[58], eine *Confessio theologica*[59] und eine *Doctrina* von Sfondrati[60], zwei Ausgaben der *Meditationes, Sololoquia et Manuale*[61] und zwei deutsche Übersetzungen[62], weiterhin *De fide, spe et caritate* von 1777[63], *Enarrationes in psalmos*[64], eine Regel[65], drei deutsche „Predigten über Trunkenheit" von 1555[66] und eine über die „Üppigkeit der Welt" von 1522[67] sowie der Brief an Bonifacius auf deutsch in besonderer Anwendung auf österreichische

55 A. Friedel, *Die Bibliothek der Abtei St. Walburg zu Eichstätt.* Wiesbaden: Harrassowitz 2000, 39–45 und 613, Nr. 216, 229–235, 238–241, 243, 244, 3695: die *Confessiones*, dt. Köln, 1673, die *Meditationes* in deutscher Übersetzung von Wilhem Nakatenus SJ in sechs verschiedenen Ausgaben von 1681 bis 1724, das *Manuale*, die *Meditationes* mit *Soliloquia* und die *Soliloquia* in jeweils zwei Übersetzungsausgaben sowie einen Regel-Sammelband von 1739.

56 *Sancti Aurelii Augustini Hipponensis Episcopi Operum Tomus [...]. Post Lovaniensium Theologorum recensionem castigatus denuo ad manuscriptos codices Gallicanos, [...] nec non ad editiones antiquiores & castigatiores. Opera Et Studio Monachorum Ordinis Sancti Benedicti È Congregatione Sancti Mauri.* Secunda ed. Veneta. 18 Bde. Venedig: Albritius 1756–1769.

57 *Omnivm opervm [...], Epitome, et quid uir ille de Ecclesiae sacramentis [...] docuerit, per Ioannem Piscatorium Lithopolitanum [...] comportatum.* Augsburg: Steyner 1537 [VD16 A 4156].

58 *LL. Confessionum.* Bd 2. o.O. 1604; *Libri Confessionum XIII. Studio Henr. Som[m]alii* [...]. Köln 1637; *Libri XIII Confessionum. Ad 3. M.S.S. exemp. emendati. Opera et studio R.P. H. Sommalii e Societate Jesu.* Köln 1683 [VD17 3:316067L].

59 *Confessio Theologica in tres partes distincta [...] ex D. Augustini Confess. Et Meditat. LL. Collecta. Item succincta Expositio Missae Romanae.* Köln 1604.

60 *Augustiniana Ecclesiae Romanae Doctrina A Cardinalis Sfondrati Nodo Extricata. Per varios S. Augustini Discipulos [...] in Palatio Regio ad Fanum S. Germani proxime congregandis nuncupata.* Köln 1700.

61 *Meditationes, Soliloquia et Manuale. Item Meditat. Anselmi, Bernardi et Idiotae. Opera Henr. Som[m]alii [...].* Köln 1702; dass. Bd 2, o.O. u. J.

62 *Manuale. D.i. Handbüchlein von der Betrachtung Christi, oder seines Worts [...]. Aus dem Latein übers. von Caspar Macer. München, 1555; [...] himmlische Betrachtungen, geheime Gespräch mit Gott, und andächtiges Hand-Büchlein. [...] durch [Wilhelm Nakatenus].* Köln 1708.

63 *Enchiridion Ad Laurentium Sive De Fide, Spe, Et Caritate. Liber Unus, Quem D.D. Sodalibus Congregatio Major Academica Dilingana Xenii Vicem D.D.D.* Dillingen 1777.

64 *Enarrationes in Psalmos, opera Doctorum Lovaniensium [...] nunc primum addita locupletatum.* Antwerpen 1662.

65 *Regula. [...] instructionibus per Joannem Stirm.* Konstanz: Straub 1702.

66 *Wie man sich vor dem Schandtlichen Laster der Trunckenhait hüten soll. Drey Predigen deß hailigen Lehrers S. Augustini, Darinnen gar ernstliche, vnnd ainem jeden Christen in sonderhait aber in dene[n] Landen da die Teufflische gewonheit des vberschwencklichen zutrinckens vberhand genomen notwendige ermanungen begriffen.* Dillingen [1570] [VD16 A 4270].

67 *Ain andechtiger v[n]d zu besserung sündiges lebens, nützlicher Tractat [...] von der üppigkayt der welt, durch Doctor Wolff-*

Verhältnisse von 1782[68]. Die Bestände der Bibliothek sind nach der Säkularisation zunächst noch im aufgelösten Kloster geblieben und dort kräftig dezimiert worden.[69] 1812 wurde der Rest zu den übrigen säkularisierten Bibliotheken ins Seminargebäude gebracht.

Das Domkapitel besaß laut Katalog von 1762 eine 1755 bei Guillard & Desboys in Paris erschienene zehnbändige Werkausgabe[70]; offenbar handelt es sich um einen Schreibfehler. Tatsächlich dürfte es sich um die 1555 erschienene Ausgabe gehandelt haben. Außerdem verzeichnet der Katalog als Teil eines Sammelbandes ein *Manuale [...] de aspiratione hominis ad Deum* von 1507[71]. Andere Augustinus-Werke enthielt diese mit rund 1.100 Bänden eher kleine Bibliothek, die vorwiegend rechts- und staatswissenschaftliche Literatur sammelte, nicht.

Über den Bestand der in die 30er Jahre des 18. Jahrhunderts zurückgehenden Alumnen-Bibliothek des Seminarium Willibaldinum, des Eichstätter Priesterseminars, gibt ein Katalog von 1745 Auskunft[72]. Werke des heiligen Augustinus sind darin nicht vertreten.[73]

Anders dagegen in der Bibliothek des Eichstätter Jesuitenkollegs, die auch als Lyzealbibliothek für die Studierenden diente. Der früheste Katalog wurde im Jahr 1661 begonnen, ein weiterer 1720[74]. Der ältere ist genauer, denn er gibt neben dem Erscheinungsort grundsätzlich auch das Erscheinungsjahr an; dadurch sind die bibliographischen Angaben verifizierbar, wogegen die Titel in dem seit 1720 geführten Katalog häufig nicht exakt nachzuweisen sind. Beide gruppensystematisch angelegten Kataloge verzeichnen Augustinus' Werke unter *Patres* und unter *Spirituales*. Der Katalog von 1661ff. nennt in erster Redaktion zwei Gesamtausgaben[75]; drei weitere sind später zugetragen.[76] Außerdem verzeichnet er fünf Ausgaben der *Confessiones* und je eine von *De civitate Dei*, der *Meditationes et Colloquia* und der *Soliloquia*[77].

---

gangen Rämen, [...] auß dem Lateyn, inn das Teutsch gebracht. Augsburg 1522.

68 *Die Gesätzmäßige Toleranz, aus einem Brief S. Augustins an den Kaiserlichen General Grafen Bonifacius, mit Anmerkungen Aus Religions-Geschichten vorzüglich Oesterreichs samt einer Einleitung, Darinnen aus der H. Schrift bewiesen wird: Daß kein Nichtkatholik außerhalb der katholischen Kirche seelig werden könne. Zur Betreibung der gewünschten Religionsvereinigung.* Augsburg 1782.

69 K.W. Littger, „Eichstätt 1: Universitätsbibliothek", in: B. Fabian (Hg.), *Handbuch der Historischen Buchbestände in Deutschland. Bd 11.* Hildesheim [u.a.]: Olms-Weidmann 1997, 219 Nr. 1.19.

70 Cod. st 44, 42^r.

71 Ebd., 64^r, heutige Signatur: *D I 1155*, als 3. angebundenes Werk, erschienen Köln 1507.

72 K.W. Littger, *Die Bibliothek des Bischöflichen Seminars St. Willibald. Aus 250 Jahren Eichstätter Bibliotheksgeschichte. Ausstellungskatalog und Bibliothekskatalog von 1745.* Eichstätt: Universitätsbibliothek 1993, 153–192 (Handschrift Cod. sm *117*).

73 Die von Erasmus bei Froben in Basel 1528/28 herausgegebene Werkausgabe [VD16 A 4148] ist mit Sicherheit nach 1745 in die Alumnenbibliothek gelangt. Die Provenienz „Carmel. Straubing" dürfte ein Hinweis auf Säkularisationsgut sein, das wohl sekundär über einen Nachlass in die Bibliothek gelangt ist; siehe Littger 1993, 18f. Nr. A13.

74 Cod. st 49 und cod. st 50.

75 Cod. st 49, 14^v: *Operum T. I.–X cum indice. Per theologos Lovanienses repurgata.* Paris: Guillard 1586 (*04/1 B II 142–148*), die Bischof Marquard II. den Jesuiten 1640 aus dem Bestand der Fürstbischöflichen Bibliothek überlassen hat, sowie *Operum. T. 1–11* [10 T. + Index]. Venedig: Ad Signum Spei 1550–1552 (heute nicht mehr vorhanden).

76 Ebd.: *Omnium Operum. T. I–X.* Basel: Froben 1528–1529; 15^r: eine 2°-Ausgabe in elf Teilen ohne Angabe von Erscheinungsort und -jahr und einen 2°-Index-Band, Nürnberg 1517; weiter eine Gesamtausgabe *T. I–X.* Basel: Froben 1540–1543 [VD 16 A 4149] und ein *Omniu[m] operu[m] epitome per piscatoriu[m] Joannem Lithopolitonu[m]*. Augsburg: Steyner 1537 [VD16 A 4156]. Diese Exemplare sind heute nicht mehr vorhanden.

77 Cod st 49, 14^v–15^r: *Confessiones.* Dillingen 1569 [VD16 A 4173] (*04/1 B II 168*); dass., Dillingen 1631 [VD17

Der Katalog von 1720ff. ist eher verwirrend. Die Angaben sind angesichts der fehlenden Erscheinungsjahre und der nur teilweise vermerkten Erscheinungsorte, von denen einige erst später nachgetragen wurden, nicht immer mit denen des älteren Katalogs in Übereinstimmung zu bringen. Zumindest die Anzahl der Werkausgaben scheint gleich geblieben zu sein.[78] Zu den schon vorhandenen Einzelausgaben sind, abgesehen von der nicht sicher zu bestimmenden Anzahl der Werke, die *Epistolæ Asceticæ* offensichtlich in der Ausgabe München 1668[79], eine in Dillingen vermutlich bei Joannes Mayer 1581[80] erschienene Regelausgabe sowie in Köln erschienene *Aliaque duo opuscula* hinzugekommen.

Vollends ratlos macht der wohl um 1760 begonnene Katalog. Er diente später, bei der Überführung der Jesuitenbibliothek in die Fürstbischöfliche Hofbibliothek (Aulica), als Grundlage einer ersten Konzeptversion für einen gemeinsamen Katalog[81]. In diesen letzten Jesuitenbibliotheks-Katalog wurden die Titel der Aulica in die jeweilige Gruppensystematik alphabetisch möglichst passend eingefügt. Die Jesuiten-Signaturen scheinen durchweg beibehalten worden zu sein, nur wurden die arabischen *Series*-Ziffern durchgehend in römische umgeändert. Anschließend wurde der so entstandene Gesamtkatalog neu geschrieben und alle übertragenen Titel in der ersten Version durchgestrichen. Die zahlreichen Korrekturen, Ergänzungen und Streichungen haben die ursprüngliche Fassung, die den jesuitischen Bestand unmittelbar vor Aufhebung des Ordens wohl am vollständigsten wiedergegeben hat, so verdorben, dass die Eintragungen nur noch mühsam und oft nicht mehr zuverlässig zu entziffern sind. Vor der Reinschrift des endgültigen Katalogs der beiden im ehemaligen Jesuitenkolleg zusammengelegten Bibliotheken sind noch weitere Konzeptfassungen erstellt worden. Der endgültige Katalog ist dann doppelt ausgefertigt worden. Nur wenige Jahre nach der Fertigstellung dieser Reinschrift ist die neue, seit 1785 auch öffentlich zugängliche Bibliothek säkularisiert worden.

Wesentlich unzulänglicher sind die beiden früheren Aulica-Kataloge. Der älteste erhaltene Katalog der Hofbibliothek wurde um 1700 angelegt. Die Werke des heiligen Augustinus werden in der Gruppe I. *Biblia et Patres* mit insgesamt 66 Bänden angegeben, offenbar nur Drucke.[82] Erscheinungsvermerke (Erscheinungsort und -jahr) fehlen. Daher ist eine exakte Ausgaben-Identifizierung nicht möglich. Genannt werden fünf Werkausgaben, von denen eine aber später durchgestrichen worden ist, ein *Operum Epitome* und je ein Band *Opera plurima* und *Opuscula complura*, weiterhin sieben Exemplare der *Confessiones*, drei *De civitate Dei*, drei weitere *De civitate Dei et de sanctissima trinitate* sowie eine Einzelausgabe *De sanctissima trinitate*, je zwei von *De doctrina christiana*, *Liber epistolarum* und *Milleloquium*; die übrigen sind jeweils einmal vorhanden: *Commentarium in Novum et Vetus Testamentum*, *In Psalmarum prima quinquagena explanatio*, *De consensu quatuor evangelistarum*, *Super Joannem*, *Sermonum opera, Sermones ad Eremitas, Meditationes* und *De natura et gratia.*

12:644408H] und einmal *Jdem sine nota*, beide nicht mehr vorhanden); *De civitate Dei.* 1596 (*04/1 B II 34*), *Meditationes et Colloquia.* Lyon 1578 (*04/1 B II 43*); ebd., 95r: eine *Soliloquia*-Ausgabe. Douai 1606; *Confessiones.* Dillingen 1630 (nicht im VD17) und ebd., 1631 [VD17 12:644408H].

78 Cod. st 50, 13r/v und 72r.

79 VD16 A 4233.

80 VD16 B 1708.

81 Cod. st 129–142, hier cod. st 135 (*Ascetarum*), 4r und cod. st 142 (*Patres*), 3v–4r.

82 Cod. st 10, 4v–6r.

Der Katalog von 1737/40 verzeichnet die Werke Augustinus' in der Gruppe B. *SS. Patres et Theologi*[83]. Auch er verzichtet auf die Angabe von Erscheinungsdaten, gibt aber die Buchformate an. Der Bestand ist nur geringfügig angewachsen. Insbesondere ein *Liber contra Julianum* ist hinzugekommen, dazu drei weitere Exemplare der *Confessiones* sowie je ein Exemplar der *Sermones*, des *Liber epistolarum* und von *De gratia et natura*. Verwiesen wird darüber hinaus auf vier in Sammelbänden enthaltene Werke.[84]

Erst der schon genannte vom Exjesuiten Joseph Pickel betreute Katalog der mit der ehemaligen Jesuitenbibliothek zusammengelegten Hofbibliothek vom Ende des 18. Jahrhunderts ist um bibliographische Exaktheit bemüht. Zwar dürften Dubletten bei der Zusammenlegung wenigstens teilweise ausgesondert worden sein. Aber offensichtlich sind gar nicht alle tatsächlich in die neue Bibliothek übernommenen Bände in diesen Katalog aufgenommen worden. Jedenfalls sind zahlreiche Werke aus den beiden Vorgänger-Bibliotheken, die dieser Katalog nicht verzeichnet, noch heute vorhanden. So nennt er z.B. statt der fünf Gesamtausgaben aus der Jesuitenbibliothek und der fünf resp. vier weiteren der Hofbibliothek nur insgesamt drei, die 1528–1529 bei Froben in Basel (10 Teile in 8 Bänden), die 1550–1552 Ad Signum Spei in Venedig (10 Teile in 6 Bänden) und die 1555 bei Guillard in Paris erschienene (10 Teile in 5 Bänden mit einem 1556 erschienenen Indexband). Nicht verzeichnet ist eine noch heute vorhandene, 1586 in Paris in 10 Teilen und einem Index erschienene 7-bändige Ausgabe[85], desgleichen die Anthologie *Epitome [...] per Joannem Posselleonu[m] Tylonium theologum*. Köln 1549[86]. Entsprechendes gilt etwa auch für einen Teil des Nachlasses, den der Herriedener Kanoniker Johann Jacob Mechtl († 1724) der Jesuitenbibliothek vermacht hat, darunter z.B. eine Ausgabe der Regel Dillingen, 1581[87]. Jedenfalls besaß die Hofbibliothek um 1800 mehr Ausgaben von Werken des heiligen Augustinus, als der Katalog nachweist. Neben den drei *Opera* verzeichnet er in insgesamt 49 Bänden, davon 33 Sammelbänden, die auch Werke anderer Autoren enthalten, folgende Werke, darunter weiterhin auch pseudo-augustinische Texte: *De immortalitate animae*. Köln 1528[88]; vier Ausgaben von *De civitate Dei*, darunter eine deutschsprachige[89], fünf Ausgaben der *Confessiones* aus dem 17. Jahrhundert, davon eine italienische[90], *De conflictu vitiorum et virtutum*. Leipzig, München [1519][91]; drei Ausgaben der *Doctrina Christiana*"[92], drei Ausgaben

83 Cod. st 27, 30r–32r. Zum Wert dieses Katalogs vgl. die Kritik des Rebdorfer Stiftsbibliothekars Maximilian Münch im Schreiben an den Eichstätter Fürstbischof vom 11. März 1773, siehe Littger 2000, 138.

84 Nr. 11: *Libellus aureus de fide et operibus* in einer Ausgabe der *Etymologiae* des Isidor von Sevilla (39r, *2°316*); Nr. 12: *Liber de conflictu vitiorum et virtutum* in Sallusts *Opera de bellis Romanis* (337r, *2°762*); Nr. 13: *Soliloquium* in Hieronymus' *Liber de viris illustribus* (316r, *2°366*) und ebd., Nr. 26: *Liber de anima*.

85 *04/1 B II 142–148.*

86 *04/1 B II 170.*

87 *B VII 529d.*

88 VD16 ZV 24258.

89 [...] *cum commentariis Thome Valois et Nicolai Triveth, necnon additionibus Jacobi Passavantii, atque theologicis veritatibus Francisci Maronis.* Basel 1515 [VD16 A 4245]; [...] *magnis sudoribus eme[n]datum [...] per virum [...] Ioan. Lodovicu[m] Vivem Valentinu[m],* [...]. Basel 1522 [VD 16 A 4181]; eine vom hl. Thomas von Aquin kommentierte Ausgabe (o.O. u. J.) und eine deutschsprachige Ausgabe. Regensburg 1666.

90 [...] *opera R. P. Henrici Sommalij è Societate Iesv ex M. SS. codicibus nouissimè emendati. Accessit Confessio Theologica tripartita* [...]. Köln 1619 [VD17 3:008032B]; [...] *ab Henrico Wangnereck [...], Notis Ad Usum Fructumque Idoneis, Novisque Capitum Summariis illustratae.* Dillingen 1631 [VD17 12:644408H]; [...] *cum Notis R. P. Henrici Wangnereck* [...]. Köln 1646 [VD17 1:072213D]; [...]. Antwerpen 1650; eine italienischsprachige. Rom 1665.

91 VD16 ZV 483.

92 [...] *omnibus qui sacra[m] scriptura[m] vel recte intelligere vel fructuose predicare volu[n]t.* [...]. Leipzig 1515 [VD16 A

von *De ebrietate vitanda*, davon eine deutschsprachige[93], *Epistolae Asceticae*[94], eine *Epistola* "an Bonifacium den Kayserlichen KriegsGrauen inn Aphrica"[95], zwei Ausgaben der *Epistola 48. ad Vincentium & Epistola 50. ad Bonifacium*[96], *De fide*[97], *De Manichaei Fragm.*[98], ein deutsches *Manuale*[99], sechs Ausgaben der *Meditationes*[100], *De natvra et gratia*[101], zwei *Orationes*[102], *Opera contra Pelagianos.* T. 2. Löwen 1555, *Precatio pro conversione quorumvis infidelium.* Mainz 1544, *Sermo de S. Cypriano martyre.* Köln 1525, *Sermones ad heremitas.* o.O. u.J., *Sermones Inediti.* Wien 1792[103], *Sententiae Ex Omnibus Eius Operibus a S. Prospero.* Helmstedt 1613[104], *Sententiae tres notatu dignissimae.* Ursel 1602, *Soliloquia. Libri 2.* o.O. u. J., *De summa trinitate.* Basel 1515.[105] Bei diesen Titeln handelt es sich durchweg um Ausgaben älteren Datums. Neu sind nur die vom Wiener Hofbibliothekar Michael Denis zusammengestellten, 1792 bei Trattner in Wien erschienenen *Sermones Inediti. Admixtis Quibusdam Dubiis e Membranis Sec. XII. Biblioth. Palat. Vindob.* Ihre Erwerbung durch die Eichstätter Hofbi-

---

4195]; [...] *omnibus sacram scripturam,uel recte intelligere, uel fructuose populo proponere uolentibus, per[qui] et utiles et neceassarij.* Köln 1527 [VD16 A 4197]; [...] *ed. Prima Prodiit Anno MDCXXIX, Nvnc Svccedit Altera. De Fide Et Symbolo Liber Vnvs: Vincentii Lerinensis Commonitorivm. Georgivs Calixtvs Recensvit Et Edidit.* Helmstedt 1655 [VD17 23:258306Z].

93 [...] *tomo decimo ex opere sermonum de tempore. Admonitio ualde grauis, & Christiano homini necessaria, in illis maximè prouincijs, ubi diabolica potandi consuetudo non sine certissima animarum perditione inoleuit.* Dillingen 1556 [VD16 A 4263]; [...]. Lyon 1579; eine deutschsprachige, Dillingen o.J.

94 [...] *opera Et Stvdio* R. P. *Martini De Esparza Artieda.* München 1668 [VD17 23:319362B].

95 *Vom Ampt der oberkait in sachen der religion vnd Gotsdiensts. Ain bericht auß goetlicher schrifft des hailigen alten lerers vnd Bischoffs Augustini an Bonifacium den Kayserlichen KriegsGrauen inn Aphrica. Jns Teütsch gezogen durch Wolfgangum Meüßlin [...]. Mit ainer Vorrede [...] Marti: Buceri.* Augsburg 1535 [VD A 4191].

96 [...] *de latitudine Ecclesiae Dei, & moderata coercitione haereticroum* (angeb. an.: Iusti Calvini Veteracastrensis, *De Unitate Sacrosanctae Romanae Ecclesiae Omnibus amplectenda Epistolarum Catholicarum Volumen Unum*). Mainz 1601 [VD17 547:671478A]; [...]. Mainz 1602 [VD17 12: 109627X].

97 In: *Ysidorus de sectis et no[min]ib[us] haereticorum. Diui augustiani libellus aureus de fide & operibus. S. Hieronymi liber de perpetua gloriosae Virginis Marie virginitate,* [... Hrsg.v. Hieronimus Gebwiler]. Straßburg 1523 [VD16 I 372].

98 Köln 1530.

99 *Manuale. Oder Handbüchlein Deß H. Kirchen-Lehrers Augustini. Von newem auß Latein in Teutsch versetzt.* München 1664 [VD17 12:645352U].

100 [...] *aliorúmque sanctorum antiquorum patrum. Adiectis quibusdam meditationibus ex Bibliotheca Victoriana de sumptis. Quid huic postrema aeditioni accesserit, sequens indicabit pagella.* Lyon 1578; [...] *soliloqvia, et manvale, collatione manv sciptorum exemplarium emendata et annotatis paßim sacrae scripturae allegationibus aucta.* Köln 1598 [VD16 A4294] (2 Ex.!); [...] *opera ac studio* R. P. *Henrici Sommalii* [...]. Douai 1616; [...] *opera ac studio* R. P. *Henrici Sommalii [...]. Meditationes S. Anselmi cum tractatu de humani generis redemptione, D. Bernardi, ad humanae conditionis cognitionem, Idiotae viri docti, de amore diuino.* Köln 1621 [VD17 1:071997V]; [...] *omnia ad mss. exemplaria emendata, & in meliorem ordinem distributa, opera ac studio* R. P. *Henrici Sommalii* [...]. Köln 1621 [VD17 1:071997V].

101 [...]. Nürnberg 1524 [VD16 ZV 24786].

102 *Oratio ad depellendas distractiones inter orandum.* o.O. u.J.; *Oratio pro Sanctos pro adjutorio.* Ingolstadt 1589 (vielleicht: *Litaniae catholicae ad Christvm, beatam Virginem, et Sanctos. Accessit litaniarvm catholicarvm a corrvptelis et calvmniis sectariorum vindicatio.* Ingolstadt 1589 [VD16 K 642].)

103 *Sermones Inediti. Admixtis Quibusdam Dubiis E Membranis Sec. XII. Biblioth. Palat. Vindob. summa fide descripsit, illustravit, indicibus instruxit Michael Denis a Cons. Aul. Aug. et primus ejus Bibliothecae Custos.* Wien: Trattner 1792.

104 *Sententiae Ex Omnibus Eius Operibus a S. Prospero, Ut existimatur, excerptae, quibus perutiles doctrinae pietati vitaeq[ue]; sanctimoniae inseruientes continentur. Studio Joannis a Fuchte [...] denuo ed.* Helmstedt 1613 [VD17 39:143194E].

105 *De summa Trinitate [...]. Cui Theologice, veritates illuminati doctoris Fra[n]cisci Maronis aptissime co[n]nectu[n]tur [...] Directoriu[m] in singulos totius operis libros indice certo congestum.* Basel 1515 [VD16 A 42459].

bliothek im Jahre 1796 stellte ein Kuriosum dar. Der Band gehörte zu etwa 50 Büchern, die aus der zur Versteigerung anstehenden Privatbibliothek des verstorbenen Eichstätter Geheimen Rates und Fränkischen Kreistags-Gesandten Philipp Anton Starkmann vorab vorsorglich „zur Hochfürstl. Hof.Bibliothec beygekauft" worden sind, weil die Zensurkommission vor einer direkten Beschlagnahmung der Werke, deren Inhalt ihr verdächtig erschien, zurückscheute.[106]

Ab 1814 hat Karl Wilhelm Neumayer die insgesamt knapp 23.000 Bände der neuen Provinzialbibliothek in drei Jahren katalogisiert. Augustinus' Werke sind im Alphabetischen Katalog und mit einigen weiteren Titeln im Katalog der beigebundenen Werke erfasst.[107]

5. Augustinus-Drucke im Katalog der Kreisbibliothek Eichstätt (1814/17)

a. aus cod. st 774 (Alphabet. Katalog, Band A), 155^{r}; 156^{v}–167^{v}
155^{r}:
[= cod. st 791, 60^{v}: *6r.4°29*]

04/1 B X 352b

Wie man sich vor dem Schandtlichen Laster der Trunckenhait hüten soll. Drey Predigen deß hailigen Lehrers S. Augustini Darinnen gar ernstliche, vnnd ainem jeden Christen in sonderhait aber in dene[n] Landen da die Teufflische gewonheit des vberschwencklichen zutrinckens vberhand genomen notwendige ermanungen begriffen.
Dillingen: Sebald Mayer [1570]. [19] Bl.; 4° [handschr.: *Edit. 2da*]
Einheitssachtitel: De ebrietate vitanda <dt.>
VD16 A 4270
Prov.: 1569: *J.W.D.B. / Christoff Braun*; OP Eichstätt

---

106 Littger 1994, 152f.

107 Jeweils im 1. Band des Alphabetischer Katalogs (cod. st 774) und des Katalogs der beigebundenen Werke (cod. st 791), ergänzend dazu einzelne Angaben im Systematischen Katalog (Cod st 802, insbesondere Gruppe *8e*). Die in diesen Katalogbänden genannten Augustinus-Inkunabeln werden mitverzeichnet. Offensichtlich nach 1817 erworbene und zugetragene Titel bleiben dagegen unberücksichtigt.
Die Titel des 15. bis 17. Jahrhunderts erhalten, soweit dort nachgewiesen, die Nummern aus GW (*Gesamtkatalog der Wiegendrucke*, hrsg. von der Kommission für den Gesamtkatalog der Wiegendrucke; [später:] hrsg. von der Deutschen Staatsbibliothek zu Berlin; [später:] hrsg. von der Staatsbibliothek zu Berlin – Preußischer Kulturbesitz. Leipzig; [später:] Stuttgart: Hiersemann [u.a.] 1925ff., *http://www.gesamtkatalogderwiegendrucke.de*), VD16 (*Verzeichnis der im deutschen Sprachbereich erschienenen Drucke des XVI. Jahrhunderts.* VD16, hrsg. von der Bayerischen Staatsbibliothek in München. Stuttgart: Hiersemann 1983–2000, *http://www.vd16.de*) resp. VD17 (*http://www.vd17.de*).

156^{v}:

[8e.4°13]
04/1 B II 718–723

Maiora Opera. Libri I–X. Venedig, 1503 [sic! recte: *1552*]
Divi Avrelii Avgvstini Hipponensis Episcopi, Omnivm Opervm. T. I–X. Ad Fidem Vetvstorvm Exemplarivm Svmma Vigilantia Repvrgatorvm A Mendis Innvmeris, Notata In Contextv Et Margine Svis Signis Vetervm Exemplorvm Lectione, [...]. Cui accesserunt libri, epistolae, sermones, et fragmenta aliquot, hactenus nunquam impressa. Additus est et index, [...] copiosior.
Venedig: Ad Signum Spei 1550–1552. 5 Bde
Prov.: Rudolph Clenckius → 1584 Bibliotheca Academiae Ingolstadiensis; Aulica: *P I 43–48*

157^{r}:

[8e, 2°127]

[...] ad Marcellinum de Civitate Dei contra paganos libri duo et viginti [...] cum commentariis Thome Valois et Nicolai Triveth, necnon additionibus Jacobi Passavantii, atque theologicis veritatibus Francisci Maronis. Nuper Basileae, aere et impensis providi viri Johannis Koburger.
Basel: Adam Peter de Langendorff 1515.
VD16 A 4245
vgl. Aulica-Kat.(~1800): *4° M II 145*

157^{v}:

[8e.8°43]
04/1 B II 34

De Ciuitate Dei Libri XXII. Libri XXII. Veterum exemplarium collatione nunc demum castigatissimi facti, eruditissimisque doctissimi Lodovici Vivis Commentariis illustrati. Quorum XII. priores, hac omniu[m] illius Operu[m] Tomi quinti Parte prima continentur: Cum Indice, hac postrema editione castigatißimo ditißimoque facto.
[Genevae:] Iacobvs Stoer 1596.
Prov.: *J.F*[unleserl.] *Wittib Ao 1607*; *Georgius Christoph. Mittner*; *Joan. Paul Mittner* → 1673 *Coll. Eustad.* SJ → Aulica

[dazu, aus cod. st 802 (Systemat. Katalog), **147^{r}:**

[8e.2°58]
04/1 B II 149

Joan. Ludov. Vives, Valentinus: Com[m]entariu[m] in decem libros S. Augustini. Basel: n. Froben 1522
En Habes optime lector absolutissimi doctoris Aurelij Augustini, opus absolutissimum, de Ciuitate Dei, magnis sudoribus eme[n]datum [...] per virum [...] Ioan. Lodovicu[m] Vivem Valentinu[m], [...].
Basel: Frobenius 1522.
VD16 A 4181
Prov.: Valentin Schnotz (Exl.); Aulica
Aulica-Kat.(~1800): *2° P IV 29*

[8e.2°157]

D.AVRELII AVGVSTINI [...] tam in vetvs qvam in nouum Testamentum, Commentarij, ex omnibus eiusdem Lucubrationibus passim,in ordine[m] utriusque capitum, collecti, iam rrimvm in pietatis stvdiosorum gratiam per IOANNEM GASTIVM Brisacensem in lucem editi. Aa haec, Adiectus est in eosdem rerum diligentissimus Index.
Basel: Johannes Herwagen d.Ä. 1542.
VD16 A 4159

158r:

[8e.4°54]
04/1 B II 35

Confessio Avgvstiniana In Libros Qvatuor Distribvta, Et Certis Capitibvs Locorvm Theologicorvm, qui sunt hodie scitu dignissimi, comprehensa: nunc primùm ex omnibus B. Avrelii Avgvstini libris in vnum opus bona fide ac studio singulari redacta per D. Hieronymvm Torrensem, Societatis Iesv Theologum, & Academiae Dilinganae Professorem.
Dillingen: Sebald Mayer 1567.
VD16 A 4172
Prov.: [?]; *Dr. theol. Joannes Jacobus Mechtl*, 1674 → Coll. SJ Eichstätt, 1724 → Aulica

[8e.4°20]

dass. – –

[*8e.2°122*; *A.III.102.*]
04/1 B II 168

dass. – , *1569* [= cod. st 802 (Systemat. Kat.), **104v:**]
Confessio Avgvstiniana In Libros Qvatvor Distribvta, Et Certis Capitibvs Locorvm Theologicorvm, Qvi Svnt Hodie Scitv Dignissimi, Comprehensa: Ex omnibus B. Avrelii Avgvstini libris in vnum opus ... redacta per D. Hieronymvm Torrensem, Societatis Iesv Theologum, & Academiae Dilinganae Professorem. Secvnda Editio Non Solvm Emendatior, Sed Etiam Tertia Parte Iam Avctior Et Locvpletior.
Dillingen: Mayer 1569.
VD16 A 4173
Prov.: Georg Hein, → 1670 Coll. SJ Eichstätt → Aulica: *B V 22*

[8e.12°8]

Confessionum libri tredecim, opera theologorum Lovaniensium ex manuscriptis codicibus multum emendati. [...] Köln: A. Mylius, in officina Birckmannica, 1604.
Prov.: wohl OP Eichstätt

04/1 B II 38a/b

S. Avrel. Avgvstini Confessionvm Libri X. Cum Notis R. P. Henrici Wangereck Soc. Iesu.
Köln: Kalcovius 1646.
VD17 1:072213D
Prov.: *Dr. theol. Joannes Jacobus Mechtl*, 1668 → Coll. SJ Eichstätt, 1724 → Aulica: *12° P I 27c*

158v:

[*8e.12°13*]
04/1 B II 37a/b (?)
D. Avrelii Avgvstini Hipponensis Episcopi Confessionvm Libri Tredecim, Opera R. P. Henrici Sommalij è Societate Iesv ex M. SS. codicibus nouissimè emendati. Accessit Confessio Theologica tripartita [...].
Köln: Mylius 1619.
VD17 3:008032B
Prov.: *Dr. theol. Joannes Jacobus Mechtl*, 1676 –> Coll. SJ Eichstätt, 1724

[*8e.12°35*]
Confessiones S. Aurelii Augustini [...] ab Henrico Wagnereck, [...] notis [...] novisque capitum summariis illustratae.
Dillingen: typis E. Lochner 1630.

[*8e.12°2*]
Confessiones S. Aurelii Augustini / In Exemplum Perfectae Conversionis ad Deum scriptae, Et Ab Henrico Wangnereck Societatis Jesu Theologo, Notis Ad Usum Fructumque Idoneis, Novisque Capitum Summariis illustratae.
Dillingen: Lochner 1631.
VD17 12:644408H
vgl. Aulica-Kat.(~1800): *8° P I 17b*

159r:

[*8e.8°4*]
04/1 B II 36
Divi Avrelii Avgvstini Episcopi Hippon. Confessionvm Libri XIII.
Antwerpen: Moretus 1650.
Prov.: Aulica : *8° P I 5*

[*8e.8°53*]
De consensu quatuor evangelistaru[m]. Köln: Jo. Gymnil[us](?)
Divi AVRELII AVGVSTINI [...] De consensv qvattvor evangelistarvm, libri IIII.
Köln: [Johann Gymnich I.] 1529.
VD16 A 4189

[*8e.2°110*]
Libri quatuor de doctrina christ[ia]na. Leipzig: Off. Melchiaris
Quattuor diui Augustini Libri de Doctrina Christiana, omnibus qui sacra[m] scriptura[m] vel recte intelligere vel fructuose predicare volu[n]t. [...]
Leipzig: Melchiaris Lotteri 1515.
VD16 A 4195
Aulica-Kat.(~1800): *2° P V 12*

[8e.8°23b]
B II 64b

Sancti Patris Et Doctoris Avrelii Avgvstini Episcopi Hipponensis De Doctrina Christiana Libri IV. Editio Prima Prodiit Anno MDCXXIX, Nvnc Svccedit Altera. De Fide Et Symbolo Liber Vnvs: Vincentii Lerinensis Commonitorivm. Georgivs Calixtvs Recensvit Et Edidit.
Helmstedt: Muller 1655.
VD17 23:258306Z
Prov.: Aulica: *P I 18*

159ᵛ:

[8e.8°34]

DIVI AVRELII AVGVSTINI De Doctrina Christiana libri quatuor,omnibus sacram scripturam,uel recte intelligere,uel fructuose populo proponere uolentibus,per[qui] et utiles et neceassarij.
Köln: Fuchs, Hero 1527.
VD16 A 4197
Aulica-Kat.(~1800): *8° P I 49b*

[8e.8°16]
04/1 B II 39

Enchiridion S. Augustini ad Laurentiu[m], sive de Fide, Spe, et Charit[a]te liber. Dillingen: Broenner 1787 [sic! recte *1777*]
Enchiridion Ad Laurentium Sive De Fide, Spe, Et Caritate. Liber Unus, Quem D.D. Sodalibus Congregatio Major Academica Dilingana Xenii Vicem D.D.D. [Hrsg. von Joan. Evangelist Reiß].
Dillingen: Typis Joannis Leonardi Brönner alae Episcopalis Universitatis Typographi 1777.
Prov.: Dr. iur utr. *Iosephus Iacobus Henericus de Battis*, 1769[Exl.]; *Franciscus Josephus Christianus Weinkammer*, 1777, 3.5.; wohl mit de Battis Nachlass → OP Eichstätt

[8e. 2°9]

INKUNABEL (GW ?): Epistolae, et liber de ca[ri]t[a]te. 1479

160ʳ:

[8e.2°163]

INK (GW 2906): *Liber epistolarum.*
Basel: Joan. de Amerbach 1493.

[8e.2°168]

dass. – –
Oper. Joan de Amerbach 1593 [sic! recte wohl 1493].
[wohl INKUNABEL, s.o.]

[8e.12°6]
04/1 B II 41

Epistolae Asceticae D. Avrelii Augustini Hippon. Episcopi Excerptae Atque idoneo ordine distributae ad commodum, ac salutatarem[!] piarum mentium usum, Opera Et Stvdio R. P. Martini De Esparza Artieda Theologi Societatis Jesu.
München: Joh. Wagner, Typis Mariae Magdalenae Schell Wwe 1668.
VD17 23:319362B
Prov.: *Dr. theol. Joannes Jacobus Mechtl*, 1668 –> Coll. SJ Eichstätt, 1724 → Aulica: *12° P I 25c*

160ᵛ:

[8e.4°56]
B II 40

S. Aurelii Augustini Hipponensis Episcopi Et Aliorum Quorundam Ad Ipsum Vel Eius Caussa Scriptae Epistolae CCLXXIIX. Cum Appendice suppositiarum, Variis lectionibus, aliis'que Marginalibus & Indicibus utilissimis seorsum editae curâ Lucae Friederici Reinharti Theol. In Univ. Altdorffina P.P. Et Ecclesiae Ibid. Ministri.
Altdorf: Schönnerstaedt 1668.
VD17 12:640447K
Prov.: Aulica

[8e.2°27]
04/1B II 134

Ad Optatum Episcopum Milevitanum De Natura Et Origine Animae Epistola Secunda; Ac De Poenis Parvulorum, Qui Sine Baptismo Decedunt, Epistola Altera [u.a.]. Nec non Indiculus [...] editus, et [...] recognitus, et collatuscum Codicibus MSS. Veronensi, ac Vaticano Reginae Sveciae.
Venedig: Albrizzi 1735.

[8e.2°159]

Expositio in S. Joannem.

161ʳ:

[8e.2°162]

INK (wohl GW 2909): *Expositiones in totum Psalteriu[m]. Basel: Joan de Amerbach 1489*

[8e.2°19]

Contra haereticos, et in Psalmos. T. VII. VIII. Paris; Carol. Guillard Wwe. 1555
Omnium operum. T. 1–10 in 6 Vol. Paris: apud C. Guillard viduum C. Chevallonii et G. Desboys 1555.

[8e.2°21]

Index o[mn]iu[m], quae insigniter dicta sunt à S. Augustino. T. II. Basel: Frobenius 1529
[zur Werkausgabe Basel: Frobenius 1528/29, s.u.]
s. VD16 A 4148

161ᵛ:

[8e.8°15]
04/1 B II 42a

Meditationes, et Soliloquia. [o.O.]
Divi Avrelii Avgvstini Episcopi Hippon Meditationvm Libri.
Douai 1607.
Prov.: *HOR*; OP Eichstätt

04/1 B II 45a

dass. [= 167ʳ: *Soliloquia*]
Divi Avrelii Avgvstini Hipponensis Episcopi Meditationes, Soliloqvia Et Manuale. Omnia ad mss. exemplaria emendata, et in meliorem ordinem distributa, opera ac studio R. P. Henrici Sommalii Societatis Jesv Theologi. Meditationes S. Anselmi cum tractatu de humani generis redemptione, D. Bernardi, ad humanae conditionis cognitionem, Idiotae viri docti, de amore diuino.
Köln: Butgenius 1621.
VD17 1:071997V
Prov.: Weihbf. Wilhelm Ludwig *Benz* → 1683 Coll. SJ Eichstätt → Aulica: *12° P I 6b*

[8e.12°28]
04/1 B II 43

Meditationes S. Avgvstini, Et S. Bernardi, Aliorúmque sanctorum antiquorum patrum. Adiectis quibusdam meditationibus ex Bibliotheca Victoriana de sumptis. Quid huic postrema aeditioni accesserit, sequens indicabit pagella.
Lyon: Gryphius 1578.
Prov.: *Georgius Christoph. Mittner*; *Joan. Paul Mittner* → 1673 *Coll. Eustad.* SJ → Aulica: *12° P I 37c*

162ʳ:

[8e.12°3]

Meditationes S. Augustini et S. Bernardi, aliorumque sanctorum antiquorum patrum : adjectis quibusdam meditationibus ex Bibliotheca Victoriana desumptis
Lyon: Gryphius 1587.

[8e.12°31]
04/1 B VIII 316a

Divi Avrelii Avgvstini Hipponensis Episcopi Meditationes, Soliloquia et manuale. Meditationes B. Anselmi cu[m] tractatu de humani generis redemptione. D. Bernardi Idiotae viri docti, de amore diuino. Omnia ad mss. exemplaria emendata [...] opera ac studio R. P. Henrici Sommalii Societatis Iesv Theologi.
Douai: Beller 1616.
Prov.: Coll SJ Eichstätt, 1699 → Aulica: 12° P I 19c

[8e.2°52]
04/1 B II 150

Milleloqvivm Veritatis. In quo vnici illius Augustini doctrina mille titulis seu locis communibus in ordinem alphabeticum redactis, [...]. Opus vt antehac nunquam excûsum, [...] Acceßit Elenchus titulorum [...]. À Bartholomaeo De Vrbino Digestvm.
Lyon: Ad Salamandrae, apud Senetonios fratres 1555.
Prov.: Weihbf. Leonhart Haller; Aulica: *2° P IV 19* (? – vgl. u., 163v, 1. Titel)

162v:

[8e.8°32]

[identisch mit: *De natvra* 167r: ?]
De natvra et gratia liber vnvs (De spiritv et litera liber vnvs.)
Nürnberg: [Johann Petreius] 1524.
VD16 ZV 24786
Aulica-Kat.(~1800): *8° P I 37b*

[8e.2°164]

Opera. T. I–X et Index. Basel (T.VII: 1505; VIII: Joan. Tres, Petrus Amerbachius et Froben)
1.–11. pars librorum diui Aurelij Augustini [... Hrsg. von Ioannes Amorbachius].
Basel: Amorbach & Froben [dat.:] T. VII: 1505.
VD16 A 4147

[8e.2°94]
04/1 B II 160–166

Opera. T. I.–III., V.–X. Basel: Froben 1529
D. Aurelii Augustini Hipponensis Episcopi, Omnium Operum. T. 2/3, 4, 5/6, 7, 8, 9, 10
Basel: Froben 1528–1529.
VD16 A 4148
Prov.: *Ioannes Ecker* (Exl.); Carmel. Straubing

163r:

[8e.2°15]

Opera. T. III. IX. Paris: Claud. Chevalloniu, 1531
Omnium Operum T. I.–X (in 5 + 1 Index-Bd, s.u.). Ed. Jacobus Haemer, cum praefatione D. Erasmi et indice F. Bourgoini.
Paris: Chevallonius 1531–1532. *2°*

[8e.2°89]

Index operu[m]. Paris: Claud. Chevallonius 1532
[s o.: Index-Bd]

[8e.4°13]

Opera. T. I.–X. Venedig: Ad Signum Spei 1552
Divi Aurelii Augustini Hipponensis episcopi omnium operum. T. 1–11 [10 T. + Index]. [(Hrsg. von) Erasmus Roterodamus].
Venedig: Ad Signum Spei 1550–1552.
Aulica-Kat.(~1800): *2° P I 43–48*

163v:

[8e.2°41]

Opera. T. I.–X. Una cum indice. Paris: Carola Guillard
[wohl die Ausgabe ebd., 1555,
s. Katalog der Aulica ca. 1800, cod. st 26,9r: *2°IV14–18*]

[8e.2°21]
04/1 B II 142–148

Opera. Per theologos Lovanienses repurgata. T. I.–X cum indice. Paris, 1586
D. Avrelii Avgvstini Hipponensis Episcopi Opervm, T. 1/2, 3/4, 5/6, 7, 8/9, 10,1, 10,2. Ex vetustissimis manuscriptis Codicibus per Theologos Lovanienses ab innumeris erroribus repurgatus. Quorum diligentiam, et vtilissimum laborem, indicant Castigationes, quae pleraeque per eodem ad calcem Tomi huius succincta breuitate sunt annotatae.
Paris 1586.
Prov.: FB Martin von Schaumberg (Supralibros); Coll. SJ Eichstätt, 1640 → Aulica

[8e.2°28]
04/1 B II 135–141

Opera. Studio monach. Congreg. S. Mauri. T. I.–VIII, X. Venedig: Abrizzius, 1729
Sancti Aurelii Augustini Hipponensis Episcopi Operum T. 1/2, 3, 4, 5, 6/7, 8/9, 10/App. Post Lovaniensium Theologorum recensionem castigatus denuo ad manuscriptos codices Gallicanos, Vaticanos, Anglicanos, Belgicos &c. nec non ad editiones antiquiores & castigatiores. Opera Et Studio Monachorum Ordinis Sancti Benedicti e Congregatione Sancti Mauri.
Venedig: Albrizzi 1729–1733.
Prov.: [?] Augustinerchorherrenstift Rebdorf [?]

164r:

[8e.4°3]

Sancti Aurelii Augustini Hipponensis Episcopi Operum Tomus [...]. Post Lovaniensium Theologorum recensionem castigatus denuo ad manuscriptos codices Gallicanos, [...] nec non ad editiones antiquiores & castigatiores. Opera Et Studio Monachorum Ordinis Sancti Benedicti È Congregatione Sancti Mauri. Secunda ed. Veneta. 18 Bde.
Venedig: Albritius 1756–1769.
Prov.: wohl OP Eichstätt

[8e.4°27]

INK (GW 2864): *Diversa opera in uno libro. Venedig: De Bonetis Andr. Martin de Sapia 1484*

[8e.2°160]

INK (GW 2865): *Dass. Cum vita ejusd. à Possidonio(?) Descripta. Straßburg: Martin Flach 1489*

164v:

[8e.2°152]

Omnivm opervm [...], Epitome, et quid uir ille de Ecclesiae sacramentis [...] docuerit, per Ioannem Piscatorium Lithopolitanum [...] comportatum.
Augsburg: Steyner 1537.
VD16 A 4156
Prov.: wohl OP Eichstätt

[8e.2°120]
04/1 B II 170

Epitome Omnivm Opervm Divi Avrelii Avgvstini, Episcopi Hipponensis, primum quidem per Iohannem Piscatorium compendiaria quadam via collecta. Nunc autem diligentius recognita, [...] aucta & locupletata per Iohannem Pessellium Tylanum Theologum, ordinis praedicatorum per Germaniam superiorem Prouincialem.
Köln: Novesianus 1549.
VD16 A 4164
Prov.: Aulica

[8e.2°196]

INK (GW 2865, s.o.): *Opuscula varia. Cum vita ejuisd.à Possidon. Descripta. Straßburg: Martin Flach 1489*

165r:

[8e.4°11]

INK (GW 2868): *Opuscula. Straßburg 1491*

[8e.2°153]

INK (GW 2909): *Explanatio Psalmorum. Basel: Joan de Amerbach 1489*

[8e.8°6]

Contra Pelagianos. T. II. Löwen: Barthol. Gravi[us] 1555
Opera contra Pelagianos in duos tomos digesta et a plurimis mendis [...] repurgata. Bd 2.
Löwen: Gravius 1555.
Aulica-Kat.(~1800): *8° P I 74*

165ᵛ:

[*8e.2°82*]

Com[m]entar. In Psalmos. Antwerpen: Engelbert Gymnic[us] 1662
Divi Aurelii Augustini Hipponensis Episcopi Opus continens enarrationes in Psalmos. Opera Doctorum Lovaniensium ad MS. exemplaria castigatum. Versuumque ad marginem distinctione nunc primum addita locupletatum.
Antwerpen: Gymnicus 1662.
Prov.: wohl OP Eichstätt

[*8u.12°127*]

Regula d. Pat. S. Augustini. Ingolstadt: Eder 1616
Prov.: Aulica

P II 562

dass. et constitutiones f.O.praed, Paris 1625
Regvla B. Avgvstini Episcopi, et Constitvtiones FF. et Sororum Ordinis Praedicatorum. [...] Accessit Epistola S.P.N. Dominici ad FF. Ordinis [...], ex Anton.
Paris: Chappelet 1625.
Prov.: [?] Augustinerchorherrenstift Rebdorf [?]

P II 561

dass. Rom 1690
Regvla S. Avgvstini et Constitvtiones FF. Ordinis Praedicatorvm. Nunc recenter reimpressae.
Rom: Tynasius 1690.
Prov.: OP Eichstätt

[*8e.4°30*]
INK (GW 2864): *Liber de vera religione, de clericorum vita, moribusque. Venedig: And. de Bonefi 1484*

166ʳ:

[*8e.2°154*]
INK (GW ?, vgl. u.): *Sermones de T[em]pore, et Sanctis.*

[*8e.2°155*]
INK (GW ?, vgl. u.): *dass.*

[*8e.2°192*]
INK (GW 2920, T. 6 u. 7): *dass. Basel: Magister Jo. de Amerbach 1495*

166ᵛ:

[*8e.4°48*]

Sermones ad eremitas.
Aulica-Kat.(~1800): *4° P I 51*

[8e.4°35]

INK (GW ?): *dass. Köln: Hen. Quentel 1498*

04/1 B II 47

Divi P. Aurelij Augustini Regula. Cum aliquot utilissimis, & tum Novitiorum necessariae Institutioni peropportunis tum aliorum quorumcunque Religiosorum, maximè sub S. Augustini Regula Deo militantium Perfectioni accommodatis Instructionibus & Appendicibus Recens in lucem data Per R. D. Joannem Stirm Imper. Coll. Creuzlingani Canonicorum Regularium Capitularem.
Konstanz: Straub 1702.
Prov.: OP Eichstätt

04/1 B II 48a

Regvla D. Avrelii Avgvstini, Ugonis De S. Victore, Et Vmberti, Qvinti Ordinis Praedicatorvm Generalis Magistri, Commentariis Doctissimis illustrata. Opvs, Vt Antiqvvm, Ita Div Desideratvm, Omnibvsqve Religiosae vitae institutis valde accommodatum. Nunc vero singulari methodo, ac diligentia editum. Adivncta Est Praeterea Eivsdem Vmberti Ervditissima Epistola, de tribus Religiosorum virorum votis.
Dillingen: Mayer 1581.
VD16 A 4233
Prov.: *Dr. theol. Joannes Jacobus Mechtl* → Coll. SJ Eichstätt, 1724

[8u.4°22]
B VII 529d

De Ebrietate Vitanda D. Avrelii Avgvstini Hipponensis Episcopi, Tomo decimo ex opere sermonum de tempore. Admonitio ualde grauis, & Christiano homini necessaria, in illis maximè prouincijs, ubi diabolica potandi consuetudo non sine certissima animarum perditione inoleuit.
Dillingen: Mayer 1556.
VD16 A 4263
Prov.: ? (restauriert, ehemals gekälkter Rücken, daher vielleicht Coll. SJ Eichstätt)
(Aulica-Kat.(~1800): *4° H III 135*)

[8e.2°24]
04/1 B II 269

Sancti Aurelii Augustini Hipponensis Episcopi Sermones Inediti Admixtis Quibusdam Dubiis. E Membranis Sec. XII. Biblioth. Palat. Vindob. summa fide descripsit, illustravit, indicibus instruxit Michael Denis a Cons. Aul. Aug. et primus ejus Bibliothecae Custos.
Wien: Trattner 1792.
Prov.: Bischöfl. Geh.Rat, Gesandter b. Fränk.Kreis Philipp Anton Starkmann, 1796 → Aulica: *2° P V 23*

167^{r}:

[*8e.12°11*]
04/1 B II 45a]

Divi Aurelii Augustini Hipponensis Episcopi Meditationes, Soliloquia & Manuale. Meditationes. B. Anselmi cum tractatu de humani generis redemptione. D. Bernardi, ad humanae conditionis cognitionem. Idiotae viri docti, de amore divino. Omnia ad mss. exemplaria emendata, & in meliorem ordinem distributa / opera ac studio R. P. Henrici Sommalii Societatis Jesu Theologi.
Köln: Butgenius 1621.
VD17 1:071997V
[wohl dass. wie o, 161^{v}: Aulica-Kat.(~1800): *12° P I 6b*]

[*8e.12°29*]

dass. Köln: Cornel. Egmont 1649
Divi Aurelii Augustini Hippon. Episcopi Meditationes, Soliloquia et Manuale. Meditationes B. Anselmi cum tractatu de humani generis redemptione D. Bernardi Idiotae viri docti de amore divino. Omnia ad Mss. exempla emend. & in meliorem ord. distributa / opera ac studio. R. P. Henrici Sommalii Societatis Jesu Theologi.
Köln: Egmond 1649.
VD17 1:072023Z
Aulica-Kat.(~1800): *12° P I 20c*

04/1 B II 46a

[identisch mit: 162^{v}: *8e.8°32?*]
Divi Avrelii Avgvstini De Natvra Et Gratia Liber Vnvs. Item De Spiritu Et Litera liber unus.
Nürnberg: [Petreius] 1524.
VD16 A 4222
Prov.: Weihbf. Leonhart Haller, Aulica: *P I 37b*

04/1 B II 46b

Divi Avrelii Avgvstini De Spiritv et Litera Liber vnvs.
Nürnberg: [Petreius] 1524.
VD16 A 4222
Prov.: Weihbf. Leonhart Haller, Aulica (*P I 37b*)

04/1 B VII 458b

Manvale S. Avgvtini [sic!], Das ist. Ein handbüechlin von der Betrachtung Christi / oder seines worts / mit welchem die faule gedechtnuss zuo himlischen verlanngen vnd begirden frisch vnd ernewert wirdt. Zuo München verteutschets auss dem Latein M. Casparus Macer von Weismain.
München: Schobser 1555.
VD16 A 4286
Prov.: OP Eichstätt

[*8e.2°81*]

INK (GW 2926 oder 2927): *De Sanctiss. Trinitate. 1489*

167v:

[*8e.2°130*]

INK (GW 2928): *Liber de Sanctissima Trinitate. 1490*

[*8e.2°182*]

INK (GW 2929): *dass. Freiburg 1494*

[*8e.2°107*]

Diui Aurelij Au/||gustini Hipponensis episcopi || de summa Trinitate [...] || Cui Theologice; veritates || illuminati doctoris Frãcisci Maronis aptissime cõnectu~tur.|| [...] Directoriu~ in singulos totius ope/||ris libros indice certo congestum.|
Basel: Adam Peter de Langendorff 1515.
VD16 A 42459
Aulica-Kat.(~1800): *2° P IV 30*

b. aus cod. st 791 (Band 1 des Katalogs der beigebundenen Werke), 59r–60v

59r:

[*8e.2°176*]

De animae quantitate. Expl. Vetustiss. (*Vid. S. Hierony. 4*)
Aulica-Kat.(~1800): *2°P III 37*

[*8e.12°7*]

Confessio theologica Collecta ex Confessionum lib. S. Augustini
Jtem Succincta expositio missae Romanae
Köln 1505 [sic, recte: 1604]. (*Vid. S. Augustin. 2*)
Prov.: wohl OP Eichstätt

[*2d.2°144*]

Liber de conflictu Vitioru[m], et Virtutu[m]
Ad Calc. Laus Deo (*Vid. Sallusti[us] 4*)
Aulica-Kat.(~1800): *2°K IV 183*

59v:

[*8e.4°23*]

De Doctrina Christiana Libri IV. De Fide Et Symbolo Liber Unus: Vincentii Lerinensis Commonitorium Georgius Calixtus recensuit & edidit.
Helmstedt: Müller 1629. (*Vid. S. Cyprian[us] 2*)
VD17 39:143288K

[8u.4°22]

De ebrietate Vitanda. Sermo ex S. Augustin. operu[m] Tomo X.
Dillingen: Jgnat. Mayer 1556. (*Vid. Sacerdos 12*)

[8w.4°102]
B VII 529d

De ebrietate Vitanda.
Dillingen: Sebald Mayer 1556. (*Vid. Geiler 6*)
Aulica-Kat.(~1800): *4°H III 135*
[s.o., cod. st 774, 166[v]]

60[r]:

[8e.4°29]

Co[n]tenta in hoc libello Ysidorus de sectis et no[min]ib[us] haereticorum. Diui augustiani libellus au|| reus de fide & operibus. S.Hieronymi liber de perpetua gloriosae Virginis Marie; virginitate, Epistola eiusdem co[n]tra vigilantiu[m] de venerandis sanctorum reliquijs. [Hrsg.v.(Hieronimus Gebwi||ler)]
Straßburg : Grüninger, Johann 1523. (*Vid. Jsidorus 2*)
VD16 I 372

[8e.8°40]

INK (GW 2972): *Meditationes, Soliloquia, et manuale. Brixen: Angelus Brittanicus de Galla[?] 1498 (Vid. Bonaventura 2*)

[5m.8°17]

Metamorphosis divinae gratiae. Sive S. Augustin[us]. In Scenam dat[us]
Eichstätt 1726
[J.G. Suttner: Bibliotheca Eystettensis Dioecesana. Eichstätt, 1866, 45 Nr. 725b]

60[v]:

[62 [6r?].4°29]
04/1 B X 352b

Drey Predigten des heiligen Augustin gegen Trunkenheit.Dillingen: Sebald Mayer [?] (*Vid. Erasm[us] rot. 9)*
[s.o., cod. st 774, 155[r]]

[8e. 2°176]

Soliloquiu[m]. Expl. Vetustiss. (*Vid. Hierony. 2*)

[8bb. 4°82]

Des S. Augustinus an den Marcellinus wider die Ungläubigen Heiden von der Stadt Gottes: Erstes Buch Durch H. N. S. V. S.
Regentz 1666. (*Vid. Banth 17*)
[VD17 00]

Literatur:

R. Berndt, „Hugo von St-Victor“, in: *Lexikon für Theologie und Kirche* 5, ³1996, 311f.

B. Blumenkranz, „La survie médiévale de saint Augustin à travers ses apocryphes“, in: *Augustinus Magister*. Paris: Etudes Augustiniennes 1954, 1003–1018.

L. Ceyssens, „Le ›Saint Augustin‹ du XVIIe siècle: L'édition de Louvain (1577)“, in: *XVIIe siècle. Revue publiée par la Société d'Étude de XVIIe siècle* 34 (1982), 103–120.

F. Courth, *Trinität. In der Scholastik*. Freiburg: Herder 1985.

E. Dekkers, „Le succès étonnant des écrits pseudo-augustiniens au Moyen Age“, in: *Fälschungen im Mittelalter V*. Hannover: Hahn 1988, 361–368.

E. Dekkers, *Clavis Patrum Latinorum*. Steenbrugge: Brepols ³1995.

M. Fink-Lang, *Untersuchungen zum Eichstätter Geistesleben im Zeitalter des Humanismus*. Regensburg: Pustet 1985.

A. Friedel, *Die Bibliothek der Abtei St. Walburg zu Eichstätt*. Wiesbaden: Harrassowitz 2000.

M. Grabmann, „Dr. Franz von Paula Morgott als Thomist. Ein Beitrag zur Theologiegeschichte des 19. Jahrhunderts“, in: *Jahrbuch für Philosophie und spekulative Theologie* 15 (1901), 46–79 (auch separat Paderborn: Schöningh 1900).

M. Grabmann, „Augustins Lehre von Glauben und Wissen und ihr Einfluss auf das mittelalterliche Denken“, in: M. Grabmann/J. Mausbach (Hg.), *Aurelius Augustinus*. Köln: Bachem 1930.

M. Grabmann, *Die Geschichte der katholischen Theologie seit dem Ausgang der Väterzeit*. Freiburg: Herder ²1961.

H. Hilg, *Die mittelalterlichen Handschriften der Universitätsbibliothek Eichstätt, 1. Band*. Wiesbaden: Harrassowitz 1994.

J. Höcherl, „Rebdorfs Kanoniker der Windesheimer Zeit 1458–1853“, in: *Sammelblatt des Historischen Vereins Eichstätt* 85 (1992), 3–206.

I. Hubay, *Incunabula der Staats- und Stadtbibliothek Augsburg*. Wiesbaden: Harrassowitz 1974.

K.H. Keller, *Die mittelalterlichen Handschriften der Universitätsbibliothek Eichstätt, 2. Band*. Wiesbaden: Harrassowitz 1999.

K.H. Keller, *Die mittelalterlichen Handschriften der Universitätsbibliothek Eichstätt, 3. Band*. Wiesbaden: Harrassowitz 2004.

M. de Kroon, „Pseudo-Augustin im Mittelalter. Entwurf eines Forschungsberichtes“, in: *Augustiniana* 22 (1972), 511–530.

M. Lamberigts (Hg.), *L'Augustinisme à l'ancienne faculté de théologie de Louvain*. Leuven: University Press 1994.

J. Lechner, *Die spätmittelalterliche Handschriftengeschichte der Benediktinerinnenabtei St. Walburg/Eichstätt (By.)*. Münster: Aschendorff 1937.

K.W. Littger, *Die Bibliothek des Bischöflichen Seminars St. Willibald. Aus 250 Jahren Eichstätter Bibliotheksgeschichte. Ausstellungskatalog und Bibliothekskatalog von 1745*. Eichstätt Universitätsbibliothek 1993.

K.W. Littger, „Die Säkularisierung der Eichstätter Bibliotheken“, in: *Sammelblatt des Historischen Vereins Eichstätt* 87 (1994), 149–165.

K.W. Littger, „Eichstätt 1: Universitätsbibliothek“, in: B. Fabian (Hg.), *Handbuch der Historischen Buchbestände in Deutschland. Bd. 11*. Hildesheim [u.a.]: Olms-Weidmann 1997, 216–240.

K.W. Littger, „Die Bibliothek des Augustiner-Chorherrenstifts Rebdorf", in: H. Grünke (Hg.), *Kloster und Bibliothek. Zur Geschichte des Bibliothekswesens der Augustiner-Chorherren in der Frühen Neuzeit. Tagung der Akademie der Augustiner-Chorherren von Windesheim vom 12. bis zum 14. November 1998 in der Benediktinerinnenabtei Mariendonk bei Kempen.* Paring: Augustiner-Chorherren-Verlag 2000, 34 (= Publikationen der Akademie der Augustiner-Chorherren von Windesheim 2).

Petrus Lombardus, *Sententiae in IV libros distinctae.* Grottaferrata: Collegium S. Bonaventurae [3]1971–1981.

J. Machielsen (Hg.), *Clavis patristica pseudepigraphorum medii aevi*, Vol. I A. Turnhout: Brepols 1990.

J. Machielsen (Hg.), *Clavis patristica pseudepigraphorum medii aevi*, Vol. II A. Turnhout: Brepols 1994.

J. Machielsen (Hg.), *Clavis patristica pseudepigraphorum medii aevi*, Vol. II B. Turnhout: Brepols 1994.

J. Machielsen (Hg.), *Clavis patristica pseudepigraphorum medii aevi*, Vol. III A. Turnhout: Brepols 2003.

E. Naab, „›Thomismus‹ am Eichstätter Lyzeum?", in: A. Gläßer (Hg.), *Veritati et Vitae I.* Regensburg: Pustet 1993, 73–103.

E. Naab, *Augustinus: Über Schau und Gegenwart des unsichtbaren Gottes.* Stuttgart-Bad Cannstatt: Fromann-Holzboog 1998.

E. Naab, *Die Gegenwart Gottes in der Gnade.* Regensburg: Pustet 2002.

E. Naab, „Ernst, Joseph" in: *Biographisch-Bibliographisches Kirchenlexikon* 30 (2009) 367–369.

E. Naab, „Intentionen der Theologie in Eichstätt auf dem Weg vom Collegium Willibaldinum zur Katholischen Universität", in: E. Naab/C. Böttigheimer (Hg.), *Den Glauben nicht beherrschen, doch eure Freude unterstützen.* St. Ottilien: eos 2008, 47–69.

G. de Plinval, „Recherches sur l'œuvre littéraire de Pélage", in: *Revue de philologie, de littérature et d'histoire anciennes* 60 (1934), 9–42.

„Rebdorf", in: F.K.G. Hirsching (Hg.), *Versuch einer Beschreibung sehenswürdiger Bibliotheken Teutschlands nach alphabetischer Ordnung der Oerter.* Bd 3,2. Erlangen: Palm 1790, 473–567.

E. Reiter, „Marquard Schenk von Castell", in: E. Gatz (Hg.), *Die Bischöfe des Heiligen Römischen Reiches (1648–1803).* Berlin: Duncker & Humblot 1990, 419–421.

Richard von St-Victor, „*De statu interioris hominis*". Ed. J. Ribailler, in: *Archives d'Histoire doctrinale et littéraire du Moyen-âge* 42 (1967), 1–128; PL 196, 1115–1160

Richard von St-Victor, *De trinitate.* Ed. J. Ribaillier. Paris: Vrin 1958.

Richard von St-Victor, *De trinitate.* Übersetzt von H.U. von Balthasar. Einsiedeln: Johannes 1980.

P. Ruf, *Mittelalterliche Bibliothekskataloge Deutschlands und der Schweiz 3.2: Bistum Eichstätt.* München: Beck 1933, 257–316 (Handschrift Cod. sm 116).

A. Schmid, „Martin von Schaumberg", in: E. Gatz (Hg.), *Die Bischöfe des Heiligen Römischen Reiches. 1448 bis 1648.* Berlin: Duncker & Humblot 1996, 621f.

K.B. Steinhauser, „Manuscripts", in: A.D. Fritzgerald, *Augustine through the Ages. An Encyclopedia.* Grand Rapids: William B. Erdmans 1999, 525–533.

[A. Strauß], *Monumenta typographica, quae exstant in Bibliotheca Collegii Canonicorum Regularium in Rebdorf.* Eichstätt: Schmid 1787.

A. Strauß, *Opera Rariora, Qvae Latitant In Bibliotheca Canon. Reg. Collegiatae Ecclesiae Ad S. Ioannem Baptistam In Rebdorf. Collegit, Notis Illvstravit Et Edidit Eivsdem Collegii Bibliothecarivs.* Eichstätt: Schmid 1790.

J.G. Suttner, *Bibliotheca Eystettensis Dioecesana. Ein Beitrag zur Herstellung von Annalen der Litteratur des Bisthums Eichstätt.* Eichstätt 1866–67.

O. Wermelinger, „Neuere Forschungskontroversen um Augustinus und Pelagius“, in: C. Mayer/K.H. Chelius (Hg.), *Internationales Symposion über den Stand der Augustinus-Forschung vom 12. bis 16. April 1987.* Würzburg: Augustinus 1989, 189–217.

A. Wilmart, *Miscellanea Agostiniana II.* Rom: Polyglottis Vaticanis 1931, 149–233.

Original und Originalität
Zur digitalen Restauration des ältesten Bildnis des heiligen Augustinus

Oliver Motz

Bilder können lügen – im Zeitalter digitaler Bildbearbeitung erst recht. Ein Bewusstsein dieser Tatsache ist nicht nur dort am Platze, wo es um geschichtlich oder juristisch bedeutsame Bilddokumente geht; auch das Gemälde, das den Deckel des vorliegenden Bandes ziert, musste zunächst einer eingehenden Bearbeitung unterzogen werden, bevor es in dieser Form präsentiert werden konnte.

Das spätantike Wandmalereifragment zeigt Augustinus sitzend in der Tradition des Autorenbildes vor einem aufgeschlagenen Codex. Es handelt sich um das älteste überkommene Bildnis des Kirchenvaters und wurde bei Ausgrabungen in Rom um 1900 wiederentdeckt. Eine lebensnahe, veristische Darstellung der Physiognomie Augustins ist unwahrscheinlich. Vielmehr handelt es sich um einen charakteristischen Typus, dessen Elemente in anderen Werken wiederkehren, auf denen Augustinus ebenfalls abgebildet ist. Die Identifikation als Augustinus kann somit durch ikonographischen Vergleich hergestellt werden.[1]

Das Distichon in der Bildunterschrift hebt seine außerordentliche Stellung in der Kirchen- und Philosophiegeschichte hervor. Wilpert liest und übersetzt den Text wie folgt: *DIVERSI DIVERSA PATRES sed hic OMNIA DIXIT ROMANO ELOQVio MYSTICA SSENSA TONANS*; („Verschiedenes haben die Väter geschrieben; doch dieser hier hat in lateinischer Sprache alles behandelt, mystische Sentenzen mit Donnerstimme verkündend").[2]

Heute befindet sich das Gemälde in einem engen Gang im Lateran in Rom, wo die Aufnahmen von Norbert Fischer angefertigt worden sind, um später von mir digital bearbeitet zu werden. Einen kleinen Einblick in diesen Prozess zu geben ist das Ziel dieses Beitrags.

1 Die kunsthistorischen Angaben stammen aus R. Warland, „Das älteste Bildnis des hl. Augustinus? Zum Wandmalereifragment eines spätantiken Autors im Lateran", in: N. Fischer (Hg.), *Augustinus – Spuren und Spiegelungen seines Denkens. Band I: Von den Anfängen bis zur Reformation.* Hamburg: Meiner 2009.

2 J. Wilpert, *Die römischen Mosaiken und Malereien der kirchlichen Bauten vom IV. bis XIII. Jahrhundert.* Freiburg: Herder 1916.

Ausgangslage

Ein erstes Problem bestand darin, dass die Aufnahmen keinesfalls unmittelbar verwendet werden konnten. Durch die beengte Raumsituation nämlich, in der sich das Gemälde befindet, war es trotz Verwendung eines starken Weitwinkelobjektivs nicht möglich, das Motiv in seiner Gesamtheit direkt von vorne zu fotografieren. Man war vielmehr gezwungen, mehrere Aufnahmen aus einem spitzen Winkel zur Wand zu schießen. Dies führt einerseits zu perspektivischen Verzerrungen und zwingt andererseits dazu, das komplette Bild aus verschiedenen einzelnen Fotografien zusammenzusetzen.

Somit führte ohnehin kein Weg an einer digitalen Bearbeitung vorbei. Die Frage war nur, wie weit diese gehen dürfe. Schließlich muss man sich vor jeder Tendenz hüten, das Werk echter machen zu wollen als das Original, etwa indem vorhandene Merkmale über das ursprüngliche Maß hinaus verstärkt oder gar Elemente hinzuerfunden werden, für die es keine konkreten Anhaltspunkte gibt. Mit zunehmender Intensität der Bearbeitung steigt jedoch auch das Risiko, den Urzustand des Bildes zu verfehlen. Daher lag die Idee nahe, zwei Versionen herzustellen, von denen die eine den heutigen Zustand so authentisch wiedergeben sollte wie nur möglich, um mit der anderen in puncto Rekonstruktion gewisse Risiken eingehen zu können.

Naturbelassene Version

Wie gesagt befand sich im Ausgangsmaterial keine vollständige Abbildung des gesamten Gemäldes. Daher entstand bereits die naturbelassene Version[3] aus dem Zusammenschnitt dreier Einzelfotografien, die jeweils etwas anderes beisteuerten:

1. den zentralen Bildausschnitt
2. einen Teil der linken Umrandung
3. das Distichon (die untere der beiden Platten).

Bei dieser Version war es verhältnismäßig einfach, die Authentizität zu wahren. Am problematischsten war noch die perspektivische Korrektur, bei der stets die Gefahr besteht, das Seitenverhältnis des Originals zu verfehlen. Als Referenz bediente ich mich daher der Zeichnung, die Giovanni Tabanelli Anfang des 20. Jahrhunderts von dem Gemälde angefertigt hat.[4]

Rekonstruierte Version

Die gleiche Zeichnung war auch Vorbild für die Rekonstruktionen, die für Version 2 vorgenommen wurden. Insbesondere stützen sich auf Tabanelli die Form der Hände und Füße sowie die Buchstabengestaltung des Distichons.

3 Siehe Katalog Abb. 1.
4 Wilpert 1916, Bd. IV, Fig. 37.

Bei dieser Version nun stellte sich das bereits angesprochene Problem in aller Schärfe: Wie weit darf die Rekonstruktion eines mutmaßlichen Urzustandes gehen? In welchem Maß darf Rekonstruktion Interpretation sein?

Zwei Aspekte des Ausgangsmaterials gaben hierfür bereits gewisse Grenzen vor. Zum einen ist Augustinus' Gesichtsausdruck im heutigen Zustand des Gemäldes nicht sehr eindeutig. Man kann nicht genau erkennen, worauf er seinen Blick richtet; ist es der vor ihm liegende Codex, blickt er den Betrachter an, oder noch etwas anderes? Eine vollständige Rekonstruktion des Gesichtes hätte zwangsläufig eine Antwort auf diese Fragen geben müssen, wozu ich mich nicht im Stande sah. Diese erste Entscheidung hatte aber die Konsequenz, dass auch der restliche Teil des Gemäldes nicht in einen makellosen Zustand, frei von allen Spuren der Zeit, überführt werden durfte. Dieser hätte sonst in krassem Gegensatz zum Zustand des Gesichts gestanden.

Der zweite Aspekt sind die zahlreichen groben und feinen Risse, welche das gesamte Bild durchziehen. Sie sämtlich zu entfernen hätte in letzter Konsequenz bedeutet, das Bild neu zu zeichnen. Dies wäre freilich im Bereich des Möglichen, m. E. nicht aber im Sinne einer Restauration gewesen.

Aufgrund dieser Umstände wählte ich also den Mittelweg, dessen Ergebnis als Abbildung 2 im Katalog zu sehen ist. Meine Hoffnung war, den Charme des von der Zeit gezeichneten Werkes zu bewahren, eindeutige Verluste hingegen so weit wie möglich zurückzuholen.

Unter dieser Zielsetzung galt es nun, das Bild in kleinen Schritten zu bearbeiten. Da ich weder Seiten noch Leser unnötig mit technischen Details belasten möchte, greife ich im Folgenden lediglich eines heraus, an dem sich die Spannung zwischen Originaltreue und Erneuerung besonders schön exemplifizieren lässt.

Die Rekonstruktion des Textes des Distichons

Das Distichon muss zu der Zeit, da Tabanelli seine Zeichnung anfertigte, noch hinreichend lesbar gewesen sein. Auf den Fotografien hingegen war die Schrift so sehr verblasst, dass es nur bei genauestem Hinsehen und unter gewissen Unsicherheiten möglich war, einzelne Worte auszumachen. Der Kontrast war sogar zu schwach, um den Text durch digitale Kontraststeigerung wiederherzustellen.[5] Dies machte es erforderlich, den ganzen Text neu auf die Platte aufzutragen. Dies geschah per Hand mit einem Grafiktablett, das die Bewegungen eines Zeichenstiftes auf einen digitalen Pinsel auf dem Bildschirm überträgt. Für die Form der sehr individuell gestalteten Buchstaben diente wieder Tabanelli als Vorbild, da die Formen seiner Buchstaben in all denjenigen Fällen übereinstimmten, in denen ein Vergleich mit den Fotografien möglich war.

Die entscheidende Herausforderung bestand darin, dass der Text nicht einfach auf die rote Platte gezeichnet werden konnte, ohne in krassen Kontrast zum Zustand des restlichen Bildes

5 Auf Tabanellis Zeichnung ist das Kreuz in der linken oberen Ecke des Distichon-Bereichs nicht vorhanden. Dies lässt m. E. darauf schließen, dass es um die Leserlichkeit des Textes bereits damals nicht gut bestellt gewesen sein kann. Das Vorhandensein des Kreuzes konnte allerdings durch künstliche Kontraststeigerung am Rechner mit großer Sicherheit festgestellt werden, wenngleich dies nicht für sämtliche der rekonstruierten Buchstaben gilt.

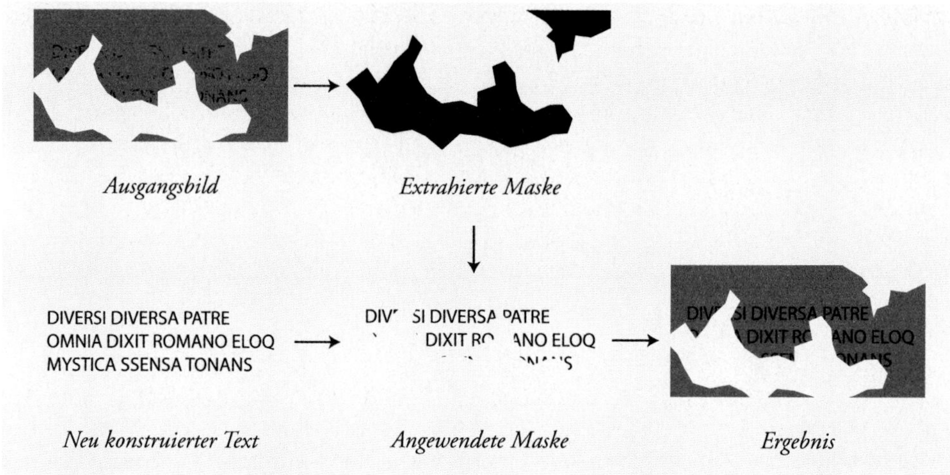

zu geraten. Daher war es erforderlich, den gezeichneten Text dergestalt auf die bereits vorhandene Oberflächenstruktur zu projizieren, dass diese erhalten blieb. Dies konnte auf folgendem Wege erreicht werden:

1. Anfertigung einer Kopie der roten Distichon-Zone.
2. Steigerung des Kontrastes, so dass helle Zonen ganz weiß und dunklere Stellen ganz schwarz werden. Zwischen ihnen bestehen harte Übergänge.
3. Farbumkehrung: Aus weiß wird schwarz und umgekehrt.
4. Die Anwendung dieses Abbildes als eine Maske auf den gezeichneten Text.

Mit Maske ist in diesem Zusammenhang Folgendes gemeint: Die Ebenen von Text und Abbild werden überlagert und die Transparenz des Textes wird in Abhängigkeit des Abbildes festgelegt und zwar so, dass weiße Stellen (des Abbildes) 100% Deckkraft bedeuten, schwarze hingegen 0% (Graustufen wären entsprechend abgestufte Transparenzwerte). Von dem eigentlichen Abbild sieht man nichts mehr.

Hierdurch wird Folgendes erreicht: Da die rote Platte an solchen Stellen heller ist, wo sich ihre oberen Schichten abgelöst haben, bringt die aus ihr gewonnene Maske den Text über diesen Zonen gänzlich zum Verschwinden. Dies erweckt den Eindruck, die Schrift sei zusammen mit dem Material abgebröckelt.

Fazit und Danksagung

Die Rekonstruktion des Textes will auf diese Weise den originalen Befund erneuern (völlige Neuzeichnung des Textes), ohne ihm jedoch seine ursprüngliche Charakteristik zu rauben (Einpassung in die bereits vorhandene Oberflächenstruktur mittels Maskierung). Ob und inwiefern mir dies gelungen ist, überlasse ich dem Urteil der Fachleute.

Mangels professioneller Erfahrung kann ich nicht genau beurteilen, in wieweit die von mir beschrittenen Wege als kanonisch gelten können. So habe ich etwa einen Großteil der

Techniken erst anlässlich dieser konkreten Bildbearbeitung entwickelt bzw. erlernt. Das gesetzte Ziel hoffe ich dennoch erreicht zu haben.

Bei einer beträchtlichen Zahl der inhaltlichen Fragen stand mir Professor Rainer Warland mit Rat und Tat zur Seite. Für seine kunsthistorischen Erläuterungen und kritischen Anregungen danke ich ihm besonders herzlich.

Augustinus und sein Nachwirken in den Exponaten der Ausstellung

Constance Dittrich

Der große Lehrer des Abendlandes war und ist in nahezu jeder Bibliothek präsent. Darüber hinaus sind seine Gedanken in viele verschiedene Werke anderer großer Denker eingegangen. Dieses breite Spektrum abzubilden ist das Ziel der Ausstellung der Universitätsbibliothek der Katholischen Universität Eichstätt-Ingolstadt (KU) in Kooperation mit dem hiesigen Lehrstuhl für Philosophische Grundfragen der Theologie.

Daher war es ein besonderes Anliegen, sowohl Augustinus selbst in Handschriften und alten Drucken zu Wort kommen zu lassen, als auch den Rezipienten in ihren Werken und Originalschriftstücken eine Stimme zu geben. Aus diesem Grunde freut es die Veranstalter sehr, dass so viele Institutionen sich bereit erklärt haben, für diese Ausstellung ihre Dokumente im Original oder als Faksimile zur Verfügung zu stellen.

Die Ausstellung präsentiert zunächst die Bestände der Universitätsbibliothek, die u.a. mehrere Inkunabeln, Mauriner-Ausgaben und Handschriftenexzerpte des Augustinus sowie Originalausgaben der Rezipienten umfassen. Daneben illustrieren Augustinus-Bildnisse aus dem Bestand der Graphischen Sammlung der Universitätsbibliothek den Wandel der Darstellungsweise des großen Denkers. In Eichstätt liegt darüber hinaus eine Tauler-Handschrift der Benediktinerinnen-Abtei St. Walburg Eichstätt (St. Walburg, cod. germ. 4) sowie das Fragment einer Predigt des Meister Eckhart (cod. st 358), die beide im Original ausgestellt werden. Auch die *Sermones Dolbeau* konnten dankenswerterweise als Leihgabe gewonnen werden. Darum gruppieren sich thematisch und chronologisch geordnet Briefe, Predigten, Vorlesungsskripte und andere Autographen, welche die inhaltliche Verbindung zwischen den Werken des Augustinus' und Gelehrten dokumentieren und im Folgenden einzeln vorgestellt werden sollen[1].

1 Geplant ist auch die Präsentation eines Faksimile-Druckes der Renner-Handschrift Hugos von Trimberg aus der Universitätsbibliothek Erlangen-Nürnberg (Ms. B 4), die aus konservatorischen Gründen nicht verliehen werden kann.

Die Mainzer Augustinus-Predigten[2] – entdeckt 1990 von François Dolbeau[3]

Achtzehn der in Mainz gefundenen Predigten Augustins waren bisher nur in wenigen Fragmenten überliefert, weitere acht Predigten bisher nur in verkürzter Form bekannt.[4] Sie werden dem Zeitraum zwischen 397 und 410 zugewiesen.

Von Augustinus (* 13.11.354 Thagaste in der römischen Provinz Numidien, † 28.8.430 Hippo Regius), der seit seiner Bischofsweihe (395 oder 396) durchschnittlich viermal in der Woche predigte, waren bis zu diesem Fund 546 Predigten bekannt[5]. Von diesen existierten schriftliche Entwürfe, sie wurden von Stenographen mitgeschrieben und nur wenig redigiert: „Sechzehn Jahrhunderte nachdem die Stimme Augustins erklang, ist sie lebendig geblieben und begegnet uns in der unmittelbaren Frische ursprünglicher Mitschriften."[6]

Die Mainzer Predigten, die 1470–1475 für die Mainzer Kartäuser abgeschrieben wurden, bewahren zwei fast vollständige, inzwischen verschollene Zusammenstellungen: eine aus der Abtei des heiligen Nazarius in Lorsch, die andere aus der Grande-Chartreuse. Sie überliefern Texte, die im Mittelalter wenig verbreitet und in der Neuzeit bis zu ihrer Wiederentdeckung fast gänzlich unbekannt waren. Sie vergegenwärtigen zudem Züge des Predigers Augustinus, die für manchen heutigen Leser erstaunlich sind.

Die Themen der Predigten, die meistens zu Beginn von Messfeiern im Anschluss an die Lesungen aus den heiligen Schriften vorgetragen wurden, waren weitgehend Schriftauslegungen für eine breite Zuhörerschaft aus allen Bildungsschichten. Dennoch enthalten sie Aussagen von bleibender Bedeutung, zum Beispiel zur Gottes- und Nächstenliebe und zum ehelichen Leben, „zum Polytheismus, zur Unerkennbarkeit Gottes und zur Dialektik der Stufen, die durchschritten werden müssen, um die göttlichen Mysterien zu schauen".[7] Sie ermuntern auch zum Kauf und zur Lektüre der biblischen Schriften[8]:

„cottidie codices dominici venales sunt, legit lector; eme tibi et tu lege quando uacat, immo age ut vacet: melius enim ad hoc vacat quam ad nugas."	„Jeden Tag kann man die Handschriften mit den Evangelien kaufen, der Lektor liest Passagen daraus; kaufe dir eine Abschrift und lies sie selbst, wenn du Muße hast, oder noch besser: richte es so ein, daß du Muße hast. Es ist besser, sich damit zu beschäftigen als mit Albernheiten."

Sie verleihen dem Bild von diesem Kirchenvater aber auch ungewohnte Akzente, wie die explizite Absage an Gewaltanwendung: *non enim deus fuso sanguine delectatur.*[9] Zwar mögen solche

2 Die sogenannten *Sermones Dolbeau* liegen in der Wissenschaftlichen Stadtbibliothek Mainz. Signatur Hs I 9.

3 Siehe F. Dolbeau, „Die in Mainz wiederentdeckten Predigten Augustins", in: G. May/G. Hönscheid (Hg.), *Die Mainzer Augustinus-Predigten. Studien zu einem Jahrhundertfund*, Mainz: Philipp von Zabern 2003, 1–19.

4 G. List/G. Powitz, *Die Handschriften der Stadtbibliothek Mainz. Band 1: Hs I 1 – Hs I* 150H. Wiesbaden: Harrassowitz 1990.

5 Siehe dazu H.R. Drobner, *Augustinus von Hippo. Sermones ad populum. Überlieferung und Bestand.* Leiden: Brill 2000.

6 Dolbeau 2003, 2.

7 Dolbeau 2003, 7.

8 Siehe Dolbeau 2003, 16; zitiert wird Dolbeau 5,14=M 12,14.

9 Dolbeau 18,6.

Äußerungen durch polemische Aussagen andernorts konterkariert werden, in den Predigten scheint Augustinus aber die Menschenfreundlichkeit der biblischen Botschaft betont zu haben.

Ausgewählte Passagen[10]

Augustinus kannte die Bibel zwar gut, aber nicht auswendig[11]:

> „ecce lego vobis, ne forte aliquid memoriam meam fugiat. ego enim, fratres, ab adolescentia litteras istas non didici et alia, quod peius est, superflua possum memoriter recitare. ista uero quibus non a pueritia studui, nisi codices inspiciam, pronuntiare non possum."

> „An dieser Stelle lese ich euch vor, weil ich Angst habe, etwas zu vergessen, wenn ich aus dem Gedächtnis zitiere. Denn, meine Brüder, ich habe diese Texte nicht gelernt, als ich jung war; das, was ich auswendig rezitieren kann, sind andere Texte und, schlimmer noch, überflüssige Werke. Was ich nicht von Kindheit an gelernt habe, das kann ich nicht anders vortragen, als das Buch zu Hilfe zu nehmen."

Er hebt die kanonische Bedeutung der Bibel hervor und wehrt sich gegen übertriebene Bewunderung seiner Schriften[12]:

> „teneamus scripturam tamquam scripturam, tamquam deum loquentem; non ibi quaeramus hominem errantem. non enim frustra canon in ecclesiam constitutus est: spiritus sancti hoc officium est. si quis ergo legit librum meum, iudicet me: si rationabile dixi, sequatur non me, sed rationem ipsam; si hoc probavi testimonio evidentissimo atque divino, sequatur non me, sed scripturam divinam. si autem aliquid quod ego recte dixi reprehendere voluerit, non recte facit, sed plus irascor tali laudatori meo qui librum meum tamquam canonicum accipit, quam ei qui in libro meo etiam non reprehendenda reprehendit."

> „Lasst uns die Schrift und nichts als die Schrift als die Rede Gottes verstehen, ohne dort menschliche Irrtümer zu suchen. Nicht ohne Grund ist in der Kirche ein Kanon festgelegt worden: Das ist die Tat des heiligen Geistes. Wenn jemand eines von meinen Büchern liest, soll er mich (wie einen Menschen) beurteilen: wenn ich Vernünftiges gesagt habe, möge er nicht mir folgen, sondern der vernünftigen Einsicht; wenn ich etwas mit dem höchst einsichtigen und göttlichen Zeugnis der Schrift belegt habe, möge er nicht mir folgen, sonder der heiligen Schrift. Wenn er aber die Absicht hatte, etwas, was ich richtig gesagt habe, zurückzuweisen, handelt er nicht richtig. Weitaus mehr zürne ich aber Lobrednern, die meinem Buch gleichsam kanonische Geltung zuschreiben, als Kritikern, die Thesen aus ihm zurückweisen, auch wenn sie diese Zurückweisung nicht verdienen."

---

10 Großer Dank gebührt Annelen Ottermann, der Leiterin der Stadtbibliothek Mainz, für die freundlich gewährte Hilfe beim Sichten der betreffenden Passagen.

11 Siehe Dolbeau 2003, 17; zitiert wird Dolbeau 23,19= M 59,19. Siehe Katalog Abb. 3.

12 Übersetzung nach N. Fischer, zitiert wird Dolbeau 10,15= M 27,15. Siehe Katalog Abb. 4.

Sermo sancti Augustini episcopi de bono nuptiarum[13]

Diese Predigt über das Gut des Heiratens gehört zu den wenig tradierten *Sermones* Augustins, die vermutlich „im Mittelalter nicht zuletzt wegen der hier vertretenen ‚liberalen' Position nur selten abgeschrieben und später nicht gedruckt worden sei ... da er sich immer wieder – auch in seinen Predigten – gegen die Auswüchse der am Ende des 4. Jahrhunderts um sich greifenden Askese-Bewegung aussprach, die selbst Jungverheiratete bis zur sexuellen Selbstverleugnung führte, ... Öfters bezeichnete er – auch in Predigten, also *coram publico* – die sexuelle Befriedigung als Recht beider Ehepartner; zudem dürfe der Wunsch nach Enthaltsamkeit nicht auf Kosten des anderen Ehepartners durchgesetzt werden."[14]

Vielmehr haben Mann und Frau „das ganz gleiche Recht auf den anderen zur sexuellen Befriedigung ... außer bei der freiwilligen Zustimmung zur beiderseitigen Enthaltung."[15] Brown bemerkt dazu: „Begeisterung für die Jungfräulichkeit war äußerst schick unter Klerikern. Viele zögerten nicht, darauf hinzuweisen, dass die Ehe wohl eher ein Vorwand für den Geschlechtsverkehr sei und kaum mehr als eine lieblose Form gegenseitiger Sklaverei. Das alles wollte Augustinus nicht."[16]

---

13 Dolbeau 12=M 41; die Handschrift I 9 der Mainzer Stadtbibliothek ist mit dem Anfang dieser Predigt in der Ausstellung aufgeschlagen. Siehe Katalog Abb. 5–7.

14 T. Fuhrer, „*Körperlichkeit und Sexualität in Augustins autobiographischen und moraltheoretischen Schriften*", in: B. Feichtinger/H. Sleng, *Die Christen und der Körper.* München, Leipzig: Saur 2004, 182.

15 P. Brown, *Augustinus von Hippo.* Erweiterte Neuausgabe. München: dtv 2000, 389.

16 Brown 2000, 390. Brown berichtet dazu von einem Brief Augustins, in dem er als abschreckendes Beispiel Eccidicia nennt, „die ihren Mann durch einseitige Abstinenz in den Ehebruch getrieben hatte"; vgl. 517, Anm. 24.

Predigt 47 von Meister Eckhart[17]

Der Dominikaner Eckhart von Hochheim, genannt Meister Eckhart (* 1260 Tambach bei Gotha in Thüringen, † vor 1328 wahrscheinlich Avignon) galt zu Beginn des 19. Jahrhunderts etwa für Friedrich Schlegel als „vielleicht der tiefsinnigste Philosoph, den Deutschland je gehabt hat". Seine vielfältigen lateinischen und deutschen Schriften waren jedoch schon unter den mittelalterlichen Zeitgenossen nicht unumstritten. Obwohl in der päpstlichen Bulle *In agro dominico* vom 27. März 1329 siebzehn Thesen Eckharts als häretisch verurteilt wurden, hat dies die literarische Wirkung und den Einfluss Eckharts auf andere Denker nicht ausgelöscht; Nikolaus von Kues etwa gehört zu den großen Bewunderern. Vielfach kursierten die Abschriften von Eckharts Predigten und Traktaten allerdings ohne Nennung des Autornamens.[18]

Augustinus ist einer der am häufigsten zitierten Autoren bei Eckhart. Für einen Autor, dessen Werk immer wieder zum Schrifttum mystischer Spekulation gerechnet wird, ist das nicht weiter verwunderlich. Aber gerade in Hinblick auf Eckhart ist in den letzten Jahren eine heftige Kontroverse darüber entbrannt, ob man sein Werk als mystisch oder als philosophisches Schrifttum werten soll.[19]

Der Text der Stelle in Predigt 47 lautet (DW2, 407,1–408,2)[20]:

> *„Sehet, ich getar daz wol sprechen und ist wâr: durch die grôzen einunge, die diu sêle ze dem lîbe hât, sô ist diu sêle in dem minsten glide als volkomenlîche als in dem lîbe alzemâle. Her ûf sprichet* **Augustînus***: ist diu einunge als grôz, die lîp und sêle mit einander hânt, sô ist diu einunge vil græzer, dâ sich geist mit geiste vereinet. Sehet, her umbe ist er herre und geist, daz er uns sælic mache an sîner einunge."*

Der Wortlaut des Eichstätter Fragments ist insofern bemerkenswert, als er eine Version bietet, die nach den Beobachtungen von Schmidtke keinem der beiden von Quint ermittelten Überlieferungszweige der enthaltenen Predigt Quint 47 (*Ecce ego mitto angelum meum* Mal. 3, 1/2) eindeutig zuzuordnen ist.[21]

---

17 Das Fragment dieser Predigt Meister Eckharts ist eingebunden in den Spiegel einer Handschrift des Eichstätter Geistlichen Ulrich Pfeffel und liegt in der Staats- und Seminarbibliothek der Universitätsbibliothek Eichstätt-Ingolstadt. Signatur: cod. st 358, Pergament, ein Doppelblatt, zweispaltig in der Schreibsprache des südlichen Ostfränkisch (etwa Raum Nördlingen – Ansbach – Rothenburg – Heilbronn) von einer Hand in gotischer Buchschrift aus der zweiten Hälfte des 14. Jahrhunderts beschrieben. Der Entwurf dieser Beschreibung wurde freundlicherweise von Rudolf K. Weigand angefertigt. Siehe Katalog Abb. 8. Vgl. auch K.H. Keller, *Die mittelalterlichen Handschriften der Universitätsbibliothek Eichstätt. Zweiter Band. Aus Cod. st 276 – Cod. st 470.* Wiesbaden: Harrassowitz 1999, 97–103.

18 Das hat die Edition seiner Werke, die in den 1930er Jahren begonnen wurde, erheblich erschwert, sie ist bis heute nicht abgeschlossen. Auch für die seit 1984 in Eichstätt betreute Ausgabe der deutschen Predigten muss der mögliche Predigttext aus unterschiedlichsten Handschriftentypen erschlossen werden.

19 Siehe K. Flasch, *Meister Eckhart. Die Geburt der ›Deutschen Mystik‹ aus dem Geist der arabischen Philosophie.* München: Beck 2006.

20 *Meister Eckhart. Die deutschen und lateinischen Werke.* Herausgegeben im Auftrage der Deutschen Forschungsgemeinschaft. Die deutschen Werke: 2. Band (DW II) Predigten (Pr. 25–59). Herausgegeben und übersetzt von Josef Quint, Stuttgart: Kohlhammer 1971, hier 389–409.

21 D. Schmidtke, „Eichstätter Fragmente von Eckhartpredigten. Handschriftenfunde zur Literatur des Mittelalters, 81. Beitrag", in: *Zeitschrift für deutsches Altertum und deutsche Literatur* 112 (1983), 73–82: „Die Überlieferung Ei ist zwar nicht von überragender Qualität, doch hätte sie, wenn sie vollständig erhalten wäre, vielleicht als Leithandschrift dienen können."

Nikolaus von Kues[22]

Nikolaus von Kues (* 1401 Kues an der Mosel, † 11.8.1464 Todi in Umbrien), der Kanonisches Recht, Theologie und Philosophie studiert hat und sich darüber hinaus mit Mathematik, Physik, Astronomie und Medizin beschäftigte und historische Quellenstudien betrieb, kannte die Werke von Augustinus gut. Davon zeugen viele der 314 Handschriften im St. Nikolaus-Hospital/Cusanusstift in Bernkastel-Kues, die der Gelehrte, Kardinal und Fürstbischof der dortigen Bibliothek testamentarisch vermacht hatte. Darunter befinden sich mehrere Codices, die ausschließlich Werke von Augustinus enthalten. In einem von diesen, Codex Cusanus 50, sind auf fol. 145–148^v einige Briefe aus dem Briefwechsel zwischen Augustinus und Nebridius eingebunden, geschrieben von der Hand des Cusanus.[23] Interessant sind zwei Randbemerkungen auf fol. 148^v, in denen Nikolaus darauf hinweist, dass Gedanken aus dem Brief Augustins sich mit Gedanken aus seinem Werk *De docta ignorantia* berühren[24]. Auch weitere zahlreiche eigenhändige Randnotizen des Cusanus gewähren Einblick in seine ‚Denkwerkstatt‘.

Seinen philosophisch-theologischen Ruhm begründet die 1440 vollendete Schrift *De docta ignorantia*. Sie besteht aus drei Büchern: einer Lehre von der Erkenntnis des maximum absolutum, also Gottes, einer Kosmologie und einer Christologie.

In Kapitel 11 (32, 2–8) setzt er sich mit der Philosophie auseinander:[25]

„Quem Platonici et nostri etiam primi in tantum secuti sunt, ut Augustinus noster et post ipsum Boethius affirmarent indubie numerum creandarum rerum in animo conditoris principale exemplar fuisse. ... Aurelius etiam Augustinus Platonicus, quando de quantitate animae et eiusdem immortalitate et ceteris altissimis investigavit, ad mathematica pro adiutorio convolavit.“

„Diesem folgten die Platoniker und auch die Erste der Unsrigen so sehr, dass unser Augustinus und nach ihm Boethius behaupteten, dass ohne Zweifel die Zahl für die zu schaffenden Dinge das erste Prinzip im Geist des Schöpfers gewesen sei. ... Auch der Platoniker Aurelius Augustinus schritt eilends zur Mathematik als Unterstützung, als er über die Größe der Seele und Unsterblichkeit ebendieser und sonstige erhabene Dinge forschte.“

22 Bei den Reproduktionen und Textangaben hat freundlicherweise Hermann Schnarr mitgewirkt.

23 Siehe Katalog Abb. 9.

24 Diese Stelle wird in der Ausstellung präsentiert werden, da sie aus reproduktionstechnischen Gründen nicht in diese Publikation eingebunden werden konnte.

25 Siehe Katalog Abb. 10.

Blaise Pascal *Pensées sur la religion et sur quelques autres sujets*[26]

Blaise Pascal (* 19.6.1623 Clermont, † 19.8.1662 Paris), Mathematiker, Physiker, religiöser und philosophischer Schriftsteller, war beteiligt an den zeitgenössischen Kontroversen um die augustinische Gnadenlehre und um das Kloster Port-Royal. Er hinterließ die Fragmente einer geplanten Apologie des Christentums, die als *Pensées sur la religion et sur quelques autres sujets* publiziert wurden.[27]

Dass das Autograph der *Pensées* Pascals erhalten geblieben ist, kann als ein Glückfall der Geistesgeschichte angesehen werden. Fragmente waren für das große 17. Jahrhundert der französischen Literatur keine Literaturgattung. Zudem haben die Erben nicht nur die Fragmente gesammelt und der Versuchung einer Fertigstellung der Apologie widerstanden, sondern überdies den Nachlass nochmals in kopierter Form aufbewahrt. Die Pascal-Forschung hat rund drei Jahrhunderte gebraucht, bis Gelehrte wie Zacharie Tourneur und Louis Lafuma die Bedeutung der Kopien und ihrer dem Nachlass entsprechenden Anordnung gegenüber dem buchbinderisch neu geordneten Autograph erkannt haben und damit die Grundlagen für eine der „Werkgestalt“ (bzw. dem überkommenen Zustand des Nachlasses) angemessene Editionspraxis grundgelegt haben. Durch moderne Untersuchungsmethoden ist es inzwischen möglich geworden, auch die Genese der Fragmente, die Pascal zunächst auf größere Bogen geschrieben und dann vor der Sortierung in den geplanten Werkzusammenhang weiter zerschnitten hat, genauer zeitlich zu konkretisieren.[28]

Augustinus ist auch an wichtigen Schlüsselstellen der *Pensées* präsent. Der folgende Text steht an einer Schaltstelle des Aufbaus der *Pensées* im Kapitel „Soumission et usage de la raison“, vor dem Beginn der eigentlichen theologischen Argumentation der Pascalschen Apologie.

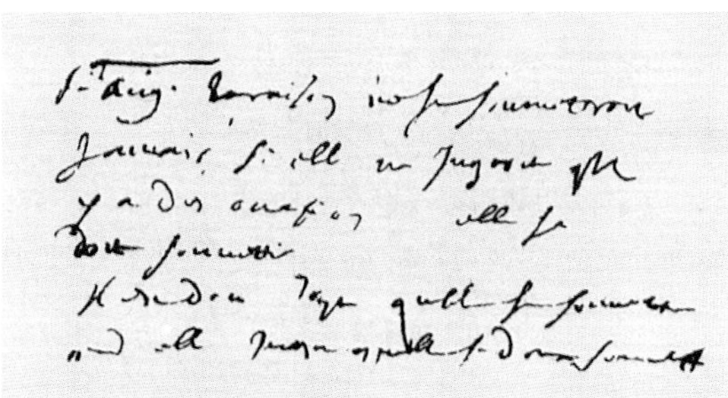

„Saint Augustin. La raison ne se soumettrait jamais si elle ne jugeait qu'il y a des occasions où elle se doit soumettre.“[29]

„Sankt Augustinus. Die Vernunft würde sich niemals unterordnen, wenn sie nicht meinte, dass es Umstände gibt, bei denen sie sich unterordnen muss. Es ist also richtig, dass sie sich unterordnet, wenn sie meint, dass sie sich unterordnen muss.“[30]

26 Scans und Textentwürfe hat freundlicherweise Albert Raffelt beigetragen.

27 Siehe L. Brunschvicg, *Original des Pensées de Pascal : Facs. du ms. 9202 (fonds franç.) de la Bibl. nat.* Paris: Hachette 1905 und L. Lafuma, *Le manuscrit des Pensées de Pascal 1662.* Paris: Les Libraires Assoc. 1962.

28 Die z.T. außerordentliche Schwierigkeit, Pascals Aufzeichnungen zu entziffern, wird auch aus den abgebildeten Beispielen deutlich. Zacharie Tourneur hat eine Ausgabe vorgelegt, die ‚paläographisch' die Textschichten einschließlich der Radierungen und Streichungen soweit möglich deutlich macht: *Pensées de Blaise Pascal : édition paléopraphique des manuscrits originaux conservés à la Bibliotheque Nationale (no. 9202 du fonds français) ; enrichie de nombreuses leçons inédites et présentée dans le classement primitif.* Paris: Vrin 1942.

29 Lafuma 1962, Nr. 174, Brunschvicg 1905, Nr. 270.

30 Übersetzung der *Pensées* nach U. Kunzmann, *Gedanken über die Religion und einige andere Themen.* Stuttgart: Reclam 1997 (RUB 1622), Nr. 174.

Die Pascal-Philologie hat schon im 19. Jahrhundert den Text auf einen Brief Augustins an Consentius (*epist.* 120,3) bezogen:

> „Absit namque, ut hoc in nobis deus oderit, in quo nos reliquis animantibus excellentiores creauit. absit, inquam, ut ideo credamus, ne rationem accipiamus siue quaeramus, cum etiam credere non possemus, nisi rationales animas haberemus. ut ergo in quibusdam rebus ad doctrinam salutarem pertinentibus, quas ratione percipere nondum ualemus sed aliquando ualebimus, fides praecedat rationem, qua cor mundetur, ut magnae rationis capiat et perferat lucem, et hoc utique rationis est. et ideo rationabiliter dictum est per prophetam: nisi credideritis, non intellegetis [Is 7,9 LXX]. ubi procul dubio discreuit haec duo deditque consilium, quo prius credamus, ut id, quod credimus, intellegere ualeamus. proinde ut fides praecedat rationem, rationabiliter iussum est. nam si hoc praeceptum rationabile non est, ergo inrationabile est; absit. si igitur rationabile est, ut magnam quandam, quae capi nondum potest, fides antecedat rationem, procul dubio quantulacumque ratio, qua hoc persuadet, etiam ipsa antecedit fidem."

> „Denn es ist ausgeschlossen, dass Gott in uns den Vorzug hasse, den er bei der Schöpfung uns vor den Tieren gegeben hat. Ich wiederhole: es ist ausgeschlossen, dass unser Glaube den Verzicht auf vernunftgemäße Erklärung oder vernunftgemäßes Forschen fordert; denn wir könnten auch nicht glauben, wenn wir nicht vernunftbegabte Seelen hätten. Wenn also bei einigen geoffenbarten Heilswahrheiten, die wir mit der Vernunft noch nicht zu erfassen vermögen, einstens aber erfassen werden, der Glaube der Vernunft vorausgeht, damit das Herz geläutert und für das Licht der höheren Vernunft empfänglich und fähig werde, so entspricht auch dies durchaus der Vernunft. Deshalb sagt auch der Prophet im Einklange mit der Vernunft: ‚Wenn ihr nicht glaubet, so werdet ihr nicht einsehen' [Jes 7,9 LXX]. An dieser Stelle ist offenbar zwischen beiden Ausdrücken unterschieden; es wird der Rat gegeben, zuerst zu glauben, um dann das Geglaubte auch verstehen zu können. Es erscheint also als ein Gebot der Vernunft, dass der Glaube der Vernunft vorausgeht. Wäre dieses Gebot nicht vernünftig, so wäre es ja unvernünftig, was unmöglich ist. Wenn es also ein Vernunftgebot ist, dass bei gewissen erhabenen Dingen, die wir noch nicht begreifen können, der Glaube der Vernunft vorausgeht, so geht auch ohne Zweifel das bisschen Vernunft, das uns dieses lehrt, dem Glauben voraus."

Ein zweiter Text ist insofern hochbedeutsam für die Pascal-Interpretation und die Beziehung Pascals zum heiligen Augustinus, als er auf eine Eigentümlichkeit augustinischer Texte verweist, die sich kaum in den zeitgenössischen Auseinandersetzungen hochgeschätzten und heiß diskutierten gnadentheologischen Abhandlungen findet, sondern wohl nur in den *Confessiones*. Pascal macht sie damit zum Modell für seine eigene Apologie des Christentums, die er mit den fragmentarischen nachgelassenen *Pensées* vorbereitet hatte.[31]

31 Philippe Sellier hat darauf hingewiesen in seinem Aufsatz „Des Confessions aux Pensées", in: P. Sellier, *Port-Royal et la littérature*. Bd. 1: *Pascal*. Paris: Champion 1999, 195–222.

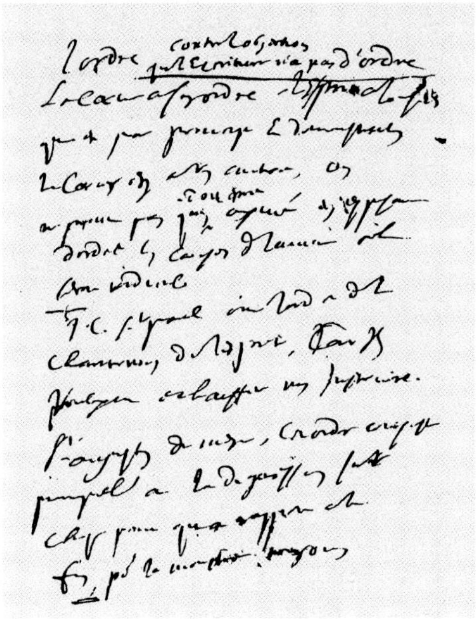

L'ordre. Contre l'objection que l'Écriture n'a pas
d'ordre.
Le cœur a son ordre, l'esprit a le sien
qui est par principe et démonstration.
Le cœur en a un autre. On
ne prouve pas qu'on doit être aimé en exposant
d'ordre les causes de l'amour; cela
serait ridicule.
J.-C., saint Paul ont l'ordre de la
charité, non de l'esprit, car ils
voulaient rabaisser, non instruire.
Saint Augustin de même. Cet ordre consiste princi-
palement à la digression sur
chaque point qui a rapport à la
fin, pour la montrer toujours. [32]

„Die Ordnung. Gegen den Einwand, die Heilige Schrift habe keine Ordnung. Das Herz hat seine Ordnung, der Geist hat die seine, die aus Grundsätzen und Beweisen besteht. Das Herz hat eine andere. Man beweist nicht, dass man geliebt werden muss, indem man die Ursachen der Liebe geordnet darlegt; das wäre lächerlich. Jesus Christus und Paulus haben die Liebe als ihre Ordnung, nicht den Geist, denn sie wollten demütigen, nicht belehren. Ebenso der heilige Augustinus. Diese Ordnung beruht hauptsächlich auf der ausführlichen Erörterung jeden Punktes, der sich auf den Endzweck bezieht, um ihn stets klar zu zeigen“[33].

32 Lafuma 1962, Nr. 298; Brunschvicg 1905, Nr. 283.
33 Übersetzung nach Kunzmann 1997, Nr. 298.

Gottfried Wilhelm Leibniz an Carlo Maurizio Vota[34]

Hannover, 4. September 1703.

In einem Brief an den Jesuiten Carlo Maurizio Vota (* 8. bzw. 16.2.1629 Turin, † 9.12.1715 Rom) berichtet Gottfried Wilhelm Leibniz (* 21.6.1646 Leipzig, † 14.11.1716 Hannover) am 4. September 1703 unter anderem von einem Gespräch, das er im Beisein der Königin Sophie Charlotte in Berlin mit den französisch-reformierten Theologen Jacques Lenfant und Isaac de Beausobre über die Willensfreiheit und Augustinus geführt hatte. In wenigen Worten beschreibt der große Philosoph der Frühaufklärung seine Einstellung zu dem großen Kirchenlehrer. Sie umfasst beides, uneingeschränkte Bewunderung auf der einen Seite, Distanz in (allerdings nicht unwesentlichen) Einzelfragen:

„D'ailleurs nous avons fort disputé ensemble. Mons. l'Enfant et Beausobre d'un costé, et moy de l'autre devant la Reine sur les questions du franc arbitre. Et quoyque je sois plustost pour vos peres à l'égard des enfans morts sans baptême, et à l'egard de la grace efficace; que pour S. Augustin même, ne trouvant point ny de justice dans la condemnation de ces enfans là ny de la raison dans la pretendue grace tousjours efficace par elle même; neantmoins je suis pour S. Augustin sur d'autres points connexes; et je ne crois pas qu'on ait jamais si bien penetré avant luy dans l'origine du mal non opposée à la bonté de l'auteur de l'univers et dans la determination certaine de toutes choses non opposée à la contingence ou à la liberté des creatures. De sorte que ce grand homme a tousjours estè l'objet de mon admiration. Ce sont là mes vrais sentimens, sur les quelsje ne biaise jamais."

„Im übrigen haben wir, die Herren [Jacques] Lenfant und [Isaac de] Beausobre auf der einen, ich auf der anderen Seite, vor der Königin heftig über die Willensfreiheit diskutiert. Und obwohl ich hinsichtlich der ungetauften Kinder und der *wirksamen Gnade* lieber Euren Patres als Augustinus selbst folge, weil ich weder in der Verdammnis der Kinder irgendeine Gerechtigkeit noch irgendeinen plausiblen Grund für die behauptete immer durch sich selbst wirksame Gnade finden kann, teile ich nichtsdestoweniger Augustins Ansichten zu anderen damit zusammenhängenden Fragen, und ich glaube nicht, dass vorher jemals einer sich so eindringlich mit dem Ursprung des Bösen beschäftigt hat, das nicht im Widerspruch zur Güte des Schöpfers des Universums steht, und mit der bestimmten Festlegung aller Dinge, die gleichwohl nicht der Kontingenz oder der Freiheit der Geschöpfe widerspricht. So bleibt dieser große Mann immer Gegenstand meiner Bewunderung. Das ist meine wahre Überzeugung, von der ich niemals abweichen werde."

34 Der Originalentwurf liegt in der Gottfried-Wilhelm-Leibniz-Bibliothek (Niedersächsische Landesbibliothek), Hannover. Signatur: LBr. 968 Bl. 15–16. 1 Bog. 4° auf 98 mm Breite beschnitten. Mit eigh. Änderungen. 3 S. Textentwurf und Übersetzung lieferte freundlicherweise Hartmut Rudolph. Siehe Katalog Abb. 11–12.
Vorausedition in: *Gottfried Wilhelm Leibniz, Sämtliche Schriften und Briefe (Akademieausgabe)*, Reihe I, Band 22 (http://www.gwlb.de/Leibniz/Leibnizarchiv/Veroeffentlichungen/I22B.pdf).

Rainer Maria Rilke liest die *Confessiones* des heiligen Augustinus[35]

Rainer Maria Rilke (* 4.12.1875 Prag, † 29.12.1926 Val Mont/Montreux), der vor und nach dem Weltkrieg meistens im Ausland lebte, zuerst in Frankreich und dann in der Schweiz, übermittelte seinem Leipziger Verleger Anton Kippenberg oder dessen Mitarbeiter Fritz Adolf Hünich regelmäßig seine Bücherwünsche und wurde ebenso regelmäßig und aufmerksam mit der erbetenen Literatur versorgt. Anton Kippenberg wird Rilke folglich auch diese Bücherwünsche erfüllen.

Rainer Maria Rilke an Anton Kippenberg[36]

Paris, 28. Juni 1911.

> „Zu meinen Abendbeschäftigungen gehören die herrlichen Confessionen des heil. Augustinus, ich lese sie jetzt lateinisch, mit dem unbeschreiblich erbärmlichen französischen Text nebenan, die lahmste und lächerlichste Paraphrase, die sich denken lässt. Wenn es sich mit dem Petrarca-Brief auch so verhielte, so dürfte man ihn freilich nur nach dem Lateinischen bringen. [...] Meine französische, die ich in Avignon fand, hat die Überschrift: *François Petrarque / à Denis Robert / de Borgo San Sepolcro / Salut. / Il raconte son ascension du Mont Ventoux.* Ein kleines lateinisches Lexikon, das ich muß besessen haben, findet sich nicht unter meinen Büchern, würden Sie die Güte haben, mir irgend ein einfaches, gegen Verrechnung, besorgen zu lassen, ebenso wie *eine deutsche Ausgabe der Bekenntnisse des Augustinus,* falls es eine ehrlich brauchbare giebt? Ich habe Bitten, aber das ist, hoff ich wenigstens, diesmal ein gutes Zeichen."

Schon am 13. Juli, also zwei Wochen nach der Anfrage, wird der Verleger „die Hertling'sche Übersetzung der ‚Bekenntnisse des heiligen Augustinus'" an den Dichter abschicken lassen, eine Übersetzung, die zwischen 1905 und 1941 dreißig Auflagen erreichte. Die Hertlingsche Ausgabe schenkte Rilke seiner Mutter mit den folgenden Widmungsversen:

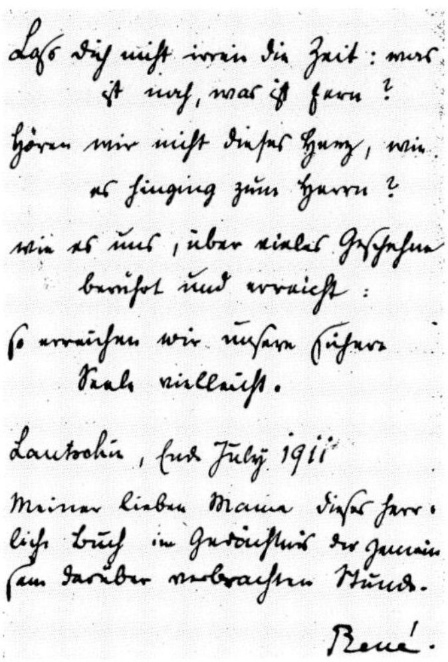

„Lass dich nicht irren die Zeit: was
ist nah, was ist fern?
Hören wir nicht dieses Herz, wie
es hinging zum Herrn?
Wie es uns, über vieles Geschehne,
berührt und erreicht:
so erreichen wir unsere sichere
Seele vielleicht.

Lautschin, Ende July 1911
Meiner lieben Mama dieses herrliche Buch im Gedächtnis der gemeinsam darüber verbrachten Stunde.
René"

35 Diesen Textentwurf sowie eine Kopie dieser Widmung lieferte freundlicherweise August Stahl.

36 Der Brief befindet sich im Kippenberg-Archiv des Deutschen Literaturarchivs Marbach, AK I, S. 261. Siehe Katalog Abb. 13–16.

Briefwechsel zwischen Rainer Maria Rilke und Magda von Hattingberg[37]

Die Beziehung zwischen Rilke zu Magda von Hattingberg begann mit einem Brief, den die Pianistin am 22. Januar 1914 aus Wien an den in Paris lebenden Dichter schrieb. Ausgelöst hatte diesen Brief die Bewunderung für Rilkes *Geschichten vom lieben Gott*. Der Brief vom 22. Januar wurde sofort beantwortet und es folgte ein intensiver Austausch, in dem die Briefpartner sich einander vorstellten und dabei natürlich auf ihre Vergangenheit, insbesondere auf ihre Kindheit zu sprechen kamen. Gerade für Rilke werden die Briefe zu einem Medium der Selbsterforschung, die ihn zur Rückschau in die eigene Lebensgeschichte führt. In der Wahrnehmung der eigenen Gegenwart über die Beschäftigung mit der eigenen Vergangenheit hat ihn ganz offensichtlich die nachdenkliche Selbsterforschung des heiligen Augustinus bestätigt und bestärkt. 1914 kannte Rilke die *Confessiones* sehr genau, hatte er doch längst mit einer Übersetzung begonnen, deren Fortsetzung er noch nicht aufgegeben hatte.

> „Die Kindheit –, Was war es doch? Was *war* es doch, Schwester, die Kindheit? Kann man anders nach ihr fragen als mit dieser rathlosen Frage, – was war es – jenes Brennen, jenes Staunen, jenes ununterbrochene Nichtanderskönnen, jenes süße, jenes tiefe, jenes strahlende Thränenaufsteigenfühlen? Was war es? – Wie durchfuhrs mich, als ich (in der Zeit des Rodin-Buchs) zuerst beim heiligen Augustinus las: >Wohin sollte sie gegangen sein?< Ist es möglich, sie wäre wirklich noch da, in uns, die Kindheit, die nicht hatte, wo sie hätte hin gehen können, fort von uns?“[38]

37 Die Briefe befinden sich im Kippenberg-Archiv des Deutschen Literaturarchivs Marbach, Ben, 66f. Siehe Katalog Abb. 17–22.

38 Siehe Katalog Abb. 19. Aus dem Brief vom 12.2. ist nur die Seite mit der hier zitierten Passage abgebildet.

Augustins Einfluss bei Maurice Blondel[39]

Die gewissenhafte Erforschung des vom heiligen Augustinus ausgehenden Einflusses, der Maurice Blondels (* 2.11.1861 Dijon, † 4.6.1949 Aix-en-Provence) philosophisches Werk durchdringt, ist schwierig, da Blondel ein ebenso genauer wie inspirierter Leser ist[40]. Der Philosoph von Aix erweist sich nämlich als ein frühreifer Leser, wenn er am 12. Januar 1890 in seinen *Carnets Intimes* schreibt: „[...] denn mich erkennen könnte ich erst, sobald ich begonnen hätte, Dich ein wenig kennen zu lernen. *Noverim te, noverim me* ! Und die einzig wahre Erkenntnis seiner selbst, die einzige, ist die Demut"[41]. Es ist dies jener berühmte Satz aus den *Soliloques* Augustins (II, I, 1), dessen übliche Formulierung Blondel jedoch umkehrt, weil er ihn sicherlich in seiner zisterziensischen Relecture gelesen hat. Wir wissen nämlich, dass der Ursprung dieser Umformulierung Augustins in einem Zusatz zum *Sermo de diversis V* des Bernard von Clairvaux zu suchen ist. Diese vielfach abgeschriebene Predigt ist in einer wichtigen Gruppe von Manuskripten[42] um einen Zusatz erweitert, der in der kritischen Ausgabe des Werks des Abtes von Clairvaux der Wiedergabe im kritischen Apparat für würdig befunden wurde: „Ein Heiliger pflegte so zu beten: Gott, sprach er, lass mich Dich erkennen (*noverim te*) und mich erkennen (*noverim me*). Ein kurzes, aber treffendes Gebet (*oratio*). Denn die wahre Philosophie (*vera philosophia*) ebenso wie die Notwendigkeit dieser am Verlangen nach dem Heil ausgerichteten zweifachen Erkenntnis ist, in einem Wort gesagt, von folgender Art: Von der Ersten kommen die Gottesfurcht und die Demut, aus der Zweiten gehen die Hoffnung und die Nächstenliebe hervor."[43]

Einige Jahre später machte Émile Boutroux, der für die französische Dissertation über *Die Aktion*[44] zuständige Berichterstatter, bei deren Defensio folgende scharfsinnige Beobachtung : „Diese Studie über *Die Aktion* ist äußerst gehaltvoll auf Grund ihres Reichtums an philosophischen Ideen, ihrer methodischen Originalität und ihrer Vielfalt an ethischen oder literarischen Analysen, deren Vorbild beim heiligen Augustinus, beim heiligen Bernhard oder bei Malebranche zu finden ist."[45] Der heilige Augustinus war demnach eine dauernde und originäre Bezugsquelle für Blondel. Dies ging so weit, dass er ihm im Rahmen seiner Lehrtätigkeit an

39 Jean Leclercq hat freundlicherweise Scans und Textentwurf für diesen Artikel bereitgestellt.

40 Siehe hierzu die grundlegende Studie J. Leclercq, „Maurice Blondel lettore ›Alla francese‹ di Agostino", in: L. Alici/R. Piccolomini/A. Pieretti (Hg.), *Interiorità e persona. Agostino nella filosofia del Novecento/2*, Roma: Città Nuova (Nuova Biblioteca Agostiniana) 2001, 65–96. Ferner wird man sich in jedem Fall auch beziehen auf G. Madec, „Maurice Blondel citant saint Augustin", in: *Revue des Études augustiniennes* (14, Jan.–Juni 1968), 99–122 ; J. Chaix-Ruy, „Maurice Blondel et saint Augustin", in: *Revue des Études augustiniennes*, 11 (1965), 55–84; A. Forest, „L'augustinisme de M. Blondel", in: *Le centenaire de M. Blondel en sa Faculté des Lettres d'Aix-Marseille*, Publ. Annales Fac. Lettres Aix-en-Provence: éd. Orphys 1963, 175–193 und „Lecture de Blondel", in: *Giornale Metaf.* 28 (März–Juni 1973), 109–136.

41 M. Blondel, *Carnets Intimes*, Bd. I (1883–1894), Paris: Edition du Cerf, 1961, 308. Zu Augustinus, siehe *Bibliothèque Augustinienne* 5, 86: *Deus semper idem, noverim me, noverim te. Oratum est.*

42 Bei Version P, herausgegeben durch die Kopisten von Morimond und der zugehörigen Filialen.

43 Bernard de Clairvaux, *Sermon de diversis 5.5*, in: J. Leclercq/C. Talbot/H. Rochais (Hg.), *Sancti Bernardi Opera*, VI/1, Rom: Éd. Cistercienses 1977, 104.

44 M. Blondel, *L'action: essai d'une critique de la vie et d'une science de la pratique*. Paris: Dissertation 1892/93.

45 J. Wehrlé, „Une soutenance de thèse", in: M. Blondel, *Œuvres complètes*, Bd. 1, 1893 – *Les deux thèses*, Text erstellt und vorgelegt von Cl. Troisfontaines, Paris: PUF 1995, 697.

der Fakultät von Aix-Marseille zwei wichtige, bisher nicht edierte Vorlesungen widmete, die aus den Jahren 1918–1919 bzw. 1920–1921 stammen.

Das Centre d'Archives Blondel verwahrt die Entwürfe zu den Vorlesungen, aber auch zwei Mitschriften von Personen, die an der Vorlesung des Jahres 1918–1919 teilgenommen hatten[46]. Diese Vorlesungen zeugen von einer lange andauernden und geduldigen Lektüre der Werke Augustins, aber auch der zu dieser Zeit aktuellen Sekundärliteratur. Wie wir aufgezeigt haben, dienten diese Entwürfe der Vorlesungen auch als vorbereitende Notizen für drei große Artikel, die Blondel begleitend zu den Gedächtnisfeierlichkeiten zum fünfzehnhundertsten Todestag Augustins verfasste. In der Vorlesung von 1918–1919 mündet seine Analyse in die unwiderrufliche Schlussfolgerung: „Augustinus bietet eine gelebte Synthese, die vieles antizipiert. Er ist moderner als der heilige Thomas. Es geht bei ihm um einen Amorismus (sic), der umfassender ist als ein Intellektualismus. Um die Verschmelzung eines aufgeklärten Intellektualismus mit einem tiefen Mystizismus und eines Personalismus mit einem Sozialismus."[47] In der Vorlesung von 1920–1921 schließt er: „*Noverim me, noverim te* ist etwas ganz anderes als das *gnoti seauton*, es geht über die Ideologie, den Rationalismus, ja sogar den Intellektualismus eines bestimmten Thomismus hinaus. Ein fortschrittlicher und integralistischer Dynamismus"[48].

Wie dem auch sei, in den dreißiger Jahren bringt Blondel jedenfalls drei große Texte über das Werk und die Lehre des heiligen Augustinus heraus.[49] Es handelt sich um die drei folgenden: „Le quinzième centenaire de la mort de Saint Augustin (28 août 430). L'unité originale et la vie permanente de sa doctrine philosophique"[50]; „La fécondité toujours renouvelée de la pensée augustinienne"[51] und „Les ressources latentes de la pensée augustinienne"[52]. Der für die

---

46 Unveröffentlichte Texte. Archives Blondel, Cours de 1918–19 : A.21521–21557 und Cours de 1920–21 : A.21567–21594. Ferner werden Aufzeichnungen von einer fortlaufenden Lektüre der *Confessiones* beim Verlag Édition Vivès verwahrt: Unveröffentlichter Text. Archives Blondel, A.21559–21565.

47 Unveröffentlichter Text. Archives Blondel, F°21556.

48 Unveröffentlichter Text. Archives Blondel, F°21568. Tafel I. Siehe Katalog Abb. 23.

49 Als Text mit einem allerdings indirekten Bezug muss auch erwähnt werden: „Le jansénisme et l'anti-jansénisme de Pascal", in: *Revue de Métaphysique et de Morale*. 30 (1923), 131–163, insbesondere die Seiten 160–163, wo Blondel auf Pascals „lebendigen Sinn für den Augustinismus" hinweist.

50 „Der fünfzehnhundertste Todestag des heiligen Augustinus (28. August 430). Die ursprüngliche Einheit und die bleibende Lebendigkeit seiner philosophischen Lehre", in: *Revue de Métaphysique et de Morale* 37 (1930), 423–469. Zweitveröffentlichung in *Dialogues avec les philosophes: Descartes, Spinoza, Malebranche, Pascal, saint Augustin*. Vorwort von H. Gouhier, Paris: Aubier (Reihe *Bibliothèque philosophique*), 1966, 143–191. Madec (1968, 103) schreibt: „*Die drei Studien sind eine Reflexion über die Harmonisierung der Lehre von der inneren Illumination mit derjenigen vom Verhältnis zwischen Natur und Gnade*."

51 „Die sich beständig erneuernde Fruchtbarkeit des augustinischen Denkens"; in: *Saint Augustin*, in: *Cahiers de la Nouvelle Journée*, Nr. 17, Paris: Bloud et Gay, 1930, 3–20. Zweitveröffentlichung in: *Dialogues avec les philosophes*, 223–235.

52 „Die latenten Ressourcen des augustinischen Denkens"; der Text dieses Artikels erschien in englischer Übersetzung unter dem Titel „The latent Resources in Saint Augustine's Thought", übersetzt von Fr. Leonard, in: *A Monument to Saint Augustine : Essays on his Age, Life and Thought*. London: Sheed and Ward, 1930, 319-353. Zweitveröffentlichung: „The latent Resources in Saint Augustine's Thought", übersetzt von Fr. Leonard, in: *Saint Augustine*, New York: Meridian Books, 1957, 317–353. Ferner wurde er – allerdings nur teilweise – ab August 1930 auch in der *Revue néo-scolastique de philosophie* 32 (1930), 261–275, veröffentlicht. Der vollständige französische Text des Artikels erschien erst 1966 in: *Dialogues avec les philosophes*, 93–222. Der 1930 auf Englisch publizierte Artikel ist die Übersetzung eines von Blondel gelieferten Maschinenschreibens, auf dem er verlangt hatte, eine Reihe von Korrekturen und Hinzufügungen vorzunehmen. In der Folgezeit gab es ein zweites Bündel von Korrekturen für die teilweise Herausgabe in der *Revue*

Revue de Métaphysique et de Morale geschriebene Artikel ist der bei weitem wichtigste, am besten ausgearbeitete und am besten strukturierte, denn Blondel legt dort die Essenz seiner Hermeneutik dar. Der für die *Cahiers de la nouvelle Journée* verfasste Artikel ist eine Reflexion, die von der 1929 von Etienne Gilson veröffentlichten *Introduction à l'étude de saint Augustin* ausgeht. Blondel hielt letztere für von ‚Rationalismus' und ‚Litteralismus' geprägt. Blondel wendet sich hier vor allem gegen den Willen, Augustinus und Thomas so weitgehend voneinander zu trennen, dass man in ihnen „Lehren, die hinsichtlich der philosophischen Ordnung historisch unvereinbar seien,"[53] sieht, während das Hauptargument für ihre wechselseitige Modernität darin liegt, dass sie eine Vision bieten, „die insofern Einheit stiftet, als die Aspekte, die einander auszuschließen scheinen, aufeinander verweisen, sich gegenseitig erhellen und bestätigen"[54]. Blondel zufolge ist es nicht so, dass der Thomismus ein Monopol auf Wissenschaftlichkeit und „Klarheit der Gedanken" hätte, während etwa Augustinus nur die „brennende Nächstenliebe"[55] für sich reklamieren könnte. Eine bereits in der Vorlesung von 1918–1919 dargelegte Idee, die ihm teuer ist, greift Blondel auf, indem er bekräftigt: „Der heilige Augustinus hat das Skelett der *Ratio* nicht verkannt. Er sah es stets mit Fleisch umkleidet, vom unaufhörlichen Blutkreislauf genährt und erneuert; und wenn er Aristoteles und seine Kategorien mit Strenge behandelte, dann geschah dies insoweit, als schon zu seiner Zeit Kommentatoren gewillt waren, aus dem intellektuellen Menschen ein Museumsstück zu machen, eine reine Ratiozination, ein Vernunftwesen."[56] Verständlicherweise gab Gilson ihm eine schneidende Antwort: „In einem Wort gesagt, urteilen Sie von einem philosophischen Standpunkt aus, der schöpferisch tätig ist und sich in der Dynamik bewegt. Ich urteile vom Standpunkt des Historikers aus, der konstatiert und sich im Statischen hält. Die Zukunft, ja sogar die Gegenwart sind folglich Ihr Bereich. Allerdings glaube ich, dass deren Perspektiven glanzvoller wären als sie *de facto* sind, wenn sie sich von Beginn an von einer besseren Kenntnis der Vergangenheit hätten leiten lassen."[57] Was schließlich den dritten Text anbelangt, der im selben Geist verfasst ist wie der erste, so hält er sich weitgehend an die Gliederung, die Blondel seinen Vorlesungen über Augustinus zugrunde legte.

Ließ Blondel es dabei bewenden? Nein, ganz und gar nicht. Auf dem gesamten Weg seiner philosophischen Pilgerreise blieb ihm der heilige Augustinus ein treuer Begleiter. Hierzu noch ein letztes Beispiel, das besonders bedeutsam für die Begegnung zwischen dem Denken Augustins und der deutschen Phänomenologie ist. Im Jahre 1941 fand der von seinem Augenleiden erschöpfte und zermürbte Philosoph von Aix den Mut, der Doktoratsdefensio eines seiner besten Schüler beizuwohnen, der aber auch ein wahrer Jünger war: Gaston Berger. Dieser Industrielle, der erst spät zur Philosophie gekommen war, hatte besonders die Philosophie Husserls studiert (den er persönlich kannte), und zwar so gründlich, dass er es wurde, der die deutsche Phänomenologie in Frankreich eigentlich einführte. Seine Dissertationen gingen

néo-scolastique. Obwohl dieser Text kürzer ist als der 1966 veröffentlichte, kommt er dem englischen Text wesentlich näher. Die in *Dialogues avec les philosophes* veröffentlichte Fassung folgt nämlich einem unkorrigierten Exemplar des Maschinenschreibens.

53 *Dialogues avec les philosophes*, 224.

54 Id., 225.

55 Id., 226.

56 Id., 227.

57 Unveröffentlichter Text. Archives Blondel, B.15209–15210.

über *Das Cogito in der Philosophie Husserls* und über die *Nachforschungen über die Bedingungen des Wissens. Versuch einer reinen Theoretik*[58].

Es ist ein großes Glück, daß uns die Anmerkungen erhalten geblieben sind, die Blondel für diese Defensio ausgearbeitet hatte[59]. Ehe ihm nun sein Doktorand seine – damals sehr neuartigen – Analysen der Husserlschen Theorien darlegte, kam Blondel, der um den Einfluss Augustins auf Husserl wusste, noch einmal auf die augustinische Lehre über die innere Illumination zurück, um den phänomenologischen Ansatz zu verstehen. Dabei wies er auf folgendes hin[60]:

„L'intuition phénoménologique est à certains égards analogue à la thèse augustinienne et johannique d'après laquelle c'est en Dieu ou mieux en la Personne du Verbe que nous trouvons cette intimité qui nous est plus intime que notre propre moi et nous procure l'illumination sans laquelle en nous et hors de nous rien ne serait que chaos, ténèbres et impossibilité. L'intérêt de Husserl, c'est de prétendre aboutir par la raison naturelle à cette affirmation du mystère révélateur: *In lumine tuo Deus videmus omnem lucem et omia illuminata.*"

„Die phänomenologische Intuition ist unter gewissen Gesichtspunkten analog zur augustinischen und johanneischen These, die besagt, daß wir in Gott oder besser der Person des Wortes jene Innerlichkeit vorfinden, die uns innerlicher als unser eigenes Ich ist und uns die Illumination verschafft, ohne die in uns und außerhalb von uns nichts wäre als Chaos, Finsternis und Unmöglichkeit. Das Interesse Husserls ist es, danach zu streben, durch die natürliche Vernunft zu dieser Bekräftigung des Offenbarungsgeheimnisses zu gelangen: *In lumine tuo Deus videmus omnem lucem et omia illuminata.*"

Und er fügt hinzu[61]:

„[...] Nous restons dans l'illusion phénoménologique, comme l'a bien vu Husserl, tant que nous ne nous référons pas à notre principe et à notre fin. D'où cette thèse que Dieu nous doit être plus intérieur que nous ne sommes à nous-même et que sans cette présence implicitement ou explicitement accueillie nous restons dans le monde des idoles, dans l'illusion sur nous-même, dans les ténèbres extérieures."

„[...] Wir bleiben in der phänomenologischen Illusion – Husserl hat dies klar erkannt – solange wir uns nicht auf unseren Ursprung und unser Ziel beziehen. Daraus folgt jene These, die besagt, daß Gott uns innerlicher sein muß als wir selbst es uns sind, und daß wir ohne diese implizit oder explizit empfangene Gegenwart in der Welt der Götzenbilder zurückbleiben, in der Illusion über uns selbst, in der Finsternis der Äußerlichkeit."

58 G. Berger, *Recherches sur les conditions de la connaissance. Essai d'une théorétique pure*, Paris: P.U.F. (Bibliothèque de Philosophie contemporaine) 1941 und *Le Cogito dans la philosophie de Husserl*, Paris: Aubier (Philosophie de l'esprit) 1941.

59 Unveröffentlichter Text. Archives Blondel, A.23892–95 für die Dissertation über *Les Recherches* und A.23888–89/96–97: 90–91 für *Le cogito*.

60 Unveröffentlichter Text. Archives Blondel, B.23888-89. Tafeln II und III. Siehe Katalog Abb. 24–25.

61 Unveröffentlichter Text. Archives Blondel, B.23890. Tafel IV. Siehe Katalog Abb. 26.

Zwei wichtige unveröffentlichte Texte

Dieses kurze Exposé hat somit einige augustinische Einflüsse im Werk Blondels aufgezeigt. Wir legen nun noch zwei wichtige, von Blondel verfasste Texte zur Veröffentlichung vor, bei denen es sich eigentlich um Skizzen handelt, die er im Blick auf die Abfassung der Artikel aus den 30er Jahren angefertigt hatte, und zwar insbesondere für den Beitrag in der *Revue de Métaphysique et de Morale*. Der bequemeren Lesbarkeit wegen reproduzieren wir hier die Texte der Manuskripte[62]. Sie lassen ermessen, wie sehr der von Augustinus ausgehende Einfluss charakteristisch ist:

„Pour entrer vraiment dans la perspective d'Augustin sur la connaissance que nous avons avec une entière certitude, foncière et implicite que nous avons de nous-même, de la vérité, de Dieu, il est nécessaire et suffisant d'apercevoir ceci, ceci qui échappe à presque tous les philosophes, ceci qu'Augustin a si longtemps ignoré ou méconnu, ceci qui est devenu pourtant dès le jour de sa conversion une expérience constante et une évidence souveraine: nous ne sommes pas à nous-même notre propre lumière et rien non plus d'extérieur ou d'intérieur à nous ne nous éclaire. Dans la mesure où nous croirions partir des choses sensibles, du sentiment de nous-même, de notre raison et de l'idée même que nous nous faisons de Dieu, nous errons dans les ténèbres de l'idolâtrie. La vraie démarche est donc inverse: *error mens erat Deus mens*, c'est en avouant nos ténèbres que nous accueillons la vraie clarté; c'est en faisant place au maître intérieur que nous sommes instruits; si nous pensons être en nous chez nous, c'est alors que nous restons étrangers à nous-mêmes. Dieu nous est plus intérieur que notre intérieur; c'est de Lui que je dois dire: *Intus est, ego foris.* Voit-on comment cette inversion des perspectives coutumières retourne aussi toutes les démarches de l'investigation; comment elle est liée à la conversion spirituelle, comment elle constitue l'unité des méthodes spéculative et ascétique qu'on était habitué à opposer? Voit-on comment en face de l'Hôte qui seul peut emplir le vide, illuminer

„Um wirklich die Perspektive Augustins in Bezug auf die grundlegende und implizite, uns mit vollkommener Sicherheit zukommende Kenntnis einzunehmen, die wir von uns selbst, von der Wahrheit und von Gott besitzen, ist es notwendig, aber auch ausreichend, eben dasjenige wahrzunehmen, was fast allen Philosophen entgeht, was Augustinus über so lange Zeit nicht erkannte oder missverstand, was aber dennoch seit dem Tag seiner Bekehrung zur konstanten Erfahrung und höchsten Evidenz wurde: Wir sind uns nicht selbst unser eigenes Licht, und es gibt weder etwas Äußeres noch etwas Inneres, das uns erleuchten könnte. Sofern wir glauben, in sinnlich wahrnehmbaren Dingen, in dem, was wir in uns spüren, in unserer Vernunft, ja auch in der Vorstellung, die wir uns von Gott machen, unseren Ursprung zu haben, irren wir in den Finsternissen der Abgötterei umher. Der wahre Weg ist folglich umgekehrt: *error mens erat Deus mens*, d. h. indem wir unsere Finsternis meiden, empfangen wir die wahre Klarheit; indem wir dem inneren Meister Raum schaffen, werden wir unterwiesen; wenn wir denken, in uns bei uns zu sein, bleiben wir uns selbst fremd. Gott ist uns innerlicher als unser Inneres; von Ihm muß ich sagen: *Intus est, ego foris.* Sehen wir nicht, wie diese Umkehrung der gewöhnlichen Perspektiven auch alle Wege des Erforschens umkehrt; wie sie mit der geistlichen Bekehrung verknüpft ist, wie sie die Einheit der spekulativen und asketischen Methoden herstellt, die man sonst als gegensätzlich zu betrachten

62 Unveröffentlichte Texte. Archives Blondel f°21623 (siehe Katalog Abb. 27) und f°21803 (siehe Katalog Abb. 28).

l'obscurité, purifier la présomption que nous sommes, la philosophie cesse d'être une prétention de se suffire; elle est l'humilité qui est la vérité et la vertu intellectuelle, en attendant que nous voyions, dans une perspective analogue et complémentaire, l'alliance salutaire de la liberté et de la grâce."	pflegte? Im Angesicht des Herrn, der allein die Leere füllen, die Dunkelheit erleuchten und die Überheblichkeit, die wir sind, reinigen kann, in seinem Angesicht sehen wir, wie nun die Philosophie aufhört, eine Anmaßung zu sein, indem sie nicht mehr sich selbst genügen will; sie wird zur Demut, die die Wahrheit und die intellektuelle Tugend ist, indem sie darauf wartet, daß wir aus einer analogen und komplementären Perspektive heraus die heilsame Allianz von Freiheit und Gnade erkennen."
„On s'est demandé si une philosophie chrétienne est possible, ou s'il n'y a pas la philosophie d'un côté, le christianisme de l'autre. Augustin nous offre, au moins à l'état implicite, la philosophie chrétienne, ou même que la philosophie n'est une, n'est complète, n'est elle-même qu'en correspondant spontanément par un universalisme concret et singulier aux requêtes de l'esprit catholique. Car elle présente en creux un vide réel que la plénitude de la foi et de la charité pourraient combler. Aucune autre doctrine peut-être ne s'est adaptée à l'état réel de l'homme, qui n'est et n'a jamais été un état de pure nature et qui n'est pas non plus de soi [un élément raturé illisible] un état surnaturel, mais, en fait, un état transnaturel : se placer effectivement en ce centre de perspective qui seul permet de distinguer et d'unir intelligiblement et réellement tous les aspects du problème philosophique et du problème religieux qui ne forment qu'une destinée et ne comportent qu'une solution, c'est là ce que nul ne l'a fait comme Augustin, par là, il est unique, et cette doctrine qui n'a pas encore été explicitement comprise en son unité ni développée en ses conséquences nous explique la rénovation perpétuelle de l'Augustinisme [...]."	„Man hat sich gefragt, ob eine christliche Philosophie möglich sei, oder ob nicht auf der einen Seite die Philosophie, auf der anderen aber das Christentum stünde. Augustinus bietet uns, mindestens auf implizite Weise, die christliche Philosophie, bzw. er geht sogar davon aus, daß die Philosopie nicht eins, nicht vollständig, nicht sie selbst ist, wenn sie nicht spontan durch einen konkreten und einzigartigen Univeralismus den Anforderungen des katholischen Geistes entspricht, da sie als Mangel eine reale Leere aufweist, die die Fülle des Glaubens und der Nächstenliebe ausfüllen können. Wohl keine andere Lehre ist so sehr dem realen Wesen des Menschen angepasst, der kein reines Naturwesen ist und es niemals war, und der auch nicht aus sich selbst heraus [ein unlesbares durchgestrichenes Element] ein übernatürliches Wesen ist, sondern vielmehr ein transnaturales Wesen: Denn es gibt niemanden, dem es wie Augustinus gelang, seinen Standort tatsächlich in jenem perspektivischen Zentrum einzunehmen, das allein es erlaubt, alle Aspekte des philosophischen Problems sowie des religiösen Problems, die nur eine Bestimmung bilden und nur eine Lösung umfassen, zu unterscheiden und auf nachvollziehbare und reale Weise zu vereinigen. In dieser Hinsicht ist er einzigartig, und diese Lehre, die noch nicht explizit in ihrer Einheit verstanden und auch nicht in ihren Konsequenzen weiterentwickelt wurde, erklärt uns die immerwährende Erneuerung des Augustinismus [...]."

Heideggers Vorlesungsmotto zu „Augustinus und der Neuplatonismus"[63]
Freiburg, Sommersemester 1921.

Martin Heidegger (* 26.9.1889 Meßkirch/Baden, † 26.5.1976 Freiburg) hält als Privatdozent im Sommersemester 1921 an der Universität Freiburg die Vorlesung „Augustinus und der Neuplatonismus". Als Motto setzt er über den Beginn der Vorlesungshandschrift einen Satz Augustins aus dem dritten Abschnitt des X. Buches der *Confessiones,* das Gegenstand seiner Augustinus-Vorlesung ist. Er interpretiert diesen als eine von der Gottsuche geleitete Selbstauslegung der *anima* bzw. *vita.* Heidegger zeigt, dass Augustinus sich für seine Auslegung der *anima* unausdrücklich in einem Verständnis dessen hält, was er, Heidegger, in seinem eigenen Denkansatz als das ‚faktische Leben' und ‚Dasein' fasst. Die Augustinische Selbstauslegung des eigenen Seelenlebens geschieht in drei aufeinander folgenden Analysen: des Gedächtnisses (*memoria*), der Suche nach dem wahren und dem falschen seligen Leben (*vita beata*), der Verfasstheit des Lebens als ständiges Versuchtwerden (*tentatio*), das Leben in einer Gott-fernen Weise zu vollziehen. Unter den von Augustinus unterschiedenen drei Hauptrichtungen des Versuchtwerdens nennt er als die zweite die *concupiscentia oculorum* oder *curiositas,* die Neugier, d.h. jene Selbstverhaltungsweise des Lebens, in der wir uns mit Nichtigkeiten abgeben und uns darin gegen die Lebensmöglichkeit einer primären Sorge für die Nähe zu Gott verschließen. In dem als Motto gewählten Satze Augustins aus dem Beginn des X. Buches steht die *curiositas* im Blick, wenn Augustinus vom *curiosum genus*, dem gemeinhin neugierigen Menschengeschlecht spricht, das zwar das Leben der Anderen auszuspähen bestrebt ist, nicht aber in das je eigene Leben blickt, um dieses in seinen Vollzugsweisen wahrhaft zu verstehen und von daher die Lebensmöglichkeit, das eigene Leben zu bessern. Auch für Heidegger ist die Neugier eine Weise uneigentlichen Sichverstehens (Sein und Zeit, § 36), während das ausdrücklich ergriffene Sichselbstverstehen des Lebens den Weg durch das je eigene Leben wählt und dieses in seinem Sich-zu-sich-selbst-verhalten in den beiden Vollzugsweisen des abfallend-uneigentlichen und des eigentlichen Seins zur Auslegung bringt.

63 Das Skript liegt im Deutschen Literaturarchiv Marbach. Einen Textentwurf für die Heidegger-Dokumente stellte freundlicherweise Friedrich-Wilhelm von Herrmann zur Verfügung. Siehe Katalog Abb. 29.

§ 12 aus Martin Heideggers Vorlesung „Augustinus und der Neuplatonismus"[64]
Freiburg, Sommersemester 1921.

Martin Heideggers Freiburger Vorlesung vom Sommersemester 1921 „Augustinus und der Neuplatonismus" ist auf 19 Seiten im Folioformat als fortlaufender Text ohne formale Gliederung niedergeschrieben. Die hier als Faksimile ausgestellte handschriftliche Seite[65] behandelt die Abschnitte 39 und 40 des X. Buches der *Confessiones,* welche die Analyse der *tentatio*, der Wesensverfasstheit des je eigenen Lebens als ein Versuchtwerden, einleitet. Während unseres irdischen Lebens, in dem wir noch nicht ganz von Gott erfüllt sind, stehen wir ständig in der Versuchung, uns einseitig in das Mannigfaltige der weltlichen Bedeutsamkeiten zu zerstreuen (*in multa defluximus*), und verschließen uns gegen die Möglichkeit, uns zu sammeln und in die Einheit unseres eigentlichen, gottbezogenen Selbst zurückzuführen (*colligimur et redigimur in unum*). In dieser wesenhaften Entscheidungssituation für die eine oder die andere Lebensmöglichkeit bin ich mir selbst zur Last (*oneri mihi sum*): die Last des eigenen Seins, sich so oder so lebend entscheiden zu müssen. In der Lebensmöglichkeit des eigentlichen, weil primär gottbezogenen Lebensvollzuges liegt die Forderung Gottes, die *continentia* anzustreben: als Gegenbewegung gegen die gottferne Zerstreuung das Zusammenhalten des Lebens in der Einheit eines primär gottbezogenen Seins in der Welt der Bedeutsamkeiten. Doch ein Leben aus der *continentia* kann nur ergriffen werden, wenn die göttliche Barmherzigkeit in der Gestalt der Gnade die in Freiheit ergreifbare Möglichkeit der *continentia* vorgibt (*Da quod iubes et iube quod vis*). Die Einleitung zur *tentatio*-Analyse formuliert als Frage, was für Augustinus Gewissheit ist: dass das Leben des Menschen auf der Erde Versuchung ohne Unterlass ist (*Numquid non ,temptatio est vita humana super terram' sine ullo interstitio*). Die Weise, wie das je eigene Leben lebend sich zu sich selbst verhält, fasst Heidegger mit dem Augustinischen Begriff der *cura*, des Sorgetragens für den Lebensvollzug, das er auch das Bekümmertsein (*curare*) nennt.

64 Das Skript liegt im Deutschen Literaturarchiv Marbach. Siehe Katalog Abb. 30.

65 Dies entspricht dem vom Herausgeber Claudius Strube eingerichteten § 12 des 60. Bandes der M. Heidegger, *Gesamtausgabe.* Frankfurt a.M.: Klostermann 1995.

Brief Martin Heideggers an Elisabeth Blochmann[66]

Marburg, 11. Januar 1928.

Ein Brief vom 11. Januar 1928, den Martin Heideggers an Elisabeth Blochmann (* 14.4.1892 Apolda, Ordinaria für Pädagogik an der Universität Marburg von 1952–1960, † 27.1.1972 Marburg), eine Studienkollegin von Elfride Petri und später gemeinsame Freundin von Elfride und Martin Heidegger, richtete, erhellt Heideggers Verhältnis zu Augustinus. Heidegger führt darin die Wendung *Volo ut sis* und deren Übersetzung ‚ich will, daß Du seiest' und teilt der Adressatin mit, dass Augustinus mit diesen Worten die Liebe interpretiert habe. Nachforschungen des Würzburger Augustinus-Zentrums haben ergeben, dass dieses Zitat wörtlich bei Augustinus nicht nachweisbar sei, aber eine Quelle dem Sinne nach in Augustins *Sermo Lambot* 27,3 zu finden sei, wo es heißt: *Quod quisque amat, vult esse, an non vult esse? Puto quia, si amas filios tuos, vis illos esse; si autem illos non vis esse, non amas. Et quodcumque amas, vis ut sit, nec omnino amas quod cupis ut non sit.*[67] Diese Augustinische Wendung hat Heidegger wiederholt aufgegriffen, unter anderem in einem Brief an Hannah Arendt vom 13.5.1925[68] und in einem Text aus der Sammlung „Aus der Erfahrung des Denkens", den er überschreibt *Amo: volo ut sis.*[69]

66 Der Brief befindet sich im Deutschen Literaturarchiv Marbach (Handschriftenabteilung). Siehe Katalog Abb. 31.

67 J.P. Migne (Hg.), *Patrologiae cursus completus. Serie Latina. Supplementum,* Vol.II, Paris: Garnier 1960, Sp. 832–834, Sp. 833.

68 Siehe H.Arendt/M. Heidegger, *Briefe 1925 bis 1975 und andere Zeugnisse.* Frankfurt a.M.: Klostermann 2002, 31.

69 M. Heidegger, *Gesamtausgabe.* Bd.81, Frankfurt a.M.: Klostermann, 2007, 109.

Brief Martin Heideggers an Elisabeth Blochmann[70]

Freiburg, 12. April 1933.

Im Geburtstagsbrief an Elisabeth Blochmann vom 12. April 1933 erläutert Martin Heidegger sein Geburtstagsgeschenk. Es sind die *Confessiones* Augustins, die „zu diesem Tag (…) am besten passen“. Er wünscht seiner Adressatin „einen reichen und dauernden Gewinn aus diesem großen Buch“. Er hebt hervor, dass „die Kraft des Existierens“, die dieses Buch „verströmt“, „in der Tat unerschöpflich“ sei. Er gibt auch einen Ratschlag für den lesenden Umgang mit den „Bekenntnissen“. Nach seiner eigenen Erfahrung sei es „am fruchtbarsten“, beim Lesen „mit dem X. Buch zu beginnen in eins mit dem XI. und dann erst mit dem ‚Biographischen‘, wenn man es überhaupt so nennen darf.“ Schließlich äußert sich Heidegger zum ‚Latein‘ Augustins: die mit den „Bekenntnissen“ Beschenkte müsse den „lateinischen Text“ dazu nehmen „schon des wundervollen Lateins wegen“, das in seiner Art „gar nie übersetzt werden kann“. Dieser lateinische Text sei sogar „am schönsten zu lesen (…) in der großen Ausgabe der Mauriner – nur so entfaltet sich die ganze Stimmung.“

Das X. Buch der „Bekenntnisse“ hat Heidegger in seiner Frühen Freiburger Vorlesung vom Sommersemester 1921 „Augustinus und der Neuplatonismus“ als eine von der Gottsuche geleitete Selbstauslegung der *anima* interpretiert und in dieser eine Vorgestalt seiner eigenen Hermeneutik des faktischen Lebens erkannt. Das XI. Buch ist Thema seines am 26.10.1930 im Kloster Beuron gehaltenen Vortrags „Des heiligen Augustinus Betrachtungen über die Zeit (*Confessiones liber XI*)“[71], in dem er diese Betrachtungen neben den Aristotelischen und den Kantischen Untersuchungen der Zeit zu den bahnbrechenden Besinnungen auf das Wesen der Zeit zählt. In der Augustinischen Wesensbestimmung der Zeit als *distentio animi* sieht Heidegger einen Zeiger in den ekstatischen Charakter des Daseins und dessen ekstatisch-horizontale Zeitlichkeit (Sein und Zeit). Ein Exemplar der 11 Foliobände umfassenden Mauriner-Ausgabe der Werke Augustins gehört zum Bestand der Fachbibliothek des Freiburger Philosophischen Seminars und ist vermutlich auch dasjenige, in dem Heidegger gelesen und gearbeitet hat. Die *Confessiones* finden sich im 1. Band: *Sancti Aurelii Augustini Hipponensis Episcopi Operum Tomus Primus. Opera et Studio Monachorum Ordinis S. Benedicti e Congregatione S. Mauri.* Paris 1689, Sp. 69–244.

70 Der Brief liegt im Deutschen Literaturarchiv Marbach. Siehe Katalog Abb. 32–33.

71 Siehe http://www.erzabtei-beuron.de/archiv/Heidegger.pdf.

Abb. 1: Augustinus. Spätantikes Wandmalereifragment. Originalfassung (Rom, Lateran). Photographie von Norbert Fischer.

Abb. 2: Augustinus. Spätantikes Wandmalereifragment. Rekonstruierte Fassung (Rom, Lateran).

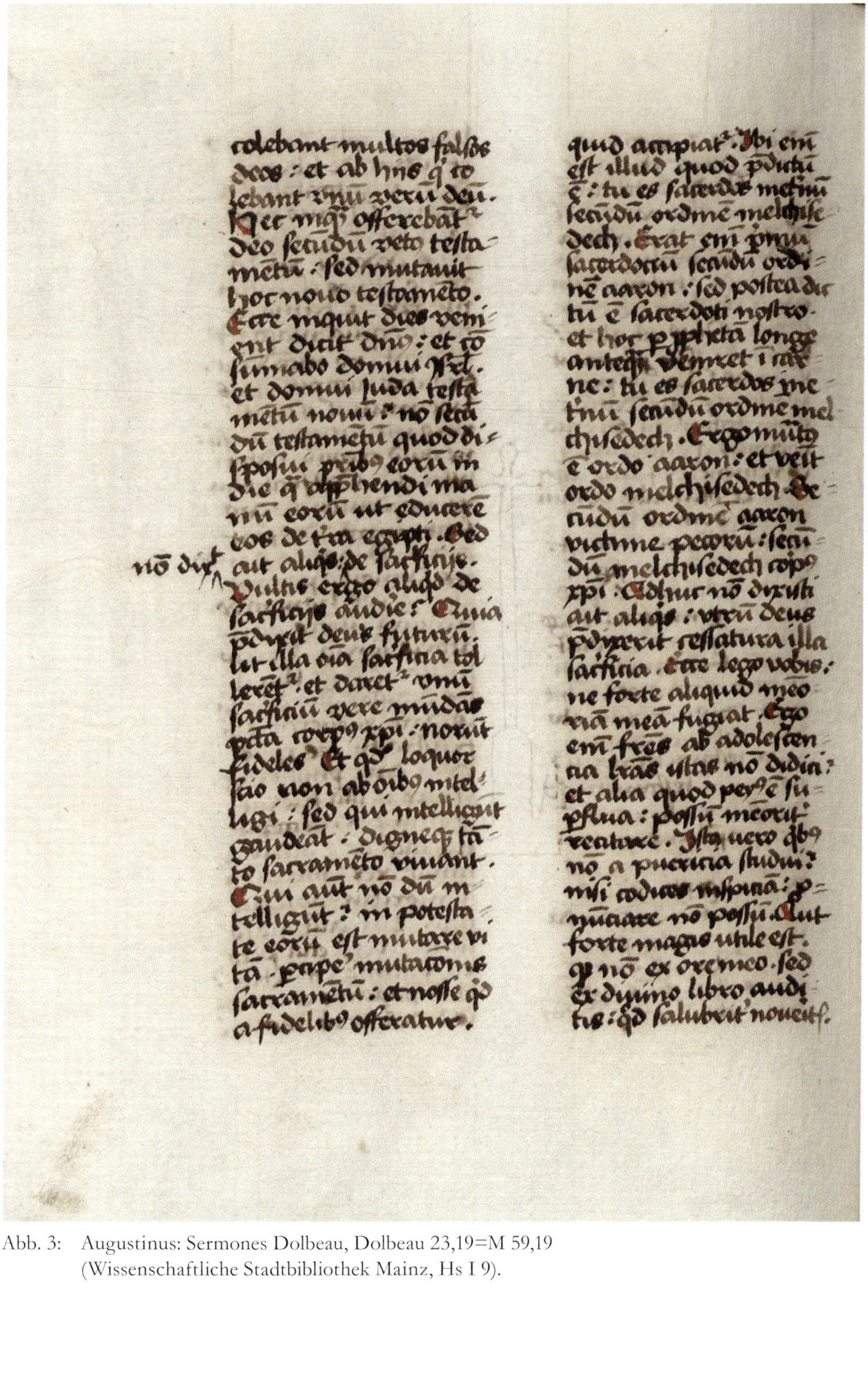

Abb. 3: Augustinus: Sermones Dolbeau, Dolbeau 23,19=M 59,19 (Wissenschaftliche Stadtbibliothek Mainz, Hs I 9).

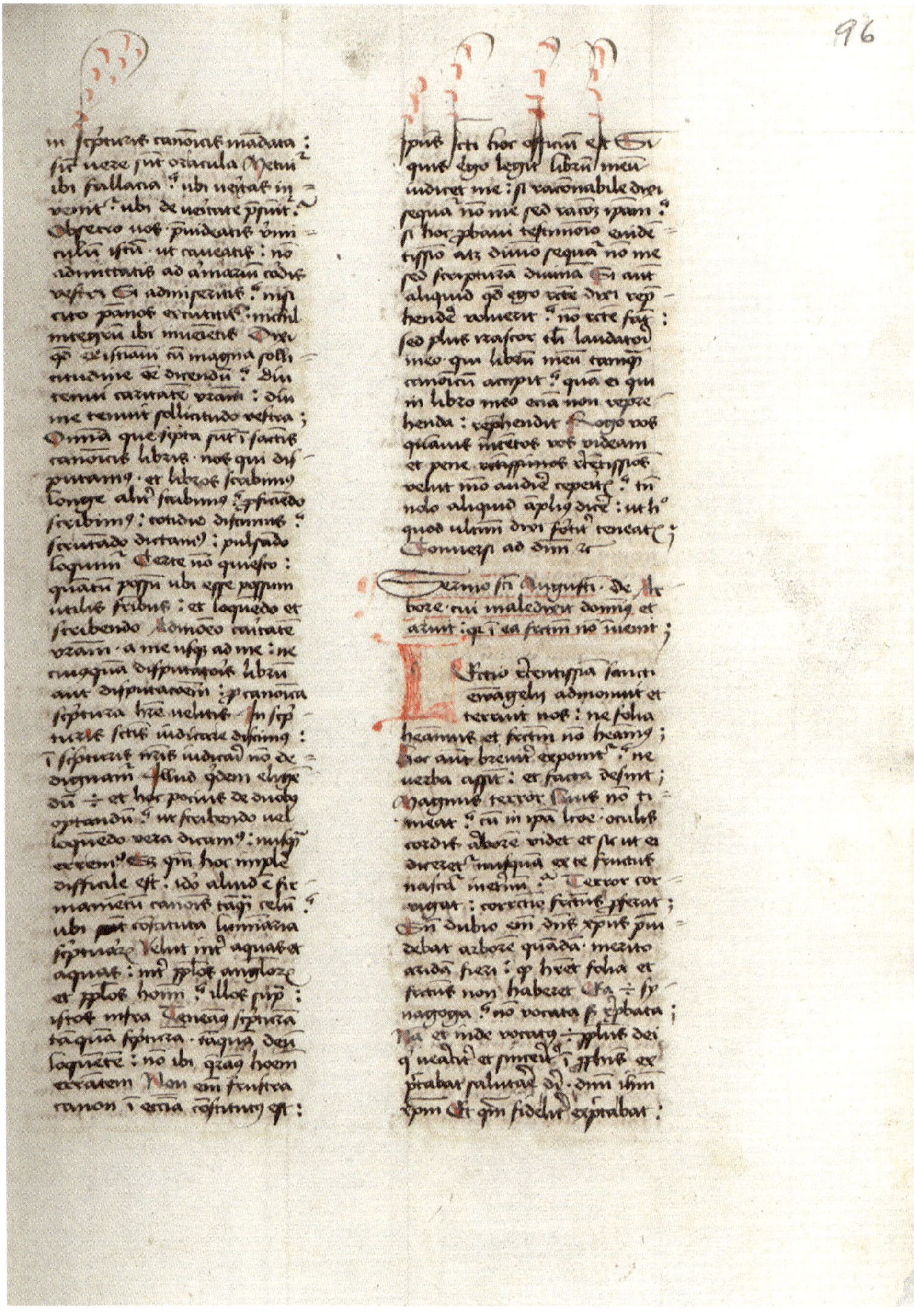

Abb. 4: Augustinus: Sermones Dolbeau, *Dolbeau* 10,15=M 27,15 (Wissenschaftliche Stadtbibliothek Mainz, Hs I 9).

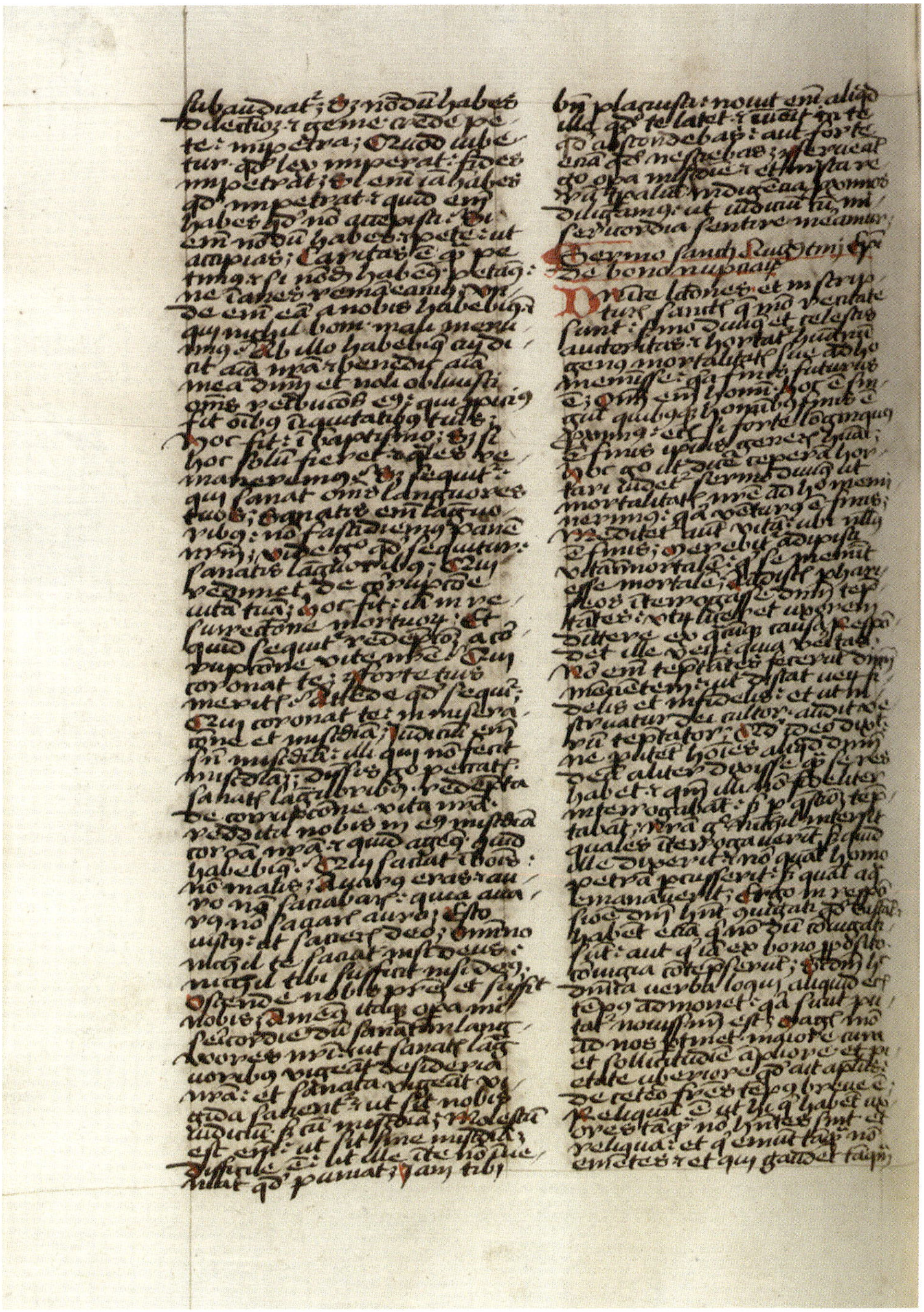

Abb. 5: Augustinus: *Sermo sancti Augustini episcopi de bono nuptiarum* . *Dolbeau* 12=M 41 (Wissenschaftliche Stadtbibliothek Mainz, Hs I 9).

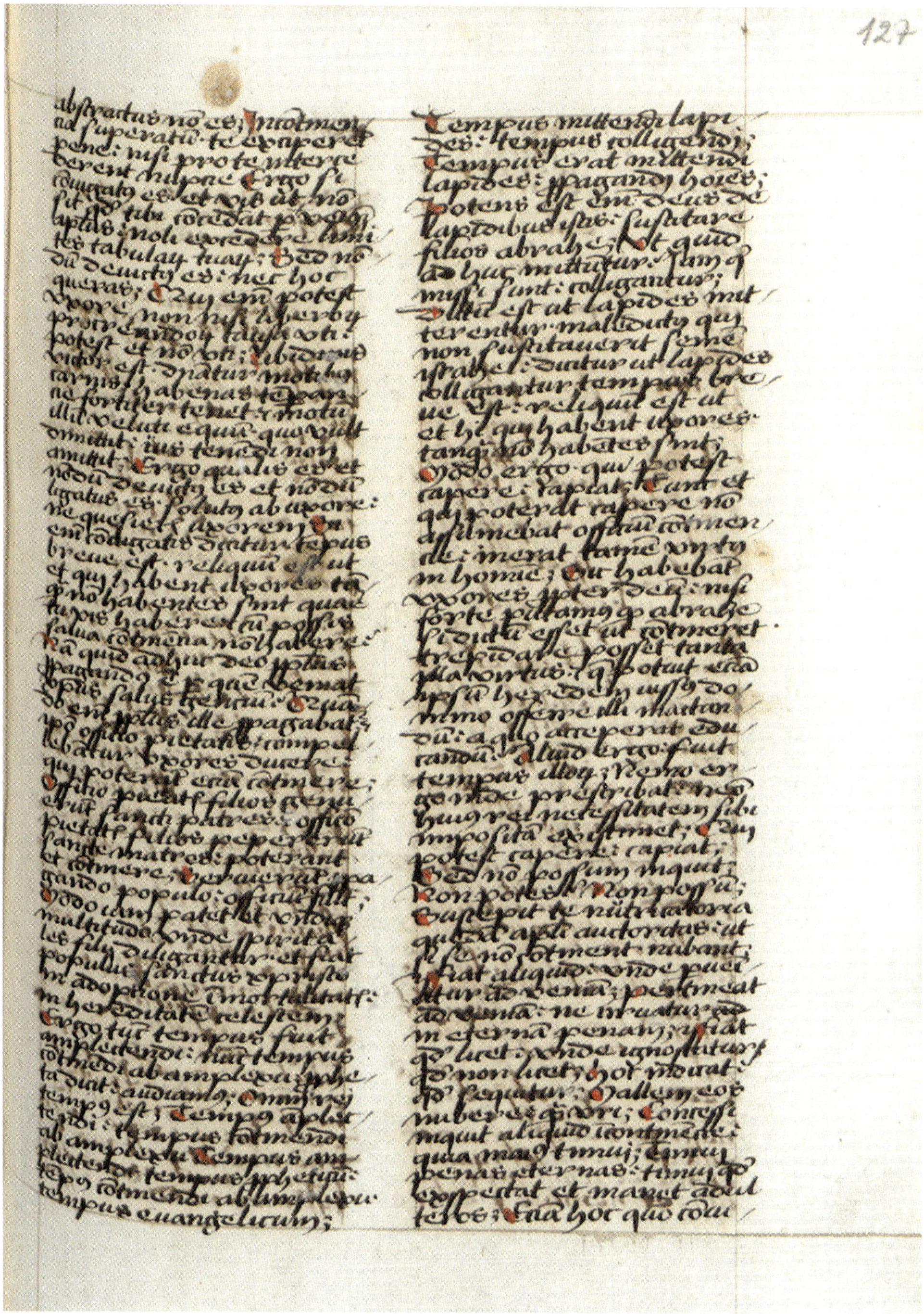

Abb. 6: Augustinus: *Sermo sancti Augustini episcopi de bono nuptiarum* . *Dolbeau* 12=M 41 (Wissenschaftliche Stadtbibliothek Mainz, Hs I 9).

Abb. 7: Augustinus: *Sermo sancti Augustini episcopi de bono nuptiarum* . *Dolbeau* 12=M 41 (Wissenschaftliche Stadtbibliothek Mainz, Hs I 9).

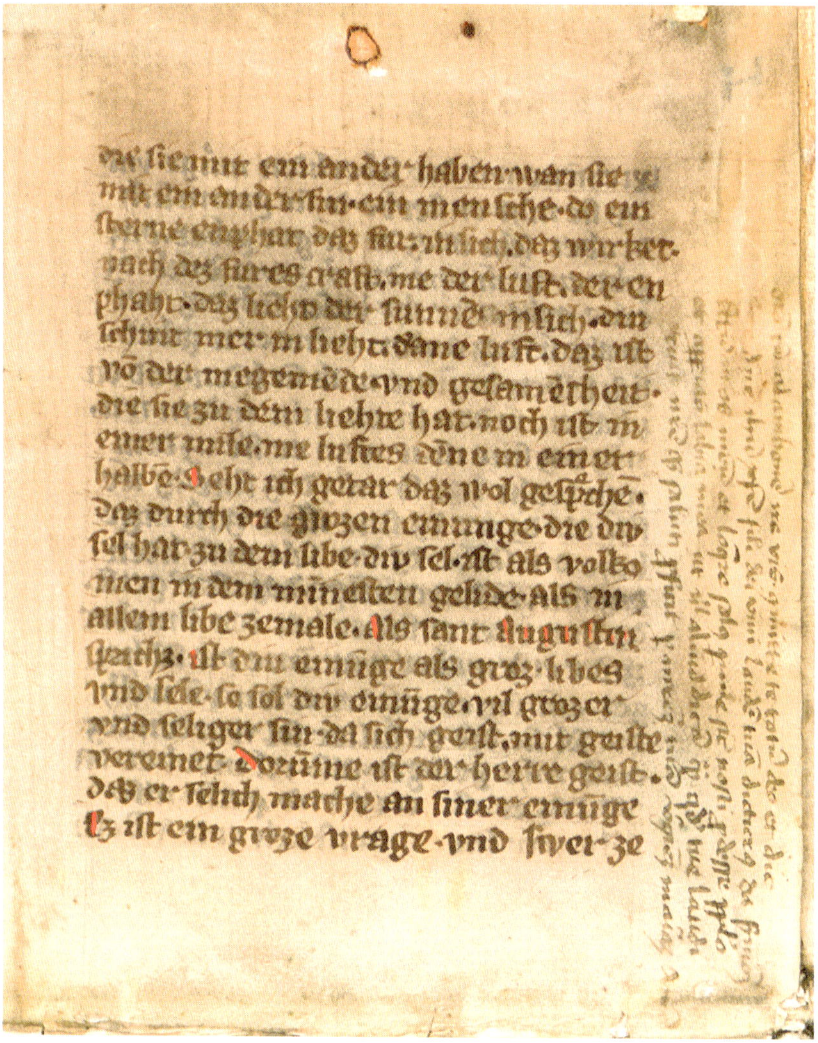

Abb. 8: Meister Eckhart: Fragment der Predigt 47 (Staats- und Seminarbibliothek der Universitätsbibliothek Eichstätt-Ingolstadt, cod. st 358).

Abb. 9: Nikolaus von Kues: Briefwechsel zwischen Augustinus und Nebridius (St. Nikolaus-Hospital/Cusanusstift Bernkastel-Kues Cod. Cus. 50, 146[v]).

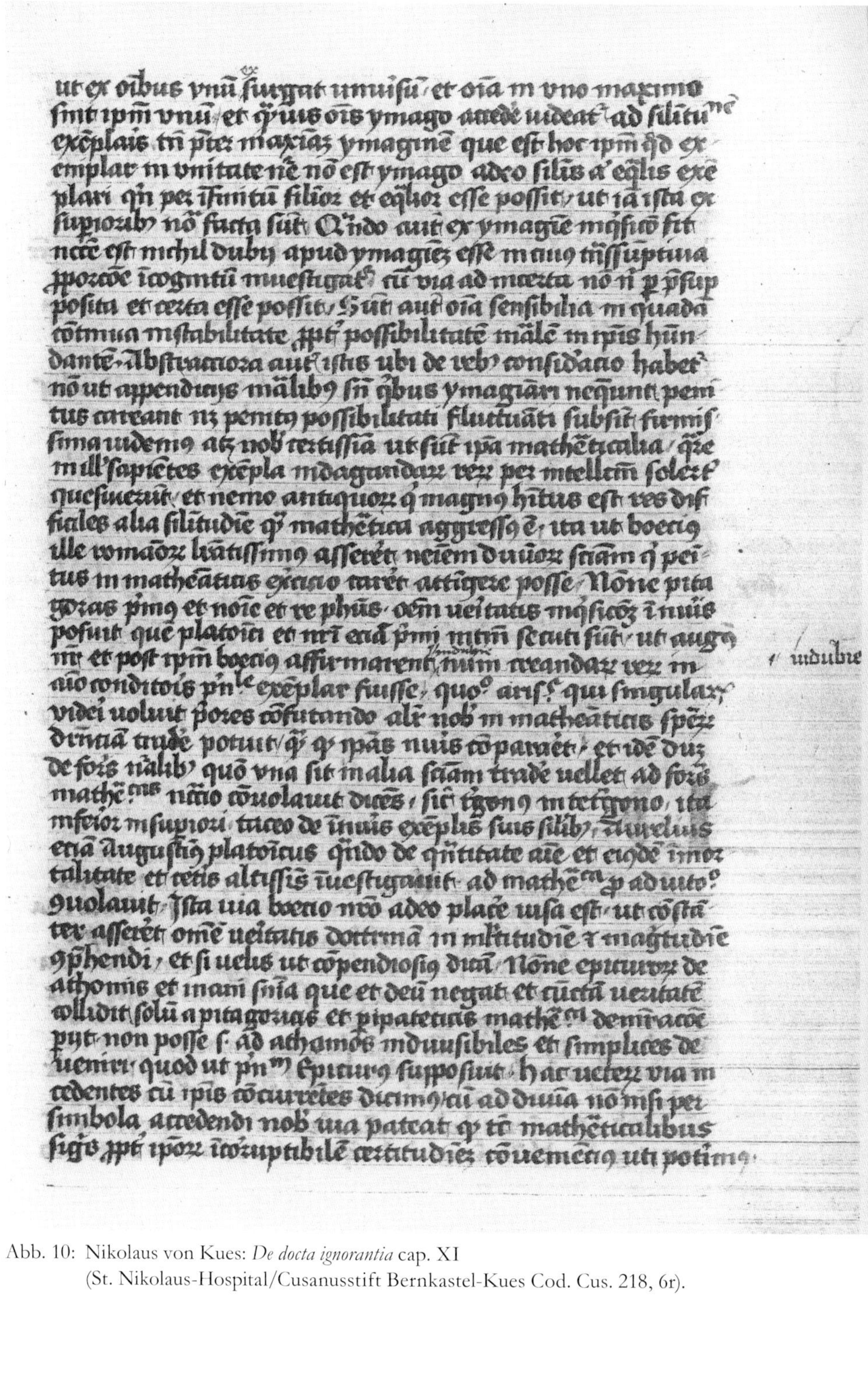

Abb. 10: Nikolaus von Kues: *De docta ignorantia* cap. XI
(St. Nikolaus-Hospital/Cusanusstift Bernkastel-Kues Cod. Cus. 218, 6r).

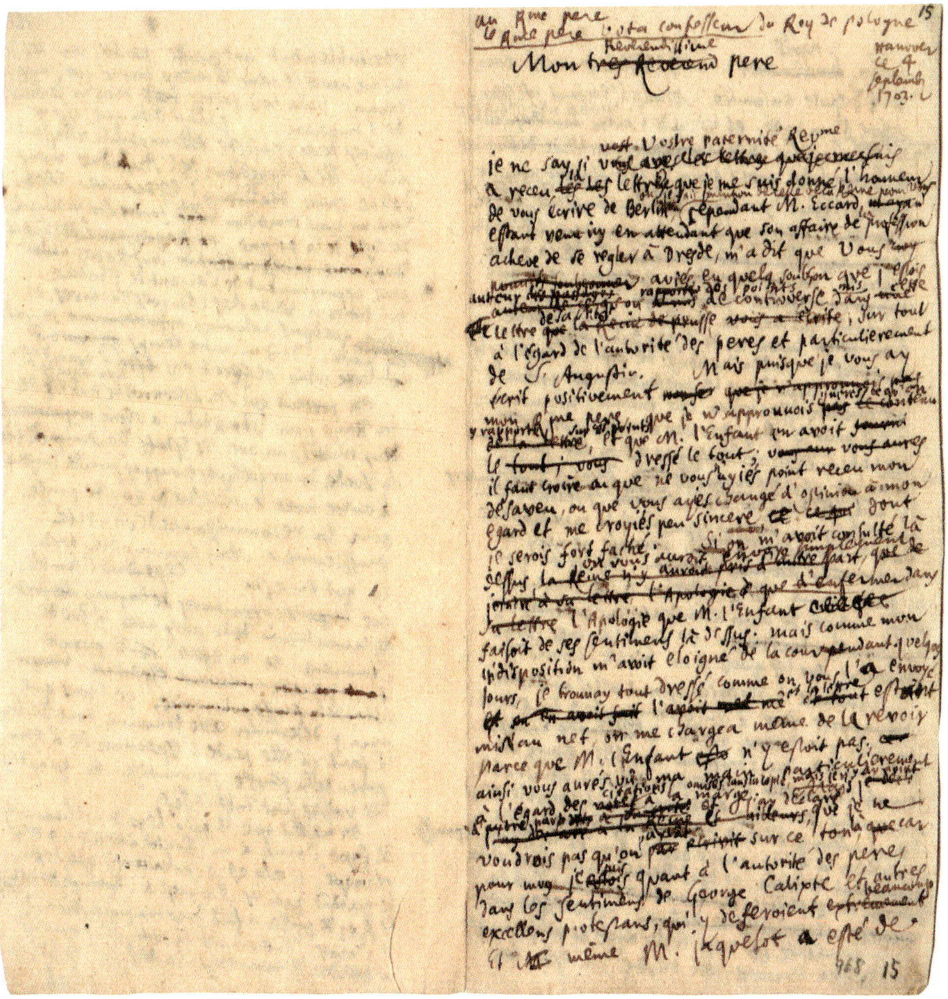

Abb. 11: Entwurf eines Briefes von Gottfried Wilhelm Leibniz an Carlo Maurizio Vota (Gottfried-Wilhelm-Leibniz-Bibliothek Hannover, LBr. 968 Bl. 15-16).

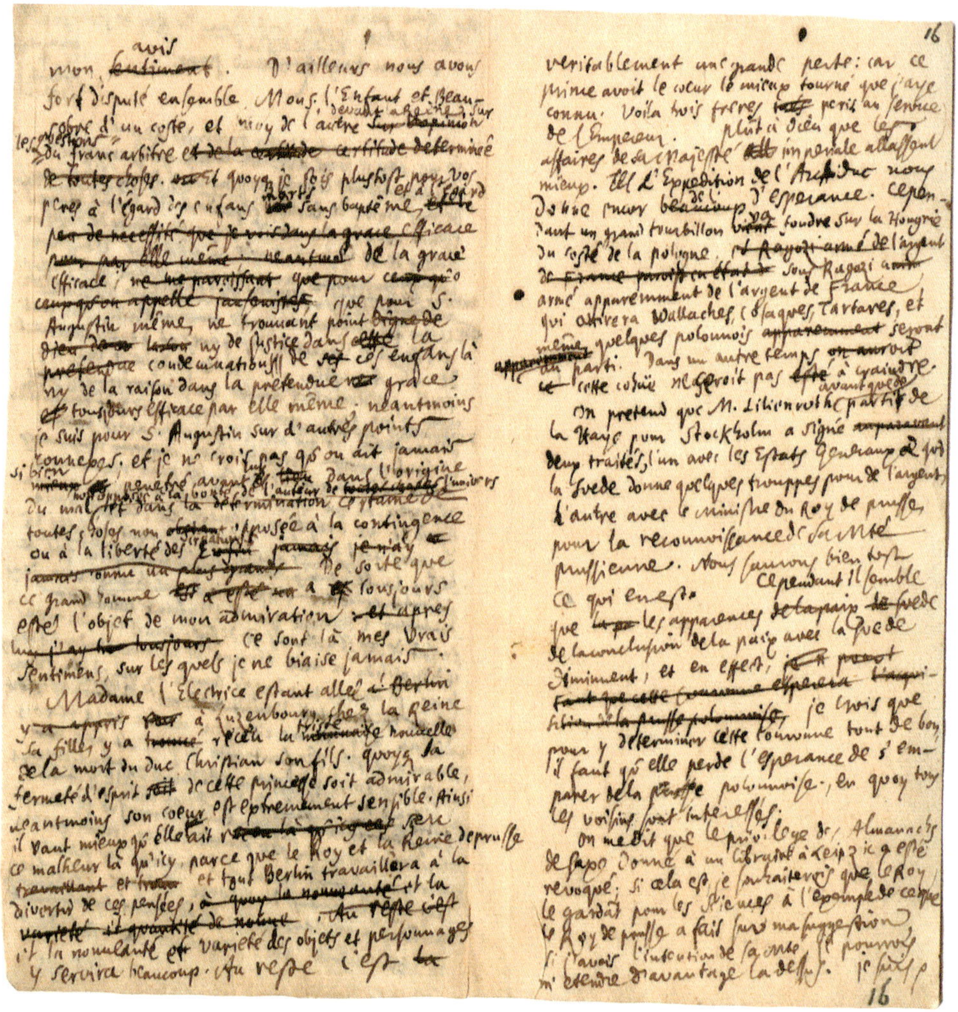

Abb. 12: Entwurf eines Briefes von Gottfried Wilhelm Leibniz an Carlo Maurizio Vota (Gottfried-Wilhelm-Leibniz-Bibliothek Hannover, LBr. 968 Bl. 15-16).

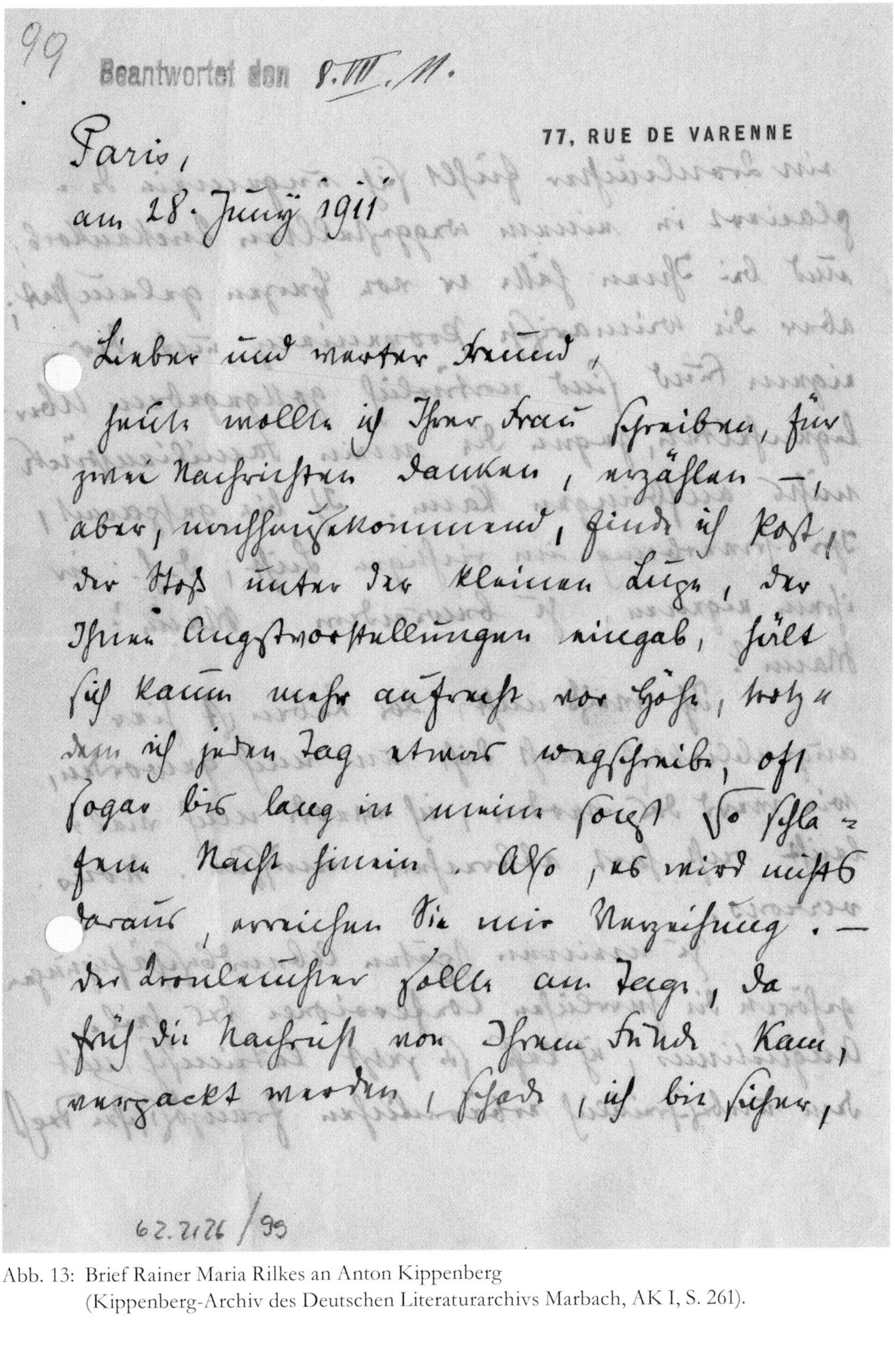

99 Beantwortet den 8.VII.11.

77, RUE DE VARENNE

Paris,
am 28. Juni 1911

Lieber und werter Freund,

heute wollte ich Ihrer Frau schreiben, für jene Nachrichten danken, erzählen —, aber, nachhausekommend, finde ich Post, der Stoß unter der kleinen Lüge, der Ihnen Angstvorstellungen eingab, hält sich kaum mehr aufrecht vor Höhe, trotzdem ich jeden Tag etwas wegschreibe, oft sogar bis lang in meine sonst so schlafgerne Nacht hinein. Also, es wird nichts daraus, verzeihen Sie mir [illegible]. — der [illegible] sollte am Tage, da früh die Nachricht von Ihrem [illegible] kam, verpackt werden, schade, ich bin sicher,

62.2126 / 99

Abb. 13: Brief Rainer Maria Rilkes an Anton Kippenberg
(Kippenberg-Archiv des Deutschen Literaturarchivs Marbach, AK I, S. 261).

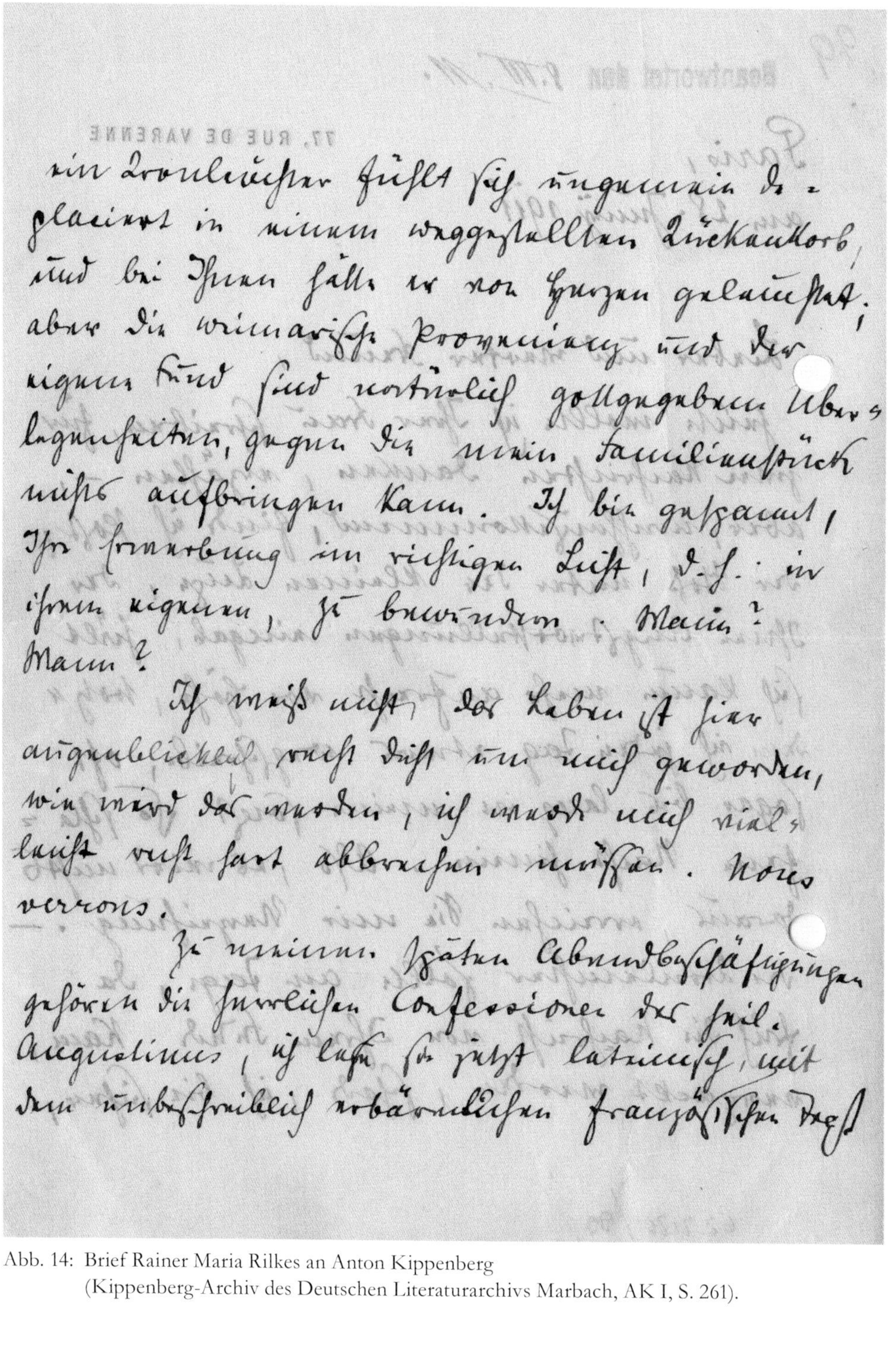
ein Kronleuchter fühlt sich ungemein de-
placirt in einem weggestellten Zuckerkorb,
und bei Ihnen hätte er von Herzen geleuchtet;
aber die weimarische [illegible] und der
eigene Hund sind natürlich gottgegebene Über-
legenheiten, gegen die mein Familienstück
nichts aufbringen kann. Ich bin gespannt,
Ihre Erwerbung im richtigen Licht, d. h.: in
ihrem eigenen, zu bewundern. Wann?
Wann?
Ich weiß nicht, das Leben ist hier
augenblicklich recht dicht um mich geworden,
wie wird das werden, ich werde mich viel-
leicht recht hart abbrechen müssen. Nous
verrons.
Zu meinen späten Abendbeschäftigungen
gehören die herrlichen Confessiones des heil.
Augustinus, ich lese sie jetzt lateinisch, mit
dem unbeschreiblich erbaulichen französischen Text

Abb. 14: Brief Rainer Maria Rilkes an Anton Kippenberg
(Kippenberg-Archiv des Deutschen Literaturarchivs Marbach, AK I, S. 261).

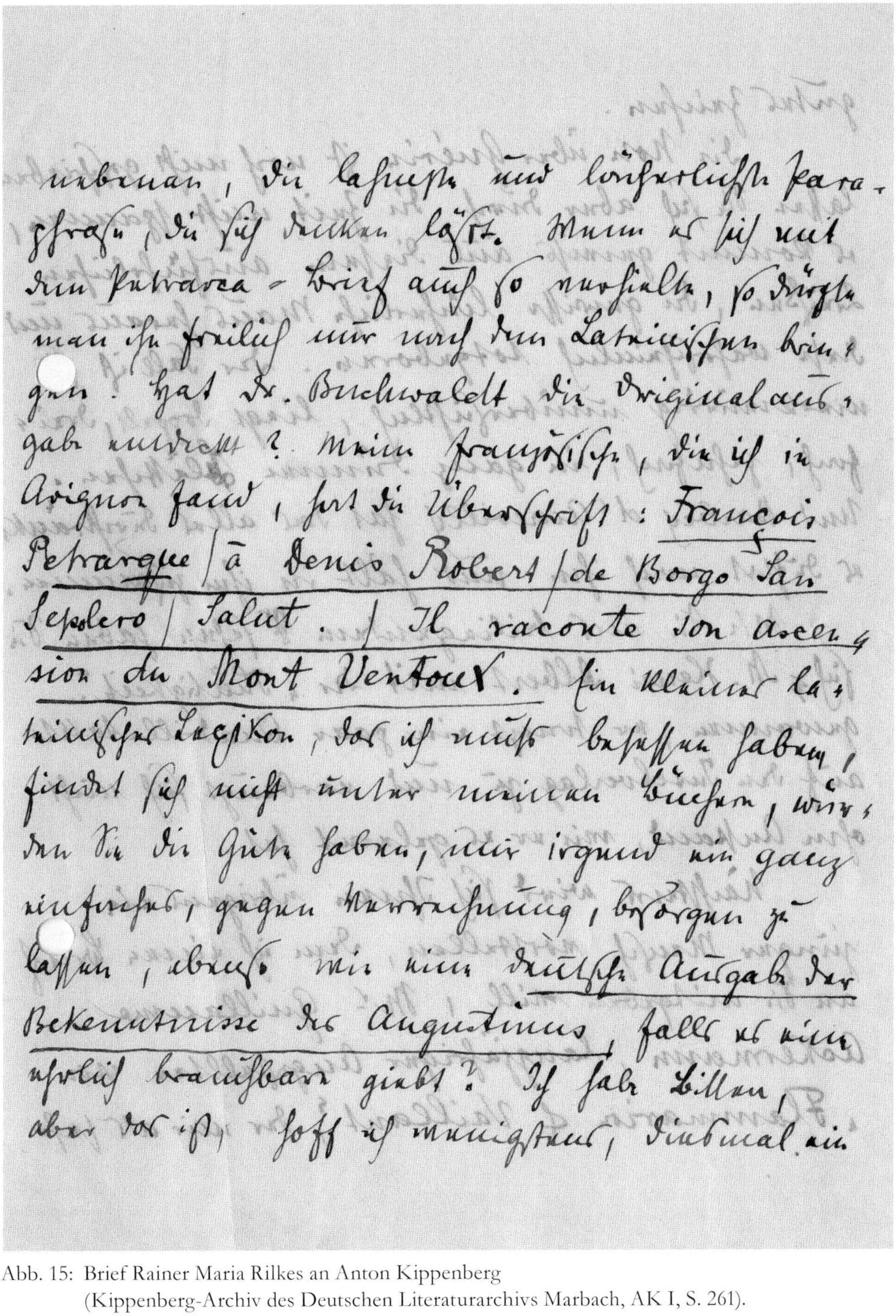
erkennen, die [illegible] und körperlichste Para-
phrase, die sich denken läßt. Wenn er sich mit
dem Petrarca-Brief auch so verhielte, so dürfte
man ihn freilich nur nach dem Lateinischen brin-
gen. Hat Dr. Buchwaldt die Originalaus-
gabe entdeckt? Meine französische, die ich in
Avignon fand, hat die Überschrift: François
Petrarque / à Denis Robert / de Borgo San
Sepolcro / Salut. / Il raconte son ascen-
sion du Mont Ventoux. Ein kleines la-
teinisches Lexikon, das ich meinte besessen zu haben,
findet sich nicht unter meinen Büchern, wür-
den Sie die Güte haben, mir irgend ein ganz
einfaches, gegen Verrechnung, besorgen zu
lassen, ebenso mir eine deutsche Ausgabe der
Bekenntnisse des Augustinus, falls es eine
ehrlich brauchbare giebt? Ich habe Bitten,
aber das ist, hoff ich wenigstens, diesmal ein

Abb. 15: Brief Rainer Maria Rilkes an Anton Kippenberg
(Kippenberg-Archiv des Deutschen Literaturarchivs Marbach, AK I, S. 261).

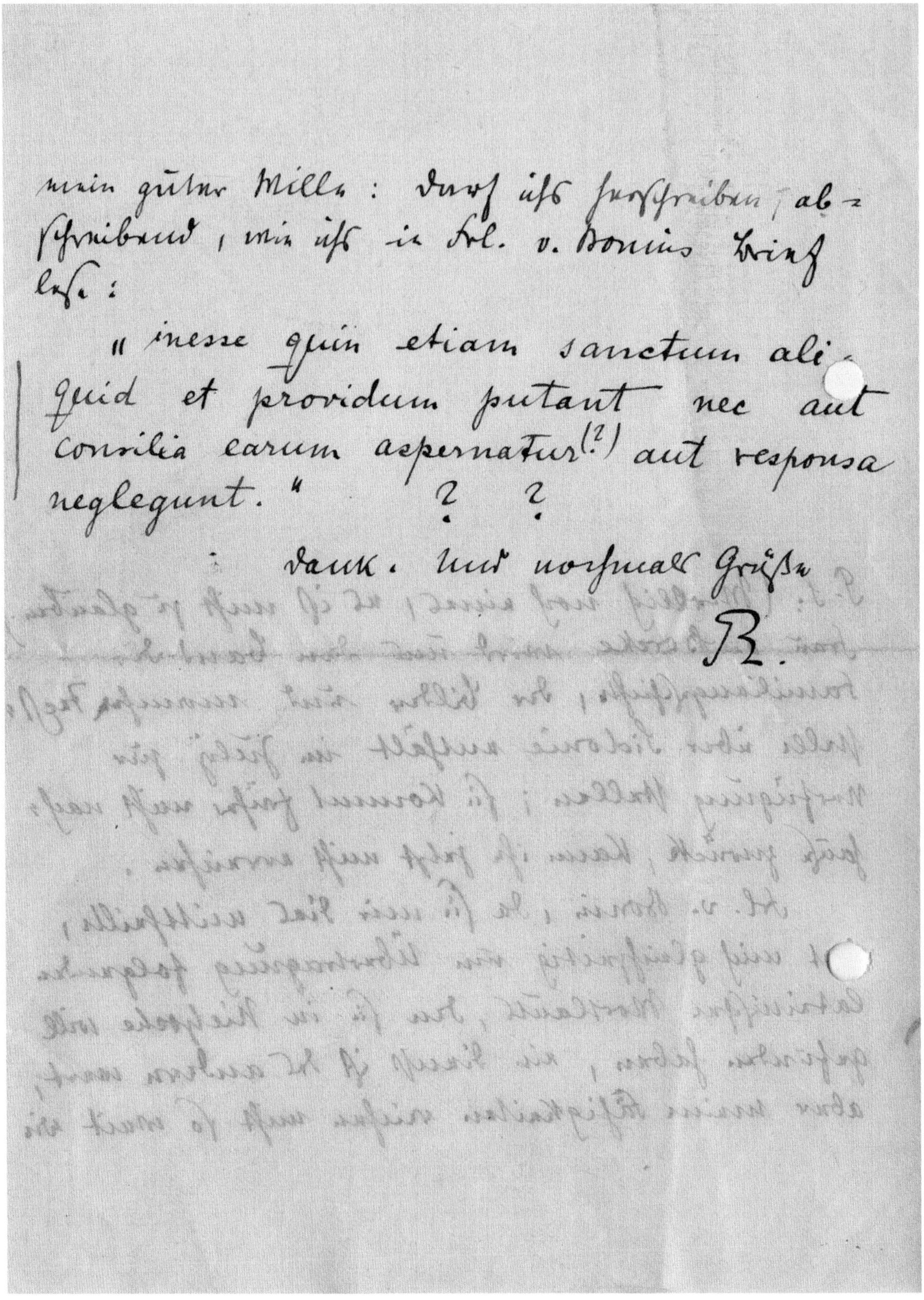
mein guter Wille: doch ich her schreiben, abschreibend, wie ich in Frl. v. Bonins Brief lese:

„inesse quin etiam sanctum aliquid et providum putant nec aut consilia earum aspernatur(?) aut responsa neglegunt." ? ?

Dank. Und nochmals Grüße

R.

Abb. 16: Brief Rainer Maria Rilkes an Anton Kippenberg
(Kippenberg-Archiv des Deutschen Literaturarchivs Marbach, AK I, S. 261).

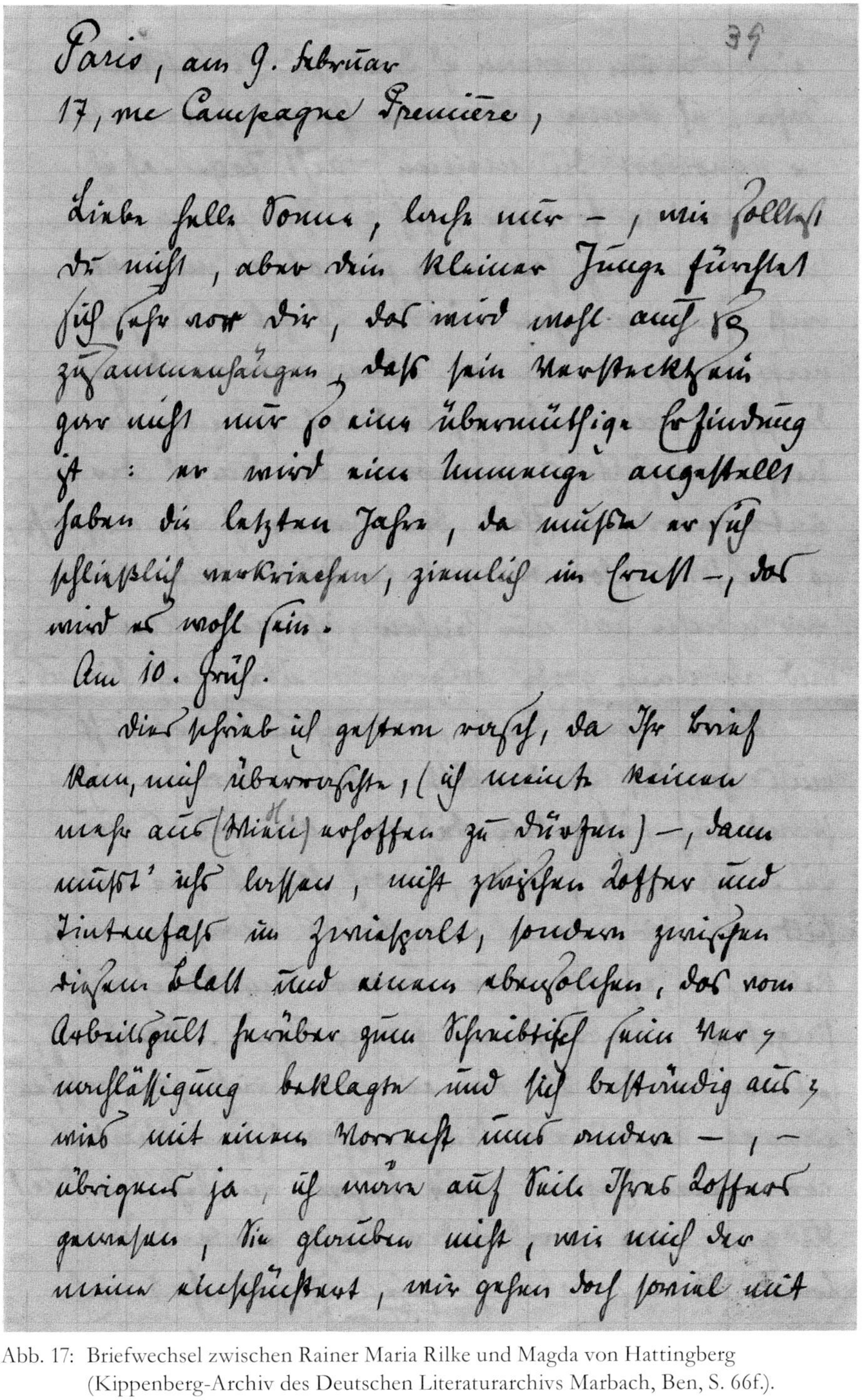
Paris, am 9. Februar
17, rue Campagne Première,

Liebe helle Sonne, leise nur –, wie solltest du nicht, aber dein kleiner Junge fürchtet sich sehr vor dir, das wird wohl auch so zusammenhängen, dass sein Versteckspiel gar nicht nur so eine übermüthige Erfindung ist: er wird eine Menge angestellt haben die letzten Jahre, da musste er sich schließlich verkriechen, ziemlich im Ernst –, das wird es wohl sein.
Am 10. früh.
Dies schrieb ich gestern rasch, da Ihr Brief kam, mich überraschte, (ich meinte keinen mehr aus Wien erhoffen zu dürfen) –, dann musst' ich lassen, nicht zwischen Koffer und Tintenfass im Zwiespalt, sondern zwischen diesem Blatt und einem abzuholenden, das vom Arbeitspult herüber zum Schreibtisch seine Vernachlässigung beklagte und sich beständig auswies mit einem Vorwurf und dem andern –, – übrigens ja, ich wäre auch Seite Ihres Koffers gewesen, Sie glauben nicht, wie mich der meine erschüttert, wir gehen doch soviel mit

Abb. 17: Briefwechsel zwischen Rainer Maria Rilke und Magda von Hattingberg (Kippenberg-Archiv des Deutschen Literaturarchivs Marbach, Ben, S. 66f.).

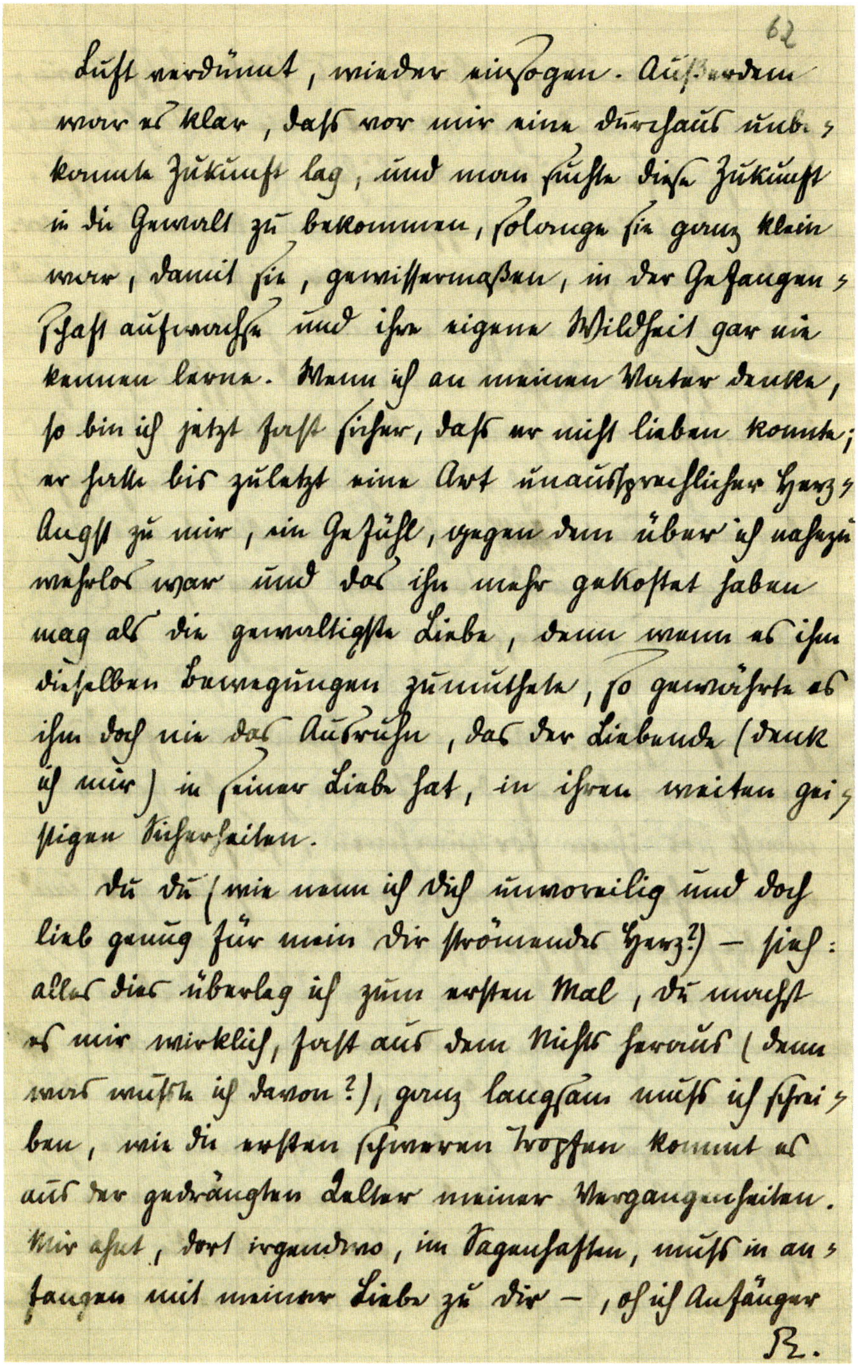

62

Luft verdünnt, wieder eingesogen. Außerdem war es klar, daß vor mir eine durchaus unbekannte Zukunft lag, und man suchte diese Zukunft in die Gewalt zu bekommen, solange sie ganz klein war, damit sie, gewissermaßen, in der Gefangenschaft aufwüchse und ihre eigene Wildheit gar nie kennen lerne. Wenn ich an meinen Vater denke, so bin ich jetzt fast sicher, daß er nicht lieben konnte; er hatte bis zuletzt eine Art unaussprechlicher Herz-Angst zu mir, ein Gefühl, gegen dem über ich nahezu wehrlos war und das ihn mehr gekostet haben mag als die gewaltigste Liebe, denn wenn es ihm dieselben Bewegungen zumuthete, so gewährte es ihm doch nie das Ausruhen, das der Liebende (denk ich mir) in seiner Liebe hat, in ihren weiten geistigen Sicherheiten.

Du Du (wie nenn ich Dich unvoreilig und doch lieb genug für mein dir strömendes Herz?) — sieh: alles dies überlag ich zum ersten Mal, du machst es mir wirklich, fast aus dem Nichts heraus (denn was wußte ich davon?), ganz langsam muß ich schreiben, wie die ersten schweren Tropfen kommt es aus der gedrängten Kelter meiner Vergangenheiten. Mir ahnt, dort irgendwo, im Sagenhaften, muß ein Anfangen mit meiner Liebe zu dir —, eh ich Anfänger

R.

Abb. 18: Briefwechsel zwischen Rainer Maria Rilke und Magda von Hattingberg (Kippenberg-Archiv des Deutschen Literaturarchivs Marbach, Ben, S. 66f.).

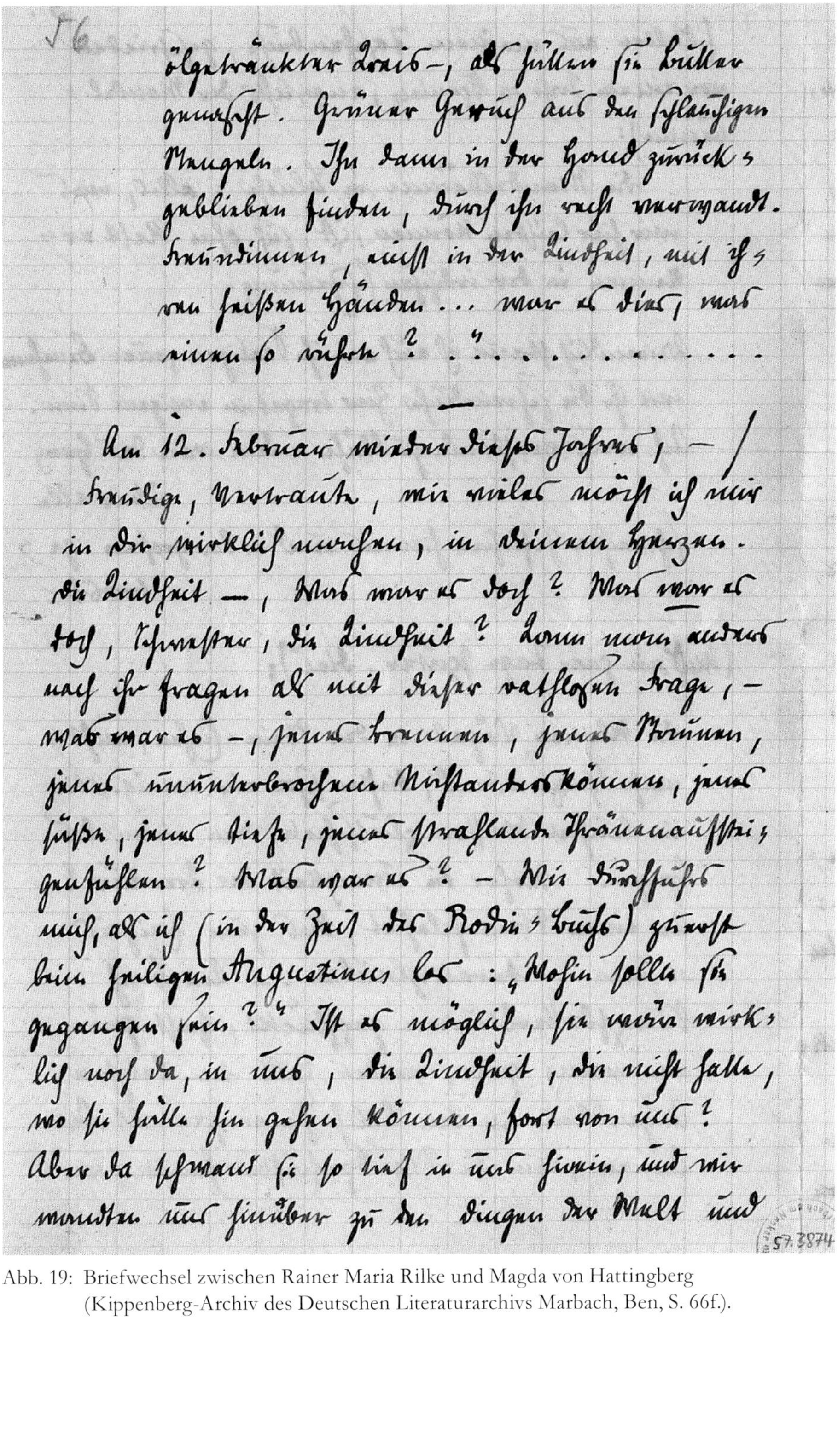

56

ölgetränkter Leib –, als hätten sie Butter
gemacht. Grüner Geruch aus den schlauchigen
Stengeln. Ihn dann in der Hand zurück-
geblieben finden, durch ihr recht verwandt-
freundlichen, nicht in der Kindheit, mit ih-
ren heißen Händen ... war es dies, was
einem so rührte? " ....

—

Am 12. Februar wieder dieses Jahres, – /
freudige, Vertraute, wie vieles möcht ich mir
in Dir wirklich machen, in deinem Herzen.
Die Kindheit –, Was war es doch? Was war es
doch, Schwester, die Kindheit? Kann man anders
nach ihr fragen als mit dieser rathlosen Frage, –
was war es –, jenes Brennen, jenes Staunen,
jenes ununterbrochene Nichtanderskönnen, jenes
süße, jenes tiefe, jenes strahlende Thränenaufstei-
gefühlen? Was war es? – Wie durchfuhr
mich, als ich (in der Zeit des Rodin-buchs) zuerst
beim heiligen Augustinus las: „Wohin sollte sie
gegangen sein?" Ist es möglich, sie wäre wirk-
lich noch da, in uns, die Kindheit, die nicht hatte,
wo sie hätte hin gehen können, fort von uns?
Aber da schwand sie so tief in uns hinein, und wir
wandten uns hinüber zu den Dingen der Welt und

Abb. 19: Briefwechsel zwischen Rainer Maria Rilke und Magda von Hattingberg (Kippenberg-Archiv des Deutschen Literaturarchivs Marbach, Ben, S. 66f.).

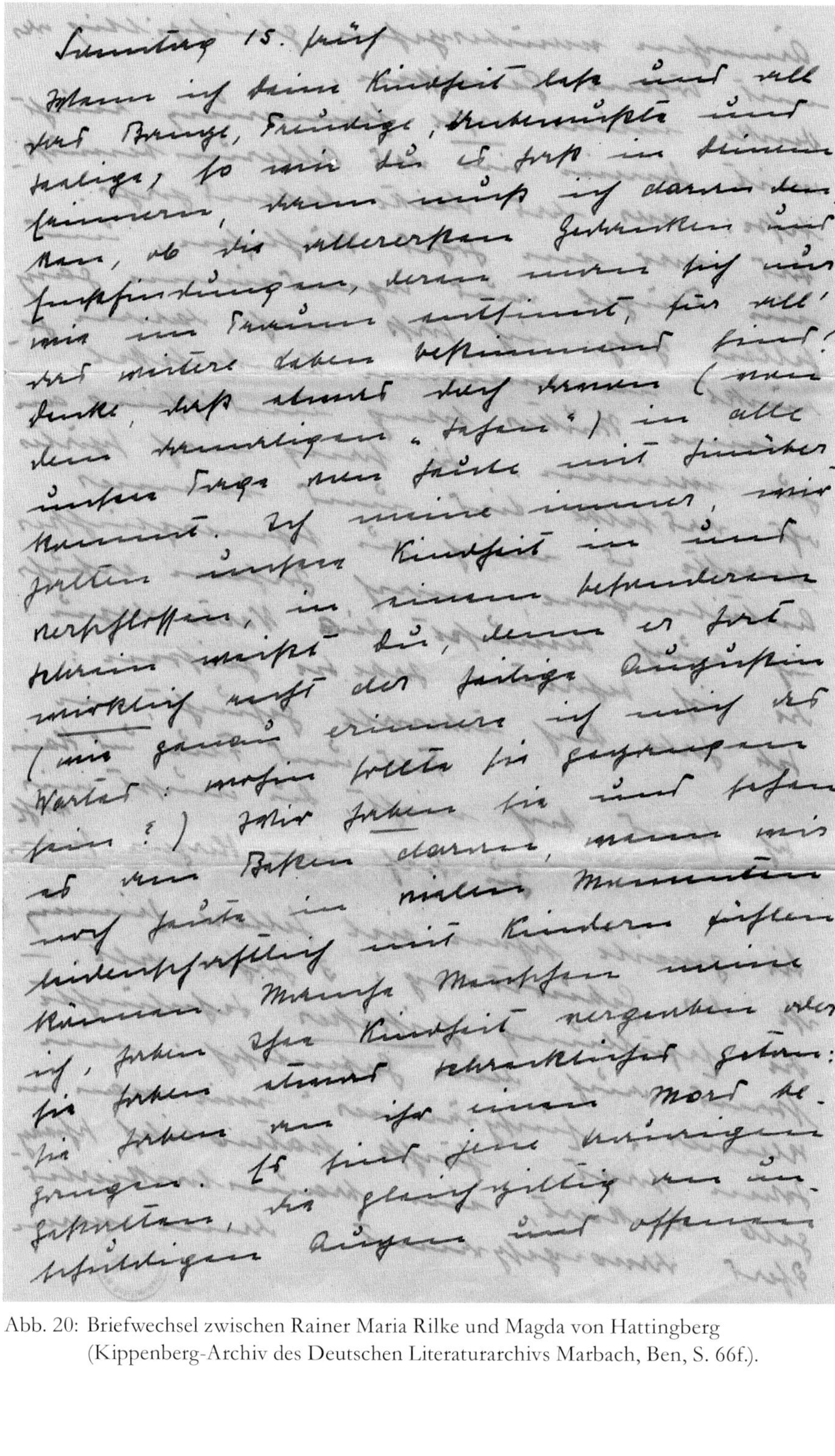

Abb. 20: Briefwechsel zwischen Rainer Maria Rilke und Magda von Hattingberg (Kippenberg-Archiv des Deutschen Literaturarchivs Marbach, Ben, S. 66f.).

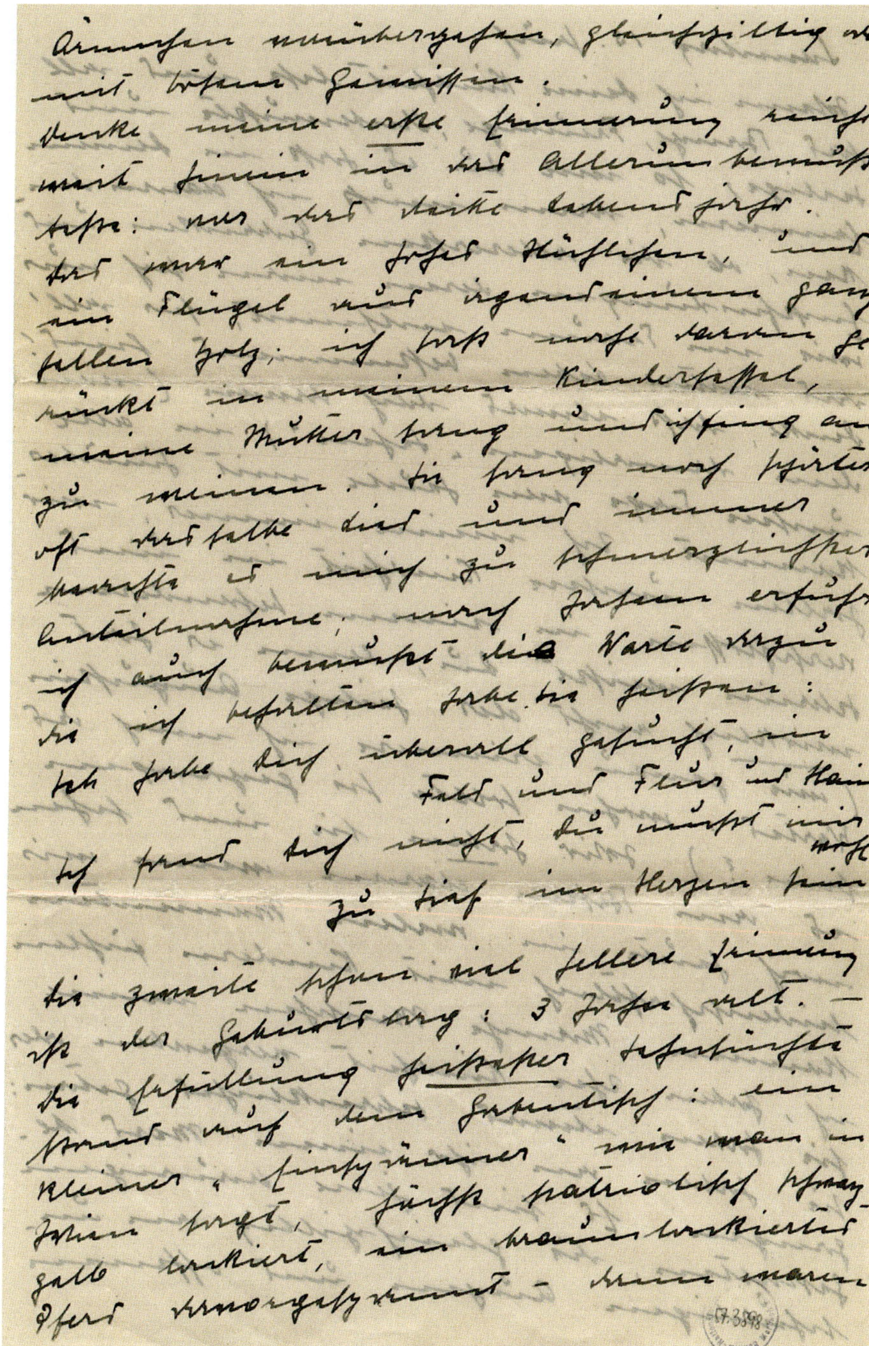

Abb. 21: Briefwechsel zwischen Rainer Maria Rilke und Magda von Hattingberg (Kippenberg-Archiv des Deutschen Literaturarchivs Marbach, Ben, S. 66f.).

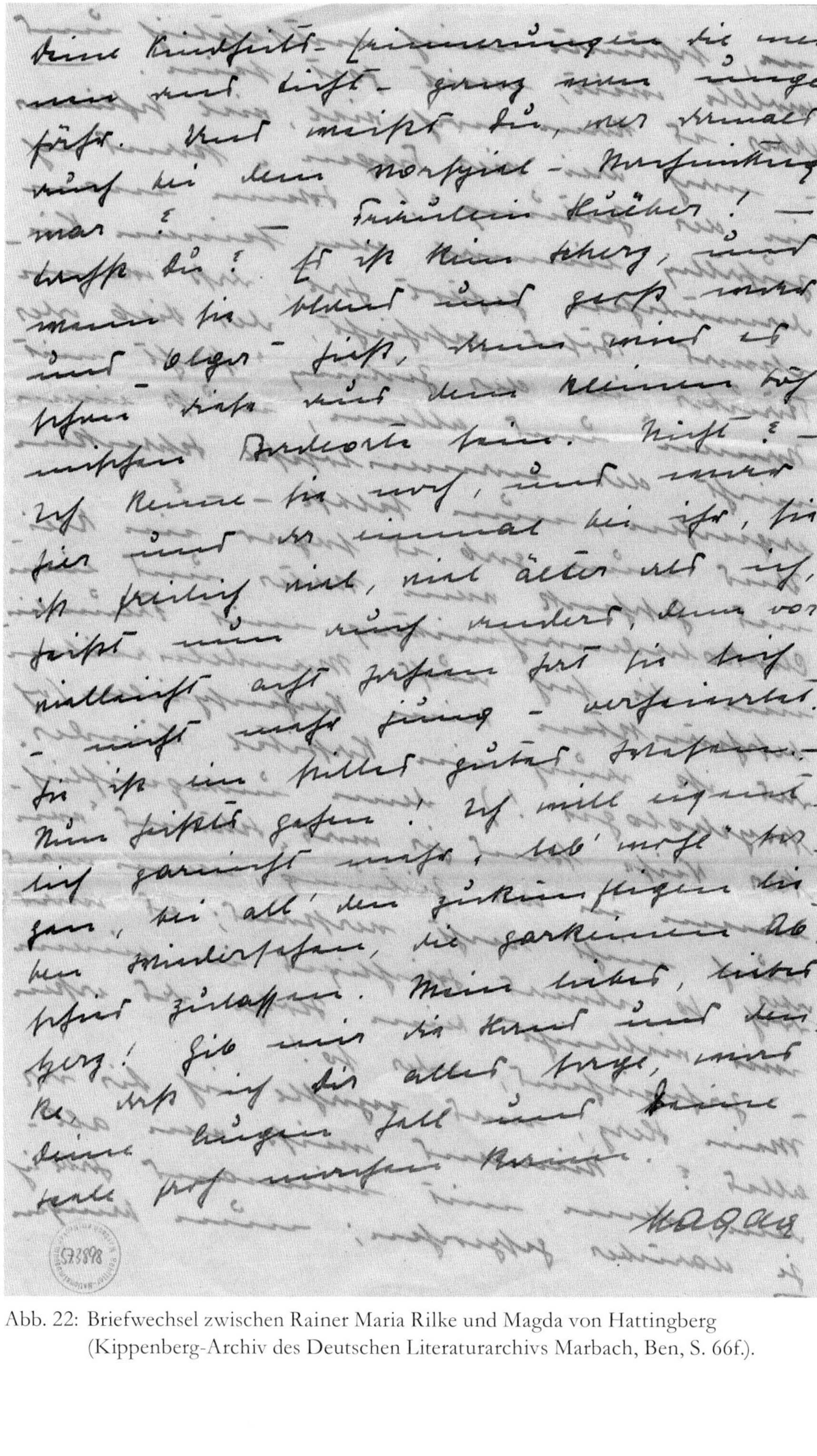

Abb. 22: Briefwechsel zwischen Rainer Maria Rilke und Magda von Hattingberg (Kippenberg-Archiv des Deutschen Literaturarchivs Marbach, Ben, S. 66f.).

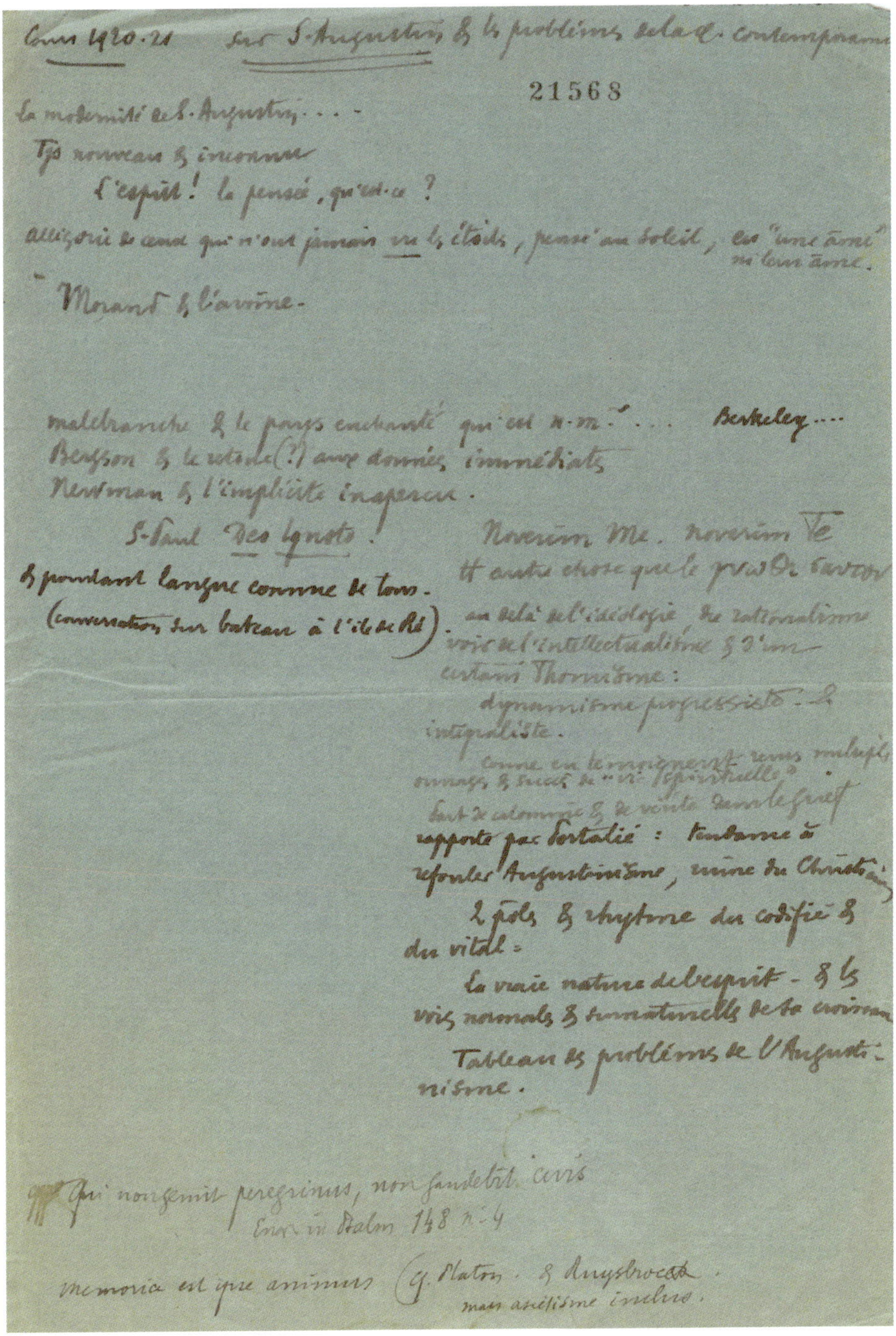
Cours 1920-21 sur S. Augustin & les problèmes de la C. contemporaine

21568

La modernité de S. Augustin ... -

Très nouveau & inconnu

L'esprit! la pensée, qu'est-ce?

allégorie de ceux qui n'ont jamais vu les étoiles, pensé au soleil, eu "une âme" ni leur âme.

Mozart & l'aurore.

Malebranche & le pays enchanté qui est n. m. ... Berkeley....

Bergson & le retour(?) aux données immédiates

Newman & l'implicite inaperçu.

S. Paul Deo Ignoto.

& pourtant langue commune de tous.

(conversation sur bateau à l'île de Ré).

Noverim Me, noverim Te

Et autre chose que le problème du savoir

au delà de l'idéologie du rationalisme

voie de l'intellectualisme & d'un certain Thomisme:

dynamisme progressiste & intégraliste.

comme en témoignent tant de récents ouvrages & succès de "vie spirituelle"

tant de calomnie & de vérité dans le grief

rapporté par Portalié: tendance à refouler l'Augustinisme, unique du Christianisme

2 pôles & rythme du codifié & du vital.

la vraie nature de l'esprit - & les voies normales & surnaturelles de la croissance

Tableau des problèmes de l'Augustinisme.

Qui non gemit peregrinus, non gaudebit civis

Enar. in Psalm. 148 n. 4

memoria est ipse animus Cf. Platon & Ruysbroeck

mais ascétisme inclus.

Abb. 23: Maurice Blondel: Vorlesungsskript 1920-1921. Unveröffentlichter Text. Archives Blondel, F°21568. Tafel I.

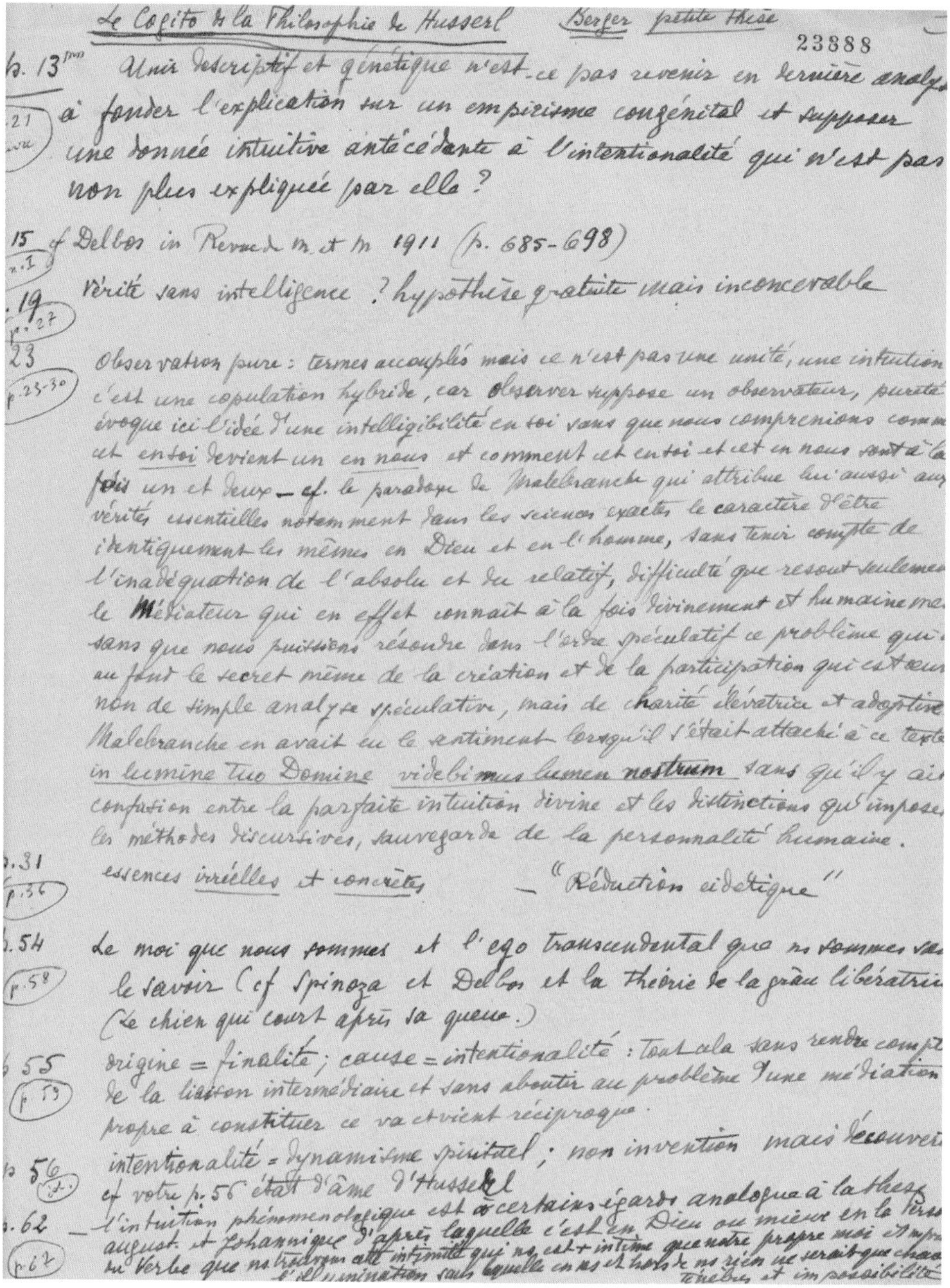

Le Cogito et la Philosophie de Husserl — Berger petite thèse — 23888

p. 13 — Unir descriptif et génétique n'est-ce pas revenir en dernière analyse à fonder l'explication sur un empirisme congénital et supposer une donnée intuitive antécédente à l'intentionalité qui n'est pas non plus expliquée par elle?

15 cf Delbos in Revue de M. et M. 1911 (p. 685-698)

19 Vérité sans intelligence? hypothèse gratuite mais inconcevable

23 Observation pure: termes accouplés mais ce n'est pas une unité, une intuition c'est une copulation hybride, car observer suppose un observateur, pureté évoque ici l'idée d'une intelligibilité en soi sans que nous comprenions comment cet en soi devient un en nous et comment cet en soi et cet en nous sont à la fois un et deux — cf. le paradoxe de Malebranche qui attribue lui aussi aux vérités essentielles notamment dans les sciences exactes le caractère d'être identiquement les mêmes en Dieu et en l'homme, sans tenir compte de l'inadéquation de l'absolu et du relatif, difficulté que résout seulement le Médiateur qui en effet connaît à la fois divinement et humainement sans que nous puissions résoudre dans l'ordre spéculatif ce problème qui au fond le secret même de la création et de la participation qui est œuvre non de simple analyse spéculative, mais de charité élévatrice et adoptive. Malebranche en avait eu le sentiment lorsqu'il s'était attaché à ce texte in lumine tuo Domine videbimus lumen nostrum sans qu'il y ait confusion entre la parfaite intuition divine et les distinctions qu'imposent les méthodes discursives, sauvegarde de la personnalité humaine.

p. 31 essences irréelles et concrètes — « Réduction eidétique »

p. 54 Le moi que nous sommes et l'ego transcendental que nous sommes sans le savoir (cf Spinoza et Delbos et la théorie de la grâce libératrice) (le chien qui court après sa queue.)

55 origine = finalité; cause = intentionalité: tout cela sans rendre compte de la liaison intermédiaire et sans aboutir au problème d'une médiation propre à constituer ce va et vient réciproque.

56 intentionalité = dynamisme spirituel; non invention mais découverte
cf votre p. 56 état d'âme d'Husserl

p. 62 — l'intuition phénoménologique est à certains égards analogue à la thèse august. et johannique d'après laquelle c'est en Dieu ou mieux en la Personne du Verbe que nous trouvons cette intimité qui nous est + intime que notre propre moi et sans l'illumination sans laquelle en nous et hors de nous rien ne serait que chaos ténèbres et impossibilité

Abb. 24: Maurice Blondel: *Le Cogito dans la philosophie de Husserl.* Unveröffentlichter Text. Archives Blondel, A.23888–89/96-97: 90–91.

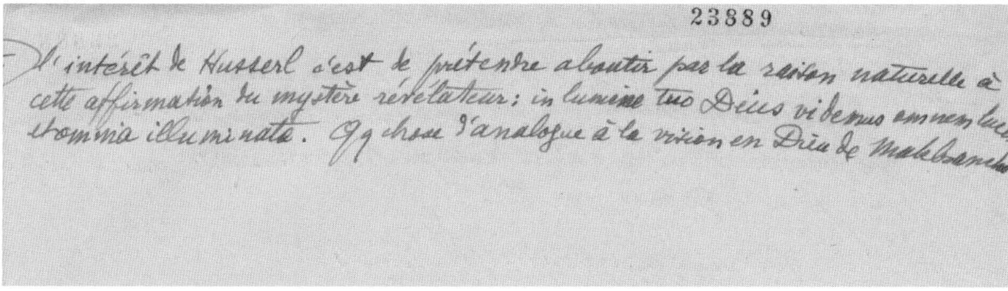

23889

L'intérêt de Husserl c'est de prétendre aboutir par la raison naturelle à cette affirmation du mystère révélateur: in lumine tuo Deus videmus omnem lucem omnia illuminata. Qq chose d'analogue à la vision en Dieu de Malebranche

Abb. 25: Maurice Blondel: *Le Cogito dans la philosophie de Husserl.* Unveröffentlichter Text. Archives Blondel, A.23888–89/96-97: 90–91.

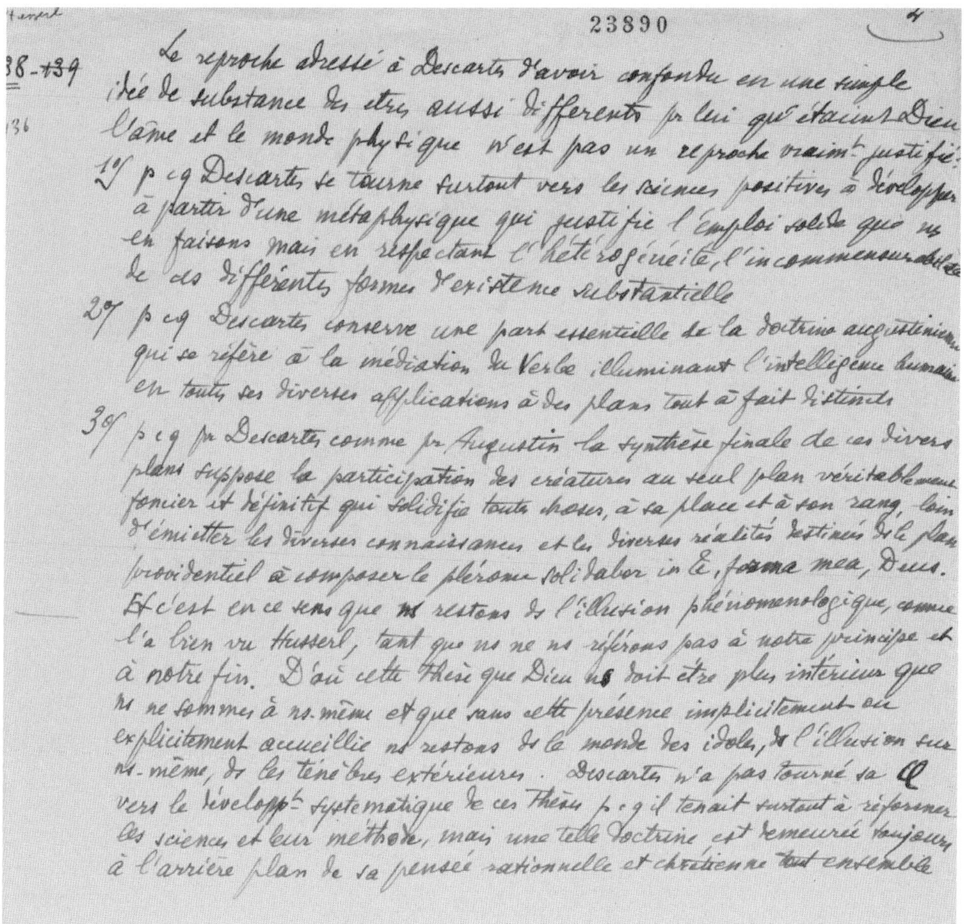

Husserl

23890 4

38-+39

136

Le reproche adressé à Descartes d'avoir confondu en une simple idée de substance des êtres aussi différents pr lui qu'étaient Dieu l'âme et le monde physique n'est pas un reproche vraimt justifié:

1°/ p cq Descartes se tourne surtout vers les sciences positives à développer à partir d'une métaphysique qui justifie l'emploi solide que ns en faisons mais en respectant l'hétérogénéité, l'incommensurabilité de ces différentes formes d'existence substantielle

2°/ p cq Descartes conserve une part essentielle de la doctrine augustinienne qui se réfère à la médiation du Verbe illuminant l'intelligence humaine en toutes ses diverses applications à des plans tout à fait distincts

3°/ p cq pr Descartes comme pr Augustin la synthèse finale de ces divers plans suppose la participation des créatures au seul plan véritablement foncier et définitif qui solidifie toutes choses, à sa place et à son rang, loin d'émietter les diverses connaissances et les diverses réalités destinées à le plan providentiel à composer le plérome solidaire in Te, forma mea, Deus.

Et c'est en ce sens que ns restons ds l'illusion phénoménologique, comme l'a bien vu Husserl, tant que ns ne ns référons pas à notre principe et à notre fin. D'où cette thèse que Dieu ns doit être plus intérieur que ns ne sommes à ns-même et que sans cette présence implicitement ou explicitement accueillie ns restons ds le monde des idoles, ds l'illusion sur ns-même, ds les ténèbres extérieures. Descartes n'a pas tourné sa [illegible] vers le développt systématique de ces thèses p.c.q il tenait surtout à réformer les sciences et leur méthode, mais une telle doctrine est demeurée toujours à l'arrière plan de sa pensée rationnelle et chrétienne ~~tout~~ ensemble

Abb. 26: Maurice Blondel: Notizen zur Defensio Berger. Unveröffentlichter Text. Archives Blondel, B.23890. Tafel IV.

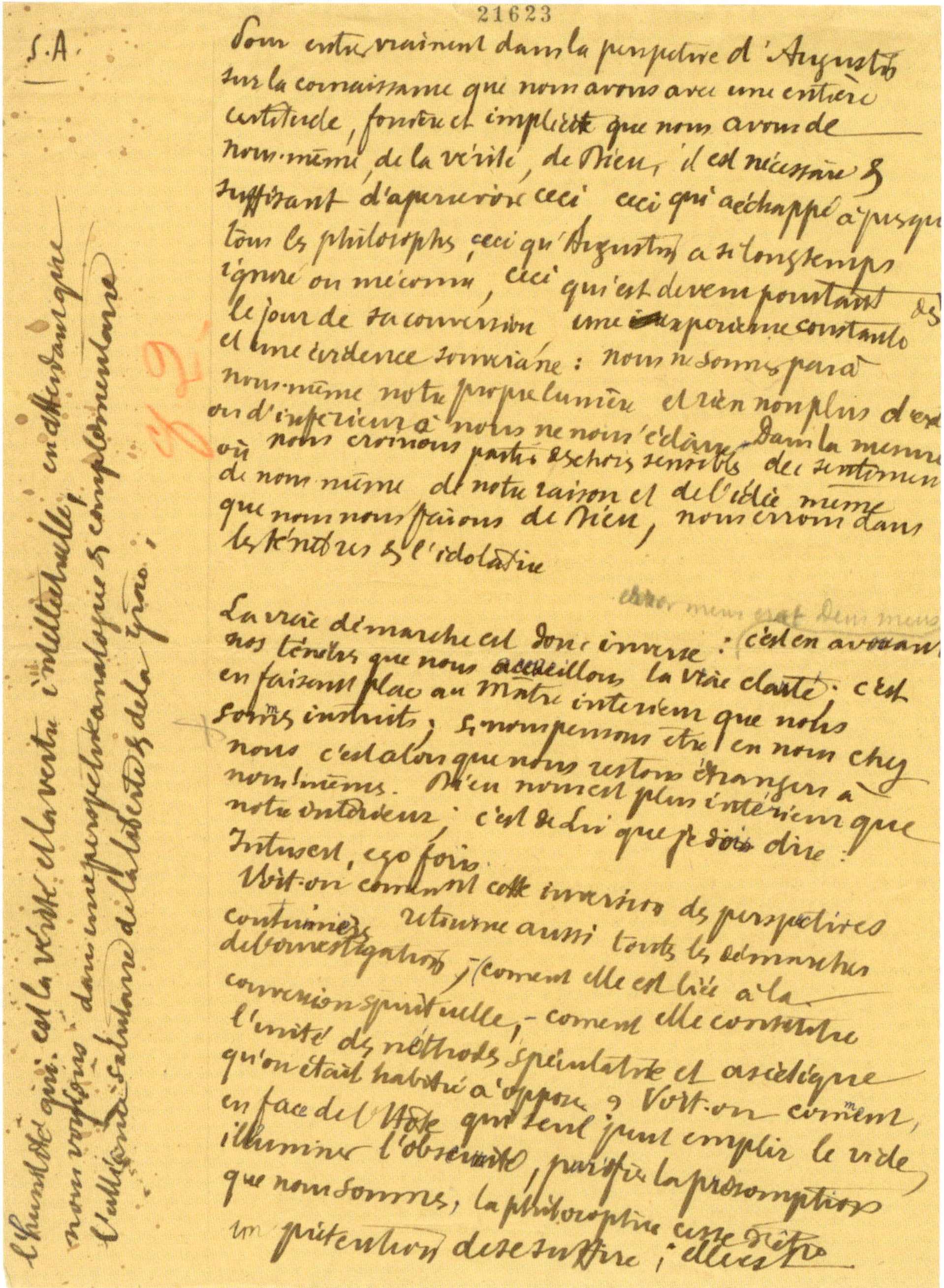
21623

S.A.

Pour entrer vraiment dans la perspective d'Augustin sur la connaissance que nous avons avec une entière certitude, fondée et implicite que nous avons de nous-même, de la vérité, de Dieu, il est nécessaire & suffisant d'apercevoir ceci ceci qui a échappé à presque tous les philosophes, ceci qu'Augustin a si longtemps ignoré ou méconnu, ceci qui est devenu pourtant dès le jour de sa conversion une expérience constante et une évidence souveraine : nous ne sommes pas à nous-même notre propre lumière et rien non plus d'ext ou d'inférieur à nous ne nous éclaire. Dans la mesure où nous croyons partir des choses sensibles, des sentiments de nous-même, de notre raison et de l'idée même que nous nous faisons de Dieu, nous errons dans les ténèbres & l'idolatrie

La vraie démarche est donc inverse : c'est en avouant nos ténèbres que nous accueillons la vraie clarté : c'est en faisant place au Maître intérieur que nous sommes instruits ; si nous pensons être en nous chez nous c'est alors que nous restons étrangers à nous-mêmes. Dieu nous est plus intérieur à notre intérieur ; c'est de Lui que je dois dire : Intus est, ego foris.

Voit-on comment cette inversion des perspectives coutumières retourne aussi toutes les démarches de l'investigation ; comment elle est liée à la conversion spirituelle, – comment elle contribue [à] l'unité des méthodes spéculative et ascétique qu'on était habitué à opposer ? Voit-on comment en face de l'Être qui seul peut emplir le vide, illuminer l'obscurité, purifier la présomption que nous sommes, la philosophie cesse d'être une prétention de se suffire ; elle est

l'humilité qui est la vérité et la vertu intellectuelle, en même temps que nous [illegible] dans une perspective analogique & complémentaire l'utilisation salutaire de la liberté & de la grâce ;

Abb. 27: Maurice Blondel: Skizzen. Unveröffentlichter Text.
Archives Blondel, F°21623.

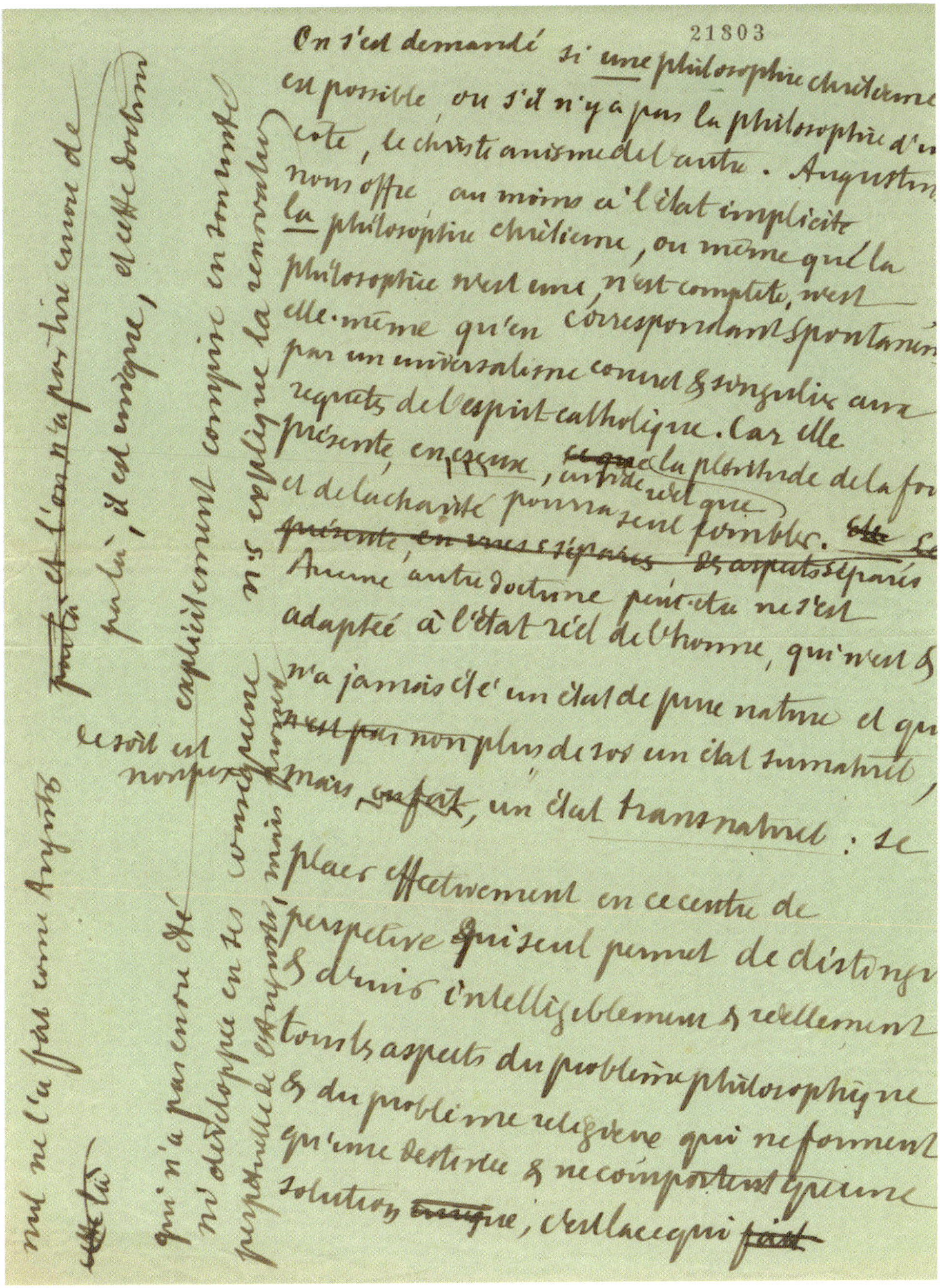

21803

On s'est demandé si une philosophie chrétienne est possible, ou s'il n'y a pas la philosophie d'un côté, le christianisme de l'autre. Augustin nous offre, au moins à l'état implicite la philosophie chrétienne, ou même que la philosophie n'est une, n'est complète, n'est elle-même qu'en correspondant spontanément par un universalisme concret & singulier aux requêtes de l'esprit catholique. Car elle présente, en essence, la plénitude de la foi et de la charité pourraient fournir. Aucune autre doctrine peut-être ne s'est adaptée à l'état réel de l'homme, qui n'est & n'a jamais été un état de pure nature et qui n'est pas non plus de soi un état surnaturel, mais en fait, un état transnaturel : se placer effectivement en ce centre de perspective qui seul permet de distinguer & d'unir intelligiblement & réellement toutes les aspects du problème philosophique & du problème religieux qui ne forment qu'une destinée & ne comportent qu'une solution, c'est là ce qui

Abb. 28: Maurice Blondel: Skizzen. Unveröffentlichter Text.
Archives Blondel, F°21803.

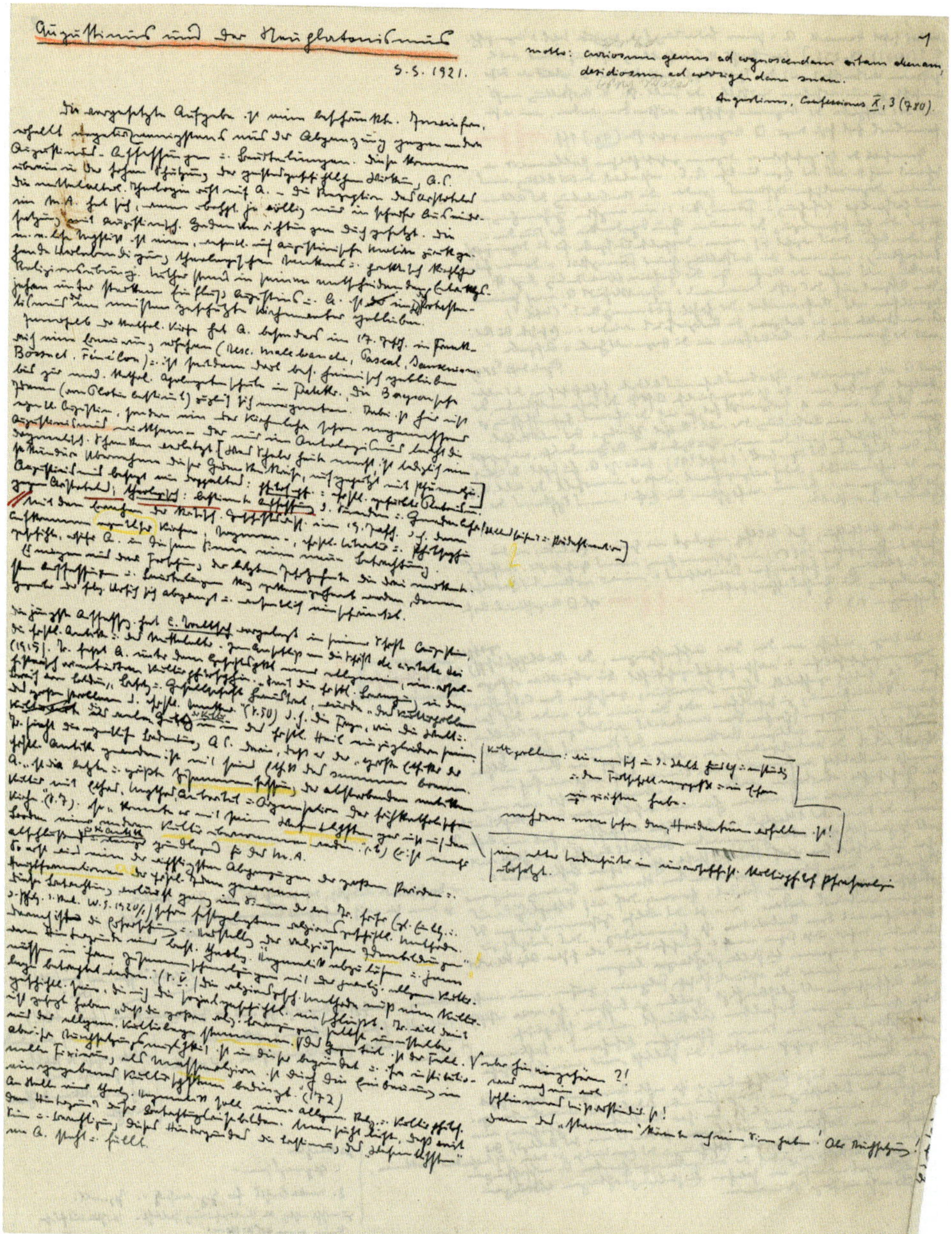

Augustinus und der Neuplatonismus

S.S. 1921.

1

motto: curiosum genus ad cognoscendam vitam alienam, desidiosum ad corrigendam suam.

Augustinus, Confessiones X, 3 (780).

Abb. 29: Martin Heidegger: Motto der Vorlesung „Augustinus und der Neuplatonismus" (Deutsches Literaturarchiv Marbach).

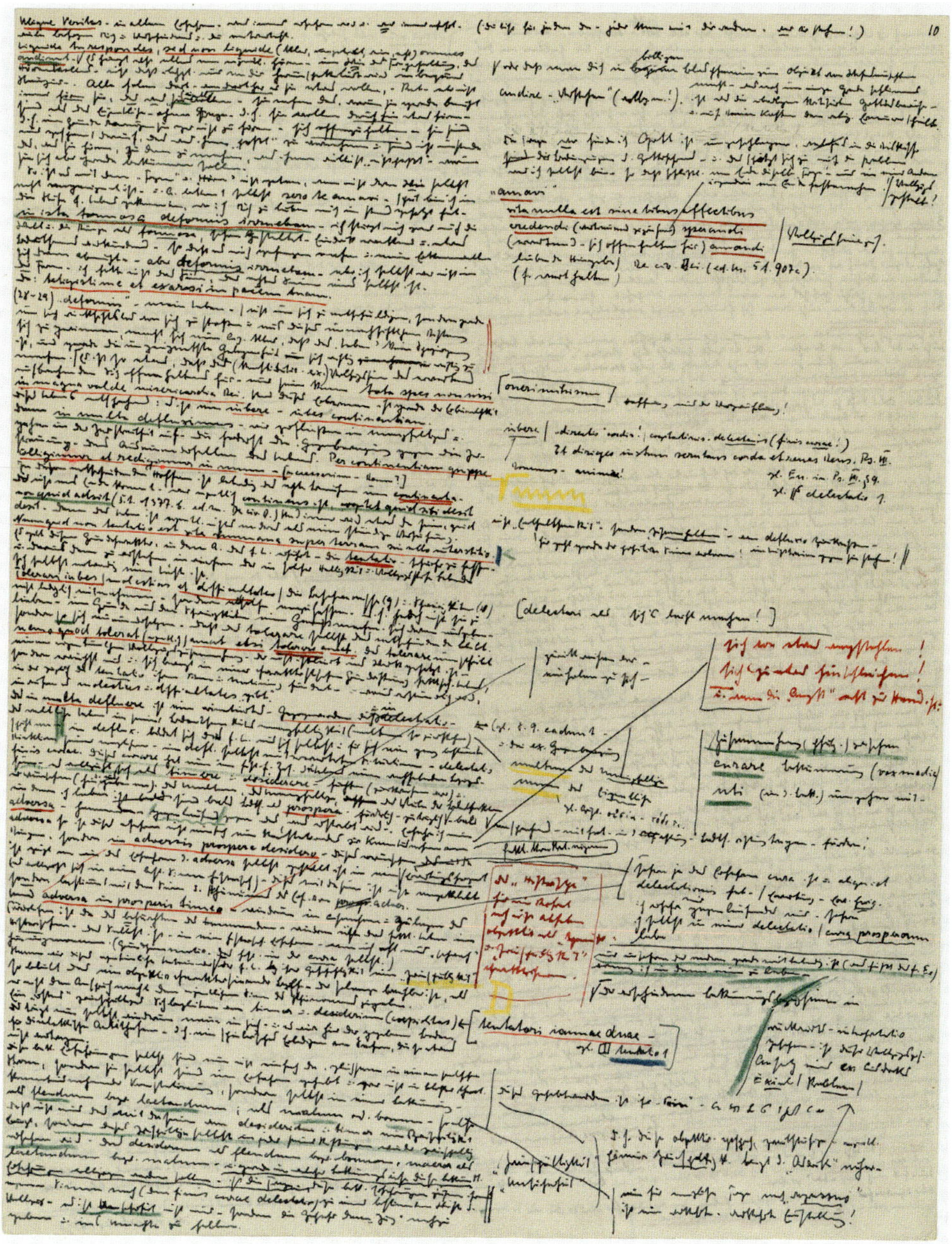

Abb. 30: Martin Heidegger: § 12 des Vorlesungsskriptes „Augustinus und der Neuplatonismus“ (Deutsches Literaturarchiv Marbach).

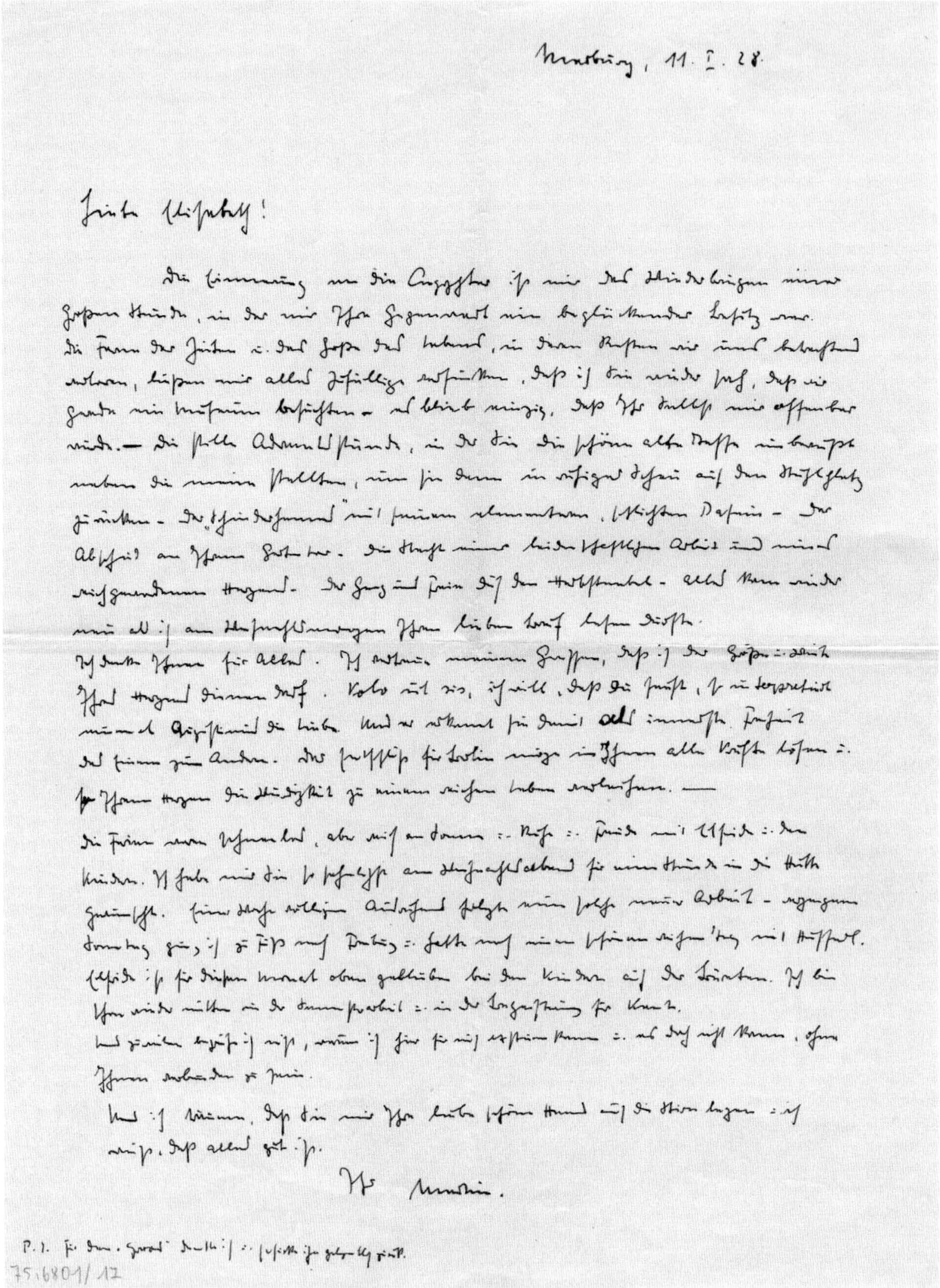

Abb. 31: Brief Martin Heideggers an Elisabeth Blochmann
(Deutsches Literaturarchiv Marbach).

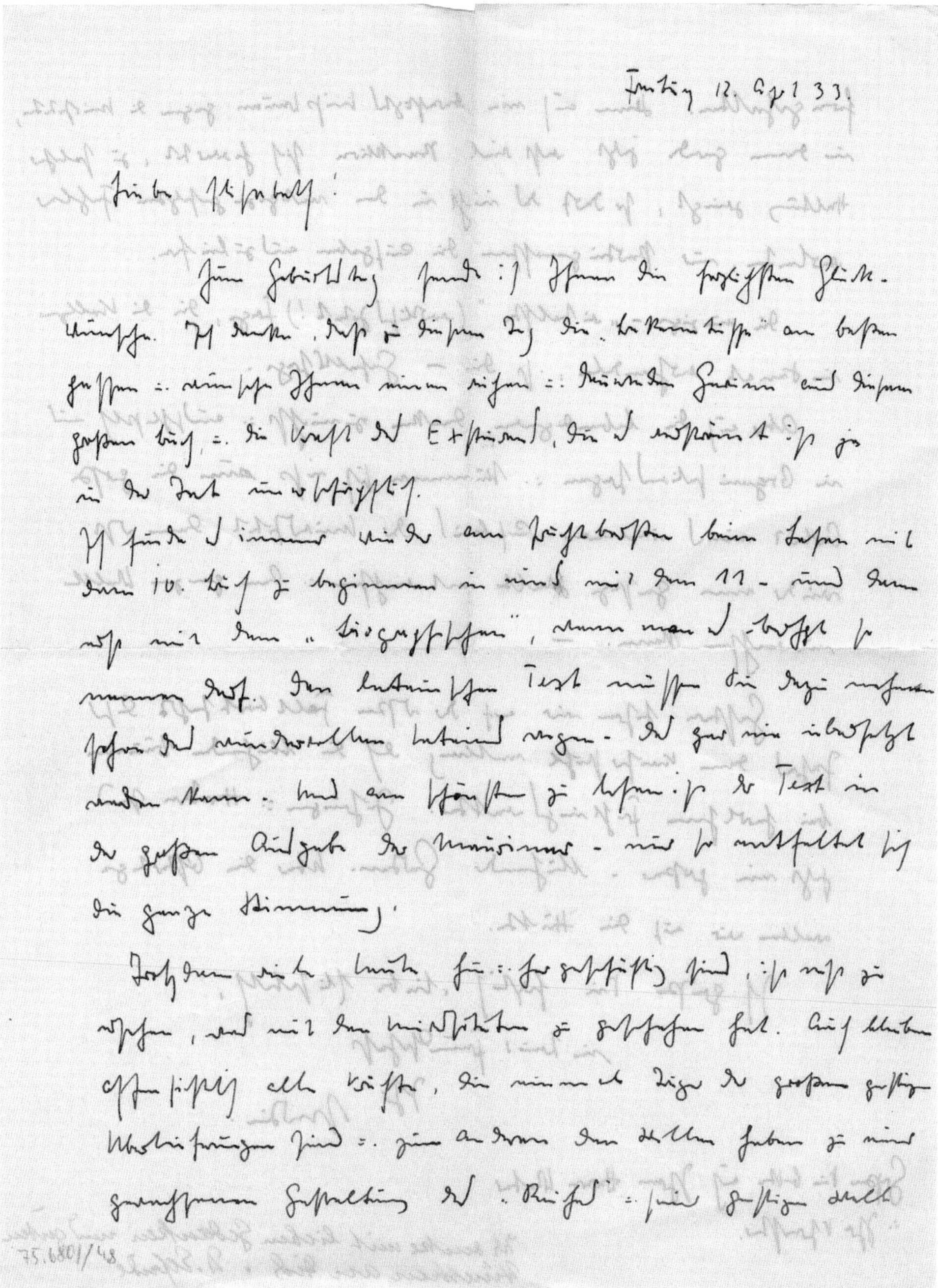

Abb. 32: Geburtstagsbrief Martin Heideggers an Elisabeth Blochmann (Deutsches Literaturarchiv Marbach).

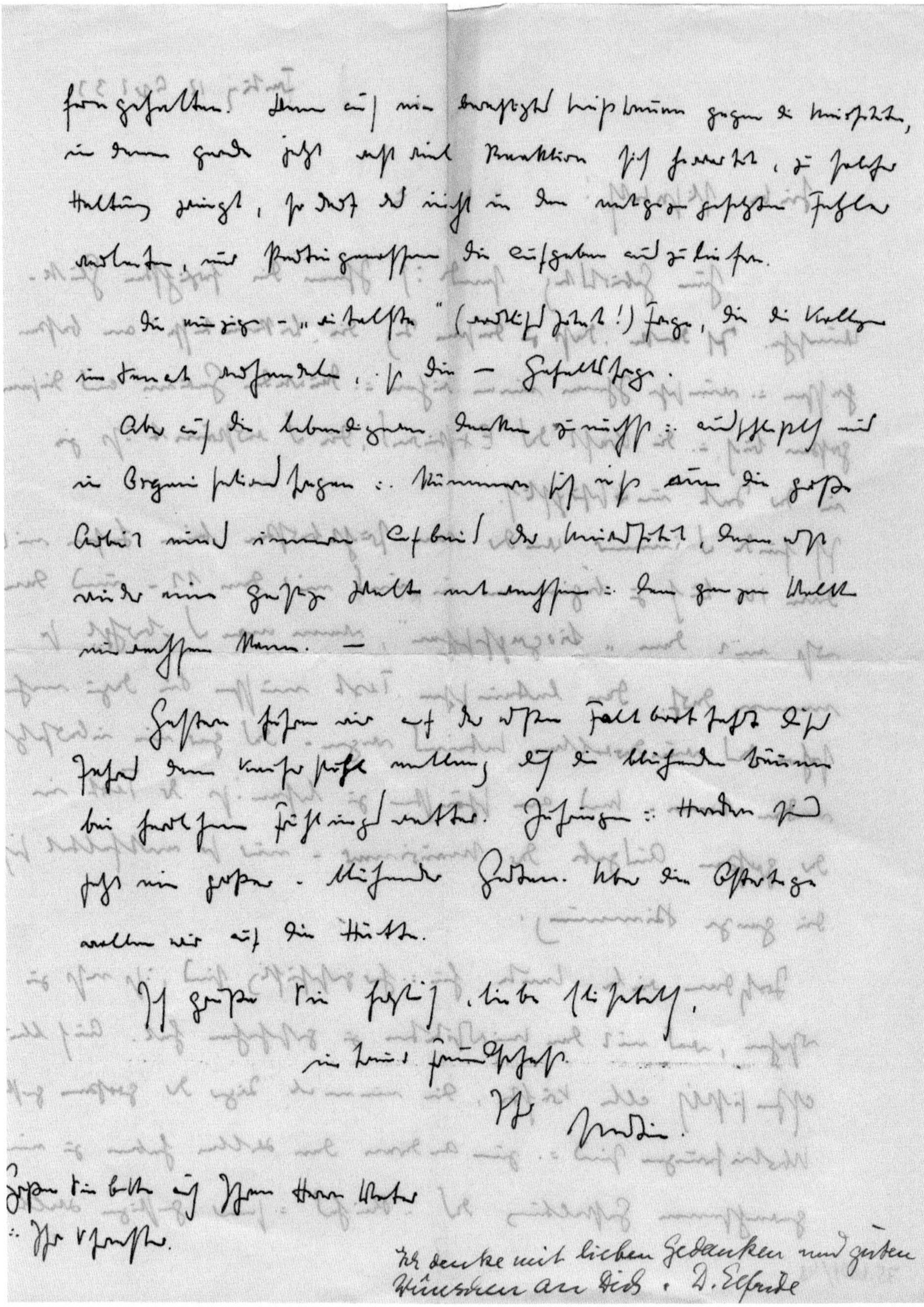
Ich denke mit lieben Gedanken und guten Wünschen an Dich. D. Elfride

Abb. 33: Geburtstagsbrief Martin Heideggers an Elisabeth Blochmann (Deutsches Literaturarchiv Marbach).